中国国际问题研究基金会丛书

国际问题研究报告

STUDIES ON INTERNATIONAL ISSUES

2013—2014

主　　编：刘古昌

执行主编：沈国放

副 主 编：郭崇立

世界知识出版社

编委会名单

顾　　问：张德广
主　　编：刘古昌
执行主编：沈国放
副 主 编：郭崇立

编委会（按姓氏笔画为序）：

于振起　王海运　刘古昌　刘宝莱　齐建国
安惠侯　陈永龙　谷源洋　李国邦　吴长胜
张德广　郭崇立　程　涛

序　言

2013年和2014年初国际形势发生了引人注目的重要变化。

世界多极化发展继续深入。发达国家经济缓慢复苏，新兴国家遭遇发展瓶颈，二者在发展速度上差距收窄。国际格局"东升西降"的基本趋势未变，但发展进程有所放缓。"东西南北"的利益差异与发展不平衡显现阶段性扩大，但没有改变相互依存、共同发展的总趋势。

国际地缘战略中心继续向亚太转移，但受中东地区形势的牵制及美国对"亚太再平衡战略"调整的影响，这一转移的方式与速度有所起伏。国际秩序变革中发达国家、新兴国家和发展中国家之间的博弈与合作同时加强。全球性和地区性国际组织的作用上升。不同类型国家的内部改革和转型发展成为影响国际关系发展的重要因素，恐怖主义、网络安全等非传统安全因素凸显，增加了国际关系演变的复杂性和不可预测性。

中国周边总体稳定、共谋发展是主流，但也暗流涌动，不确定性因素增加。日本国内右翼化趋势更加明显，对地区安全与合作的负面影响上升。朝鲜半岛整体局势有紧有缓，以和平方式解决朝核问题依然是各方共识。南海问题时起时伏，美国介入日益公开化。中国与东盟国家合作深入发展，该地区的一些消极因素被限定在可控范围。

中东地区动荡日趋常态化、复杂化和国际化。该地区国家转型变革无序发展，埃及局势方向不明，叙利亚危机继续发酵。伊朗核问题有所进展，无根本性突破。巴以和谈前景未卜，恐怖主义势力反弹。俄美竞争地区主导权加剧。

非洲大陆政治、安全和经济形势都有改善，朝着和平、稳定与发展方向演变的大趋势已经确立，但还存在脆弱性和不确定性。拉美政局平稳，经济进入调整期和改革期。该地区国家视美国为不可替代的合作对象，同时，继续与美国的霸权主义进行抗争。

国际关系中的中国因素更加显著，中国外交在保持连续性和稳定性基础上，更主动、更活跃、更开拓、更创新。

中国与主要大国的关系取得新进展。中俄关系在高水平运行，正处于"基础最牢、互信最高、地区和国际影响最大的时期"。中美就构建不冲突、不对抗、相互尊重、合作共赢的新型大国关系达成共识，但道路艰难曲折。中欧合作不断扩大和深化，但欧洲对华两面性将长期存在。中日关系处于战略调整期，日本安倍政权日益右倾的政策给中日关系和地区合作造成损害，但继续维护与发展中日经贸合作关系符合两国根本利益。

中国新一届领导人在周边外交方面提出"亲、诚、惠、容"的方针，对发展中国家提出"真、实、亲、诚"的原则和正确的义利观，致力于与不同国家构建"命运共同体"，打造"海上丝绸之路"与"丝绸之路经济带"，影响深远，意义重大，受到有关国家的高度重视。

岁末年初，编辑出版每年的《国际问题研究报告》（蓝皮书）是中国国际问题研究基金会的一项主要任务。今年是基金会连续第四年出版该研究报告。数十位著名专家学者和资深大使通过蓝皮书这一载体，将其心血结晶奉献给广大读者，不仅旨在向外交主管机构建言献策和帮助读者解读国际形势，另一主要目的是加强智库之间的交流与合作，引起思想碰撞争鸣，促进国际问题研究的深入发展。衷心期待广大读者朋友对我们的研究成果提出批评意见。

中国国际问题研究基金会理事长

2014年3月

目　　录

第四章　亚太局势矛盾增多　发展合作仍是主流

第五章　西亚北非持续动荡　大国展开激烈博弈

第六章　非洲大陆前景光明　拉美整体稳步发展

第七章　各类安全问题交织　中国积极妥善应对

第八章　中国外交举世瞩目　机遇挑战都在上升

第一章
多极化发展深入演变
世界经济深度调整

把握世界大势　开创外交新局

乐玉成[①]

过去一年，国际形势乱象难平，国际变革曲折推进，国际力量对比和格局调整深入演进。新时期中国外交开局恢宏、亮点纷呈、成果卓著。

一、国际形势

（一）世界经济逐步走出低谷，但复苏基础依然脆弱。发达国家金融市场趋稳，市场波动显著降低，实体经济出现好转势头，预计全年世界经济增长约为3%。另一方面，世界经济仍存在多重隐忧。引发国际金融危机的根源未消，拉动经济发展的新增长点依然缺乏，贸易和投资保护主义又有新发展，主要发达经济体结构性问题远未解决。美国经济实现温和增长，但结构性失业依然严重，财政僵局和债务危机加剧并呈现长期化趋势，增加美经济前景不确定性。欧元区改革措施效果有所

---

① 作者系中国驻哈萨克斯坦大使，外交部前部长助理。

显现，但大部分欧元区重债国经济仍处于衰退中，欧债危机阴影尚未完全摆脱。日本依靠激进量化宽松和财政扩张刺激经济增长，但有关政策不可持续，经济复苏面临较大不确定性。新兴市场国家发展遭遇寒流，一些国家金融市场剧烈波动，经济增长放缓，资本外流、通胀加剧。世界经济复苏的两面性、不确定性和阶段曲折性仍然突出。

（二）国际格局东升西降大势未变，但进程有所放缓。发展中国家总体实力继续上升，经济总量首次与发达国家平分秋色。南非德班金砖国家会议决定建立金砖国家开发银行和外汇储备库，中国和巴西候选人分别当选国际工业发展组织和世界贸易组织总干事，新兴国家在国际体系中的地位和推进国际体系变革能力进一步提高。美西方内部竞争力缺失，机制体制僵化，经济社会矛盾积重难返；外交政策理念不得人心，主导国际事务越发力不从心；美国内党争加剧，美政府17年来首次被迫关门，西方民主制度光环严重褪色。另一方面，金融危机深入发酵使新兴国家结构性矛盾凸显，发展模式弊端暴露。部分国家经济增长明显放缓，社会风潮频发，"爬坡"阻力增大。美西方对内救助与改革并举，经济复苏迹象增多。对外拉紧大西洋关系，重新强化 G7 等传统机制，阻挠国际体系改革，极力抵御走衰进程，"滑坡"速度有所放缓。东升西降进程节奏相对放慢。

（三）大国关系总体保持合作态势，但竞争更加激烈活跃。大国关系总体稳定，相互往来活跃，相互依存度增加，各方积极参与全球治理，围绕应对金融危机、气候变化、国际恐怖主义、大规模杀伤性武器扩散等全球性挑战合作加强。中美致力于构建新型大国关系，为大国关系良性互动注入了活力和动力。另一方面，各大国加紧角逐"后危机时代"制高点，围绕价值观、发展模式、国际规则制定、地缘战略影响力等方面竞争激烈。以中俄为代表的新兴力量积极推进国际关系民主化，越来越敢于并善于同美西方抗衡与周旋。美俄围绕人权、叙利亚、斯诺登事件等问题缠斗不断，两国关系"重启"艰难。竞争与合作仍是当前大国关系的基本形态。

（四）亚太地区面临的矛盾与挑战增多，但发展合作仍是各方最大公约数。 亚太继续保持较快发展势头，成为世界经济增长重要引擎。在域内外多重因素作用下，亚太局势出现新的复杂变化。美加大"亚太再平衡"力度，强化地区军事同盟，力推TPP进程。但域内多数国家出于各自利益关切不愿随美起舞。TPP谈判一波三折，进展不顺。奥巴马迫于国内府院之争取消亚洲之行，美推进"再平衡"决心和能力遭质疑。东北亚局势出现新动向。朝鲜第三次核试使半岛局势骤然升级，我积极做各方工作，推动半岛局势趋向缓和。日加快国家"正常化"步伐，在历史领土问题上开倒车，与邻国关系陷入僵局，但局势总体可控。南海问题上，历史上首次形成多数声索国支持与我共同开发的局面，南海局势总体趋缓。

（五）西亚北非持续动荡，但不乏转机。 巴以和谈陷入僵局，前景黯淡。利比亚局势乱象频仍。埃及政权再度易手，军方、穆斯林、世俗势力激烈角力，但穆兄会大势已去，埃将在动荡中走向进一步变革。叙利亚继续成为中东动乱风暴眼，美俄等域外大国展开激烈博弈。

美借叙利亚化武危机对叙动武图谋受挫，叙问题重归和平轨道，日内瓦外长会备受关注，但政治解决进程仍不容乐观。奥巴马与伊朗总统鲁哈尼实现历史性通话，美伊关系实现"破冰"，六国与伊谈判出现积极信号，伊朗核问题迎来新契机。但美伊严重缺乏互信，沙特、以色列等对美伊改善关系反弹强烈，美伊关系及伊核前景不会一帆风顺。

（六）**国际组织作用上升，国际治理获得新进展。**美西方单边主义和黩武政策引发越来越多国家不满和抵制，国际社会期待联合国等国际组织在国际治理中发挥重要作用。联合国安理会三年来首次就叙利亚问题一致通过决议，安理会重新夺回对重大国际和平安全问题的仲裁权，联合国作为全球治理主要平台的权威性得以彰显。G20圣彼得堡峰会在协调宏观经济政策、加强全球治理等方面达成多项重要共识，向世界经济释放出积极信号。上海合作组织、东盟等地区性组织作用进一步上升，有力促进了区域合作与稳定。

（七）**非传统安全因素凸显，增加国际关系演变的复杂性和不可测性。**国际恐怖主义活动重新抬头，美迫于基地组织威胁大规模关停驻外使馆，波士顿爆炸案、肯尼亚购物中心遇袭等令美西方防不胜防。种种迹象表明，美西方本土正成为滋生恐怖分子的温床，反恐战争有可能成为没完没了的连续剧。美西方借网络安全问题大做文章，打压新兴力量，争夺网络空间主导权。斯诺登"反水"揭露美国"棱镜门"计划，美窃听行径接连曝光，引发盟友和新兴大国强烈不满和质疑，美外交遭遇滑铁卢，国际形象严重受损。

二、中国外交

以习近平同志为总书记的党中央准确把握世界格局变化和中国发展大势，审时度势，开拓进取，推进外交理论和实践创新，开展一系列重大对外行动，提出许多重大对外战略思想、外交政策和策略方针，顺利实现了外交工作开好头、起好步、布好局的预期目标，打开了中国外交的新局面，充分体现了战略性、开创性与和平性。

（一）积极推动与俄、美、欧等主要大国关系取得新进展。习主席成功访问俄罗斯，有力推动中俄战略和务实合作，中俄全面战略协作关系得到进一步加强。习主席与奥巴马在安纳伯格庄园实现历史性会晤，中美第五轮战略与经济对话成功举行，推进中美新型大国关系建设取得新积极成效。我多位党和国家领导人成功访欧，中欧利益交融不断加深，战略合作关系水平持续提升。我在新一轮大国互动中处于更加有利地位。

（二）全力稳定和拓展周边睦邻友好关系。习主席、李总理等我国家领导人对东南亚、南亚和中亚多国进行成功访问并接待多国领导人来访。提出建设中国—东盟命运共同体，规划欧亚大陆"丝绸之路经济带"，中国东盟"2+7"合作框架、中印缅孟经济走廊、中巴走廊等重要合作理念和构想，并取得一系列重要务实合作成果，极大提升了我与有关国家的战略互信和务实合作水平。在钓鱼岛、南海问题上，我坚定维护领土主权和海洋权益，推动周边国家通过对话谈判妥善处理和解决争端。我外交行动有效对冲了美"亚太再平衡"负面效应，我周边战略安全环境得到明显改善。

（三）深化与发展中国家友好互信和务实合作。习主席先后成功访问非洲和拉美，提出对非合作"真、实、亲、诚"的四字箴言，我同非洲国家在传承友谊、增进互信、推进合作、共谋发展等方面取得丰硕成果。中国同拉美和加勒比国家的政治互信和整体合作水平进一步提升。我国战略回旋余地进一步得到巩固和拓展。

（四）深入参与和引导多边外交进程，积极发挥我大国作用。习主席出席在南非德班举行的金砖国家领导人第五次会晤，就全球经济和政治领域重大问题同其他发展中大国加强沟通协调，推进金砖国家机制建设。在APEC第21次非正式领导人会议上，习主席就维护和发展开放性经济、深化经济结构调整、构建亚太互联互通等提出一系列重要倡议。中国方案、中国智慧和中国作用日益受到各方广泛赞同。

新一届中央领导集体坚持理论联系实际的优良作风，勇于探索，在推进实践创新的同时，提出许多重大对外战略思想和方针理念，包括丰富和发展和平发展道路理念，深入阐述中国梦重要思想及其国际意义。增进了国际社会对中国和平发展战略的理解和认同。精辟概括了中美新型大国关系内涵：即不冲突、不对抗，相互尊重，合作共赢。为中美关系未来发展指明了方向，规划了蓝图。倡导同发展中国家开展合作要坚持正确的义利观，政治上主持正义，经济上互利共赢。对周边外交工作要突出体现"亲、诚、惠、容"理念。对非洲合作奉行"真、实、亲、诚"四字箴言。进一步加强了我国同周边及发展中国家的友好合作。提出新时期外交工作更加注重战略谋划和策略运筹，做好顶层设计，树立底线思维，主动引导和塑造意识更强。坚定维护国家核心利益，中国特色大国外交更加主功进取、勇于担当、创新有为，正在国际风云激荡中乘风破浪，勇往直前。

从2013年国际形势
看世界变革大势

徐　坚[①]

2013年国际形势相对平稳，有惊无险，但对世界和平、发展与合作来说，却是很不平凡的一年。新动向、新突破和新气象接踵而至，同时国际稳定与地区和平也有逆流涌动，在世界大变革进程中留下深刻印迹。

一、世界发展"东升西降"趋势放缓
世界多极化进程更加复杂曲折

2013年世界经济进一步延续了最近两年出现的一种态势，即国际力量"东升西降"的节奏趋于放缓。出现这种现象的基本原因是发达国家与新兴国家在增长速度上的差距收窄。发达国家虽未摆脱国际金融危机后的发展困境，但总体上已度过最困难时期，而以金砖国家为代表的新兴大国则相继告别高歌猛

---

①　作者系中国国际问题研究所学术委员会主任、研究员。

进的高速增长期，分别进入中高速、中速、甚至是低速增长区间，不同程度地遭遇发展瓶颈。值得注意的是，对新兴国家和发达经济体各自面临的发展问题，来自这两类国家的某些看法大相径庭。美欧不仅有许多人竭力否认自身衰落，更有一些人以"金砖褪色"唱衰金砖国家。而新兴国家比较流行的一种观点则认为，走衰的不是金砖国家，而是陷入系统性危机的西方发达国家。这两种截然对立的判断和观点虽然都不无道理，但也都存在一些偏颇，主要基于三点理由：

第一，发达经济体虽仍处困境，但开始逐渐走出衰退，进入缓慢复苏，表明其仍具自我修复能力，但不同发达经济体之间存在较大差异。从近期经济数据看，美国经济复苏尽管不够强劲，但势头平稳向好；欧洲经济仍未全面走出衰退，但主权债务危机引起的欧元区解体风险已经过去；日本经济虽然出现近二十年来少有的起色，但主要依靠大规模财政刺激，庞大债务和其他结构性问题并未改善，可持续性不高。将发达国家当前经济复苏状况放在世界经济发展史中进行纵向比对，可以发现，发达经济体在国际金融危机后历经五年仍复苏乏力，非常符合世界经济发展史中的一种规律性现象，即由于重大金融危机造成的危害远超一般周期性经济危机，经历重大金融危机后，各国经济恢复历程无一例外都要比一般周期性危机后的复苏更加艰难和漫长。发达国家的自我修复能力与发展前景，主要取决于三个因素：一是自身经济结构和政策体制调整状况能否适应客观需要；二是自身创新能力和资源禀赋能否形成新的经济增长点和国际竞争中的比较优势；三是在国际制度层面能否为增强自身国际竞争力争取更加有利地位。从目前情况看，上述因素有一部分已开始对发达经济体复苏产生积极作用。美国在发达经济体中领先复苏，主要是由于其市场环境有利于其发挥科技创新优势，体制监管漏洞修补有助于其维护强劲金融创新能力，美元霸权地位有利于其维持量化宽松刺激，在能源和高端智能制造业等领域的前期研发投入对再工业化开始产生推动作用。欧洲从主权债务危机的风暴中全身而退，主要是由于欧洲对发展转型代价总体具有较高承受能力，欧元区核心经济体竞争力强劲，能够发挥支撑作用，欧洲一体化推进增强了对危机的消化能力。不过，发达经济体要消化庞大债务，降低高失业率，提升国际竞争力，克服国内党争制约，以及解决欧洲内部发展不平衡等问题，仍有一个艰难过程，需要一个较长的整合期，不确定性、曲折性难以避免，因而发达经济体短期内普遍恢复强劲自主性增长的可能性不大。

第二，金砖国家经济短板显露，反映新兴大国发展进入爬坡期，前景依然广阔，但面临的制约和挑战增多。新兴大国当前发展遭遇的困难不尽相同，主要有以下几类：一是在国际国内发展环境形成的倒逼机制作用下，依赖投资和出口驱动的经济体面临经济结构升级和发展方式全面转型压力。中国在这方面最为典型；二是受世界经济复苏艰难、国际市场需求疲软影响，依赖资源和原材料出口的经济体面临经济结构相对单一造成的增长动力不足等问题。俄罗斯、巴西不同程度地面临这类问题；三是国际资金回流发达国家以及跨国公司外包业务萎缩，对依赖外来投资与外包服务业务的经济体冲击严重。印度在这方面遭遇的问题比较突出。上述发展瓶颈对新兴大国现阶段发展带来的挑战是严峻的，战胜挑战难免也要经历一个艰难痛苦的转型过程。但从长远看，这些都是新兴大国在发展中遭遇的问题，一旦突破瓶颈，新兴大国的发展将迈上新台阶。从这个意义来说，"金砖褪色"可能只是阶段性现象，转型成功将使金砖再度发光。因此，低估金砖国家的巨大发展潜力与轻视这些国家当前遭遇的发展困难，都有失客观和公允。从国际力量对比变化趋势看，新兴大国目前遭遇的困难不会改变发展中国家群体崛起的大势，因为反映新兴国家崛起的不仅是金砖国家，还有许多其他发展势头依然强劲的发展中国家。

第三，金砖国家遭遇发展寒流、东升西降放缓不是偶然现象，而是经济全球化和世界相互依存关系加深的必然结果。金砖国家继发达经济体之后遭遇发展困难，从本质上看，是国际金融危机对各国发展的深层影响从发达国家向新兴国家梯次传递、逐步扩散的结果，区别只是发生时间和表现形式不同。新兴大国受到的深层次冲击相对滞后于发达国家，前者发展速度出现回落的时间晚于后者，甚至发生在后者开始逐步走出衰退的时候，导致二者在发展速度上的差异缩小，也就不足为奇。这说明，东西之间、南北之间在发展问题上虽有不同的利益诉求，但在越来越多的领域已形成你中有我、我中有你的命运共同体，各自发展无法脱钩，相互依存成为当今世界发展最本质的现实。

总之，要辩证看待世界多极化的长期性和曲折性，金砖遭遇寒流没有改变东升西降趋势，东升西降趋势相当时期内难以根本改变北强南弱态势，而东西南北之间的利益差异与发展不平衡不会改变相互依存成为世界发展最大公约数的趋势。

二、国际权势重构显现新动向

在国际力量对比变化趋势推动下，2013年国际权势重构有新的发展和动向：一是国际地缘战略重心转移态势更趋平缓；二是国际秩序变革中的博弈与合作同时加强；三是国际关系中逆流涌动，国际政治秩序和地区安全的基础受到威胁。

亚太仍是世界经济最有活力的地区，是推动世界经济复苏的主要引擎，国际地缘战略重心继续向亚太地区转移趋势没有改变，美、俄、欧对亚太的关注和投入仍有所增加。但2013年国际战略重心东移的速度和方式都更显平稳，不似前段时期那样急促，主要有两方面原因。其一，中东局势牵制。西亚、北非及海湾局势仍处多事之秋，叙利亚内乱酿成化武危机，伊朗核问题继续牵动国际社会神经，埃及宪政冲突愈演愈烈，伊拉克、阿富汗等地恐怖主义暴力依然猖獗。这些问题引发的大国博弈、区内竞争、阿以矛盾、教派冲突此起彼伏，错综复杂。中东局势持续吸引国际社会的注意力，使有关大国不得不加大对该地区的关注和投入，客观上牵制了国际战略重心向亚太转移的速度。其二，美国全球战略再平衡有所调整。奥巴马第二任期伊始，美国对外战略显露若干调整迹象。一是强化美欧关系，国务卿克里上任后将欧洲国家作为首访对象，启动美欧TTIP谈判。二是软化对华政策，与中国领导人就推动构建中美新型大国关系达成共识，在阐述亚太再平衡战略时更加注意强调对华合作，锋芒有所隐藏。三是活化中东政策，在解决叙利亚化武问题上与俄罗斯唱双簧，避免再陷一场战争；与伊朗新任领导人打破长期不来往僵局，在伊朗核问题谈判上实现阶段性突破，同时对以色列、沙特等重要盟国加强安抚。美国对外战略调整动因来自四方面。一是中美关系改善以及美国经济好转，使美对其在亚太被新兴大国边缘化的紧张和担忧有所弱化；二是加强美欧关系对美有一箭双雕作用，既能强化美跨大西洋战略，也有利于用战略大迂回对美亚太战略提供支持，通过携欧入亚，加强美在亚太的筹码和拓展余地；三是奥巴马总统要想在第二任期为其执政留下外交政绩，中东比亚太地区更容易取得短期收获。亚太大国政治主要依靠长线战略，中东事务则有可能通过短、平、快方式搞到些具体成果；四是斯诺登事件和监听门丑闻，使美不得不投入更多精力修补与欧洲等盟国的关系。

在国际秩序变革问题上，国际博弈加强，但合作仍是主流。发达国家经济逐渐好转，新兴国家遭遇发展瓶颈，使发达国家对新兴国家提供支持的依赖和热情有所降低，而新兴国家对来自发达国家的市场、技术和资金的需求与敏感则趋于上升，双方相互依存的平衡关系发生变化，直接影响南北之间在国际秩序变革上的博弈态势。发达国家对向新兴国家让出更多国际治理权利的意愿减弱，反而为争夺国际秩序主导权对新兴国家加强攻势，双方围绕国际治理体系改革的博弈加剧。美国将其金融危机以来的发展困境部分归咎于现行国际经济秩序，指责新兴国家利用国际游戏规则中的漏洞搭便车，进行不公平竞争，导致世界经济失衡。美国在亚太推进TPP谈判，与欧洲启动TTIP谈判，欲另起炉灶，以迂回方式使国际游戏规则向对其有利方向发展，世贸组织所代表的国际经贸游戏规则面临被边缘化的风险。面对发达国家的压力，金砖国家内部合作领域进一步拓展和深入，在国际治理上加强相互协调与合作。不过，围绕国际秩序变革展开的国际博弈总体性质仍属于合作基础上的竞争，全球治理并未因此止步不前。联合国和安理会、二十国集团等机制在国际治理中的协调作用仍有所加强，新兴国家在有关机制中的作用继续有所提升。尤其值得一提的是，僵持12年的世贸多哈回合谈判在年末终于取得突破性进展，达成多项协议，尽管各方之间的分歧并未完全消除，多哈回合后续谈判仍有许多问题要解决，但这使世贸组织避免了被边缘化的风险，是国际经济秩序变革推进过程中的一个重要里程碑，成为2013年国际合作深化最具代表性的事件之一。与此同时，各类区域合作进一步发展，APEC、东亚区域合作机制、上合组织、欧洲一体化进程等，都有新的成果。

2013年亚太特别是东亚政治安全领域国际逆流涌动。东亚地区存在朝核、领土争议等地区热点问题，潜在冲突因素较多，但这并非地区安全面临的最大问题。在中国和有关各方共同努力下，2013年朝鲜半岛紧张局势有所降低，南海地区领土争议的可控性增加，形势总体趋缓。当前地区紧张来源主要来自区内个别二战战败国针对战后国际政治秩序和地区安全秩序掀起的逆流。近年来，在本国经济长期低迷和中国崛起背景下，日本社会和政府右倾化日趋严重。日本右翼势力企图利用中美矛盾和中国与周边国家存在的领土争议，在本地区挑唆对立，制造麻烦，构筑制华包围圈，冲破和平宪法对日本的束缚，改变二战后形成的地区安全秩序和国际政治秩序。2013年安倍右翼政权在这条道路上迈出重要步伐，不仅继续否定日本侵略历史，拉拢东南亚国家在领土争议问题上共同对华，对中国划定东海航空识别区做出无理反应，而且否定《开罗宣言》及《波茨坦公告》对日本战后领土和远东地区国际秩序界定的国际法效力，不顾国内抗议浪潮，成立国安会，强行通过《特定秘密保护法》，并欲通过修宪或其他方式使日本在行使集体自卫权方面取得突破。日本右翼政权的这一系列行动对地区乃至国际安全和稳定构成的威胁越来越大：其一，日本右翼势力的目标决非仅限于制约中国，更不是只针对钓鱼岛等领土争端，而是要改变战后国际政治秩序和远东国际秩序的基础，以彻底摆脱战后国内外体制对日本重返军事大国的限制。第二，日本内政外交体制已越来越多地体现出日本战时军国主义体制曾经具有的某些特征，日本现行体制与战时体制之间只剩下宪法第九条最后一道隔离线。一旦日本政府突破或绕开这道隔离线，日本恢复战时体制在国内已无重大制度障碍，日本国内和平力量对右翼势力的制约能力将受到严重削弱。第三，摆脱国内体制限制后，对日本右翼政权挑战国际正义的行为能够形成制约的只有两个国际因素，一是美国的制约，二是国际和平正义势力的威慑。问题在于，对于维护地区安全与稳定来说，这两种制约的作用都有局限性。美国对日本右倾趋势内心矛盾，态度暧昧，在中美关系不稳等条件下，美非但难以约束日本，反而可能被日拉下水，卷入与中国的冲突，或让日本找到摆脱美国控制的借口。失去美国的约束，国际和平正义力量能否用威慑阻止日本右翼势力冒险挑衅，取决于双方力量对比。除非对日形成压倒性优势，势均力敌的相互威慑必然导致对抗。总体看，日本右倾化趋势对地区稳定与安全的威胁已由潜在逐步变为现实，已从围绕领土争端等局部问题做文章升级到挑战国际正义与冲击战后地区安全秩序，是国际权势重构过程中出现的一股十分危险的逆流，值得国际社会高度警惕。

三、中美推动构建新型大国关系
促进大国良性互动与国际博弈良性发展

2013年大国关系基本特点是竞争与合作并行不悖，总体相对稳定。中美拉开构建新型大国关系序幕；中俄高水平战略协作伙伴关系被注入重要新内涵；俄美关系斗而不破，一方面围绕斯诺登事件、叙利亚问题加强博弈，另一方面在解决叙利亚化武危机及伊朗核问题上强化协调合作；中欧通过谈判成功解决双方在光伏产业等问题上的贸易纠纷，避免了贸易战；中国

与印度、巴西等新兴大国的合作进一步深化。大国之间能够在加强竞争的同时保持相对稳定，反映大国竞争中的理性因素上升。大国在维护自身利益的同时，也越来越多地考虑到相互依存带来的制约。这是国际博弈的良性趋势，对于推动大国互动向积极方向发展，维护世界稳定与发展，具有重要意义。2013年国际社会在世贸谈判和解决地区性问题上能够取得一系列突破，与大国互动的积极变化有密切关系。

中美关系改善在大国良性互动趋势中具有影响全局的特殊意义。中美关系对于地区形势和世界格局未来发展，作用举足轻重，被国际社会普遍视为当今世界最重要的双边关系。中国新一届领导上任后，中美关系如何开局，世界密切关注。中国领导人访美期间，双方就构建新型大国关系问题达成共识，对两国关系长远发展明确了方向，为双方下一步互动确定了基调。这一成果不仅符合中美两国的根本利益，而且对于维护世界和平与稳定，促进世界共同发展，具有重大意义。2013年大国良性互动增多，与中美关系改善对大国互动与国际博弈向良性方向发展产生的积极影响和促进作用分不开。在日本右翼势力挑战国际正义、蓄意制造地区紧张的背景下，中美关系向积极方向发展，对于稳定地区局势更具关键意义，既避免了其他国家在中美之间选边的尴尬，也缩小了某些势力利用中美矛盾渔利、在地区和国际挑拨离间的空间。中美加强协调合作，对于稳控朝鲜半岛局势发挥了关键作用，对于解决叙利亚化武危机、推动伊朗核问题谈判实现突破，发挥了重要作用。中美加强协作，对于2013年20国集团、APEC峰会等国际与地区合作的深化，也有重要积极意义。中美构建新型大国关系是一个长期探索过程，当前和未来都将面临不少疑虑、阻力和困难，目前仅仅拉开了序幕。但近一年的实践已开始表明，由于中美已经形成深厚的相互依存关系，双方没有不可调和的根本利益冲突。只要双方按照既定的基本原则处理相互关系，中美未来在良性互动中将不断丰富新型大国关系的内涵，开创大国关系的历史新篇。

四、转型发展成为影响国际关系的重要因素
中国改革引领世界转型发展潮流
中国外交转型使中国梦与世界梦相互促进

2013年是世界转型发展的又一高潮年。冷战后特别是国际金融危机以后，世界各类国家几乎都不同程度地相继遭遇发展困境。能否通过发展转型摆脱困境，避免社会失序和动荡，成为世界各国普遍面临的考验。通过发展方式转型和体制机制变革摆脱发展困境，是当今世界一个重要全球性趋势。

最近20年来，转型发展问题已成为影响国际关系和国际竞争态势的一个关键因素，先后在世界形成两轮转型浪潮，导致国际和地区形势发生多方面重大变化。第一轮转型浪潮来自包括中国、前苏联东欧地区国家和越南在内的前计划经济体制国家以及印度这类带有一定计划经济色彩的经济体在上世纪90年代掀起的改革，结果造就了新兴国家高速发展的黄金十年，催生了一大批新兴国家的迅速崛起，导致国际力量对比出现东升西降趋势，推动了世界多极化进程。第二轮转型浪潮兴起于国际金融危机之后，范围和影响都比第一轮更加广阔，主要有三个阶段。其一，发达国家被卷入转型发展浪潮。金融危机后，欧美深陷债务危机和财政赤字危机，日本则经历了长达20年的经济低迷。重压之下，主要发达国家都被迫启动痛苦和艰难的

经济结构调整和发展转型。发达国家经济最近有所好转，深层原因与其改革和转型分不开。其二，转型发展问题导致西亚北非地区近年来出现剧烈动荡。金融危机后世界经济环境出现的深刻变化，使西亚北非许多国家在经济全球化中被进一步边缘化，使这些国家原本已很严峻的发展问题雪上加霜。由于相关国家未能通过有序改革应对和解决自身发展难题，各种社会矛盾日益激化，最终在这一地区酿成持续冲突、动荡和内乱。其三，最近两年新兴国家发展短板凸显，在转型发展问题上再度面临重大压力，通过改革和转型突破发展瓶颈，又一次成为新兴大国必须面对的考验。

中共十八届三中全会对中国全面深化改革开放作出战略部署，不仅使改革开放迎来新一轮高潮，而且使中国在顺应全球转型发展潮流过程中再度冲到世界前列。中国改革对世界转型发展产生巨大推动和引领作用，赢得世界舆论广泛关注和高度评价，成为2013年影响世界发展的一件大事。中国深化改革开放将加快中国发展转型升级，把中国与世界的联系提高到前所未有的水平。与中国改革开放深化相伴随的是中国外交转型。中国新一届领导集体上任以来，中国在发展大国关系、稳定和拓展周边关系、深化与发展中国家合作、参与和引导国家多边合作等方面开展了一系列重大外交行动，视野开阔，思想进取，政策灵活，作风务实，效果显著，气象新颖，让世人感到中国参与国际事务更加主动、积极和自信，为维护世界和平与发展敢于承担起更多的义务和责任。中国外交转型不仅为深化改革开放创造更好的外部条件，而且在中国梦与世界梦之间搭建起桥梁，让世界更好地分享中国发展带来的机遇，使中国在自身发展的同时，对世界共同发展作出更大贡献。

发展困境与深度调整中的世界经济

谷源洋[①]

一、危机中发达国家发生的重大经济变化动向

在摆脱复合型危机过程中，发达国家针对普遍存在的虚拟经济与实体经济的严重背离、家庭借贷消费与实际收入的严重背离、金融创新与金融监管的严重背离、社会福利与财政预算的严重背离进行了较大幅度的变革与调整，出现了值得关注的七个重要经济变化动向：

1. 从过去积极推动并主导经济全球化，转向追求全球经济再平衡，尽量"去全球化"，以防止经济全球化导致权力分散化。美国前财长鲍尔森在美国金融危机爆发伊始就宣称，全球经济失衡是金融危机的根源，一是美国对外贸易逆差，而新兴经济体为顺差，二是美国家庭储蓄率低，而新兴经济体储蓄率高，因而新兴经济体对美国金融危机亦负有责任。

2. 从过去积极主动促进产业向外转移，转向重振国内制

---

① 作者系中国国际问题研究基金会理事会理事兼世界经济研究中心主任，中国社会科学院荣誉学部委员。

造业，通过减税等优惠政策鼓励在海外的制造业"回巢"，以增加国内投资，创造就业岗位。奥巴马签署的"制造业促进法案"，[①]把公司税从35%降至28%，以吸引美国制造业回流，推动高端先进制造业发展，使其制造业产值在GDP中占比增加，[②]创造了20多万个就业岗位。与此同时，奥巴马宣称美国的劳动力大军、更低的能源成本和逐渐改善的经济将使美国成为具有吸引力的投资目的地，其目标是未来5年为制造业和其他领域吸引1万亿美元的新增外来投资，因而要求美国驻外大使把吸引外资作为首要任务。

3. 从过去高举自由贸易和投资的大旗，转向提高市场准入门槛，实行各种形式的市场保护主义，将国际贸易增速下拉了三个百分点。

4. 从过去家庭负债消费，转向家庭"去债务化"，提高家庭储蓄率。在危机最严重的时期，家庭储蓄率有所增加，但"由俭入奢易"，而"由奢入俭难"，经济略有好转，家庭储蓄率又开始下降。当今五分之三的美国人，其家庭债务积累超过家庭储蓄。

5. 从过去金融过度自由化转向加强金融监管。为摆脱危机和防范危机，各发达经济体纷纷筑起"金融防火墙"，防火机制起到了一定的作用，但限制金融机构发放高额年终奖金并未奏效，2013年华尔街年终奖金为230亿美元，高于2009年的225亿美元，创下金融危机后的新高。[③]

6. 从过去重视商品贸易转向服务贸易与投资并重。国际

---

① 2010年8月。

② 2011年制造业产值占GDP的比重达到11.5%。

③ 美国《财富》双周刊网站，2013年8月29日。

贸易格局由商品贸易转向要素贸易，服务贸易有了迅速发展。2012年全球服务贸易总额约为4.35万亿美元，其中美国占了1.2万亿美元；2012年美国成为吸引FDI的第一大国，在全球企业高管对外直接投资信心指数排名中，美国已从2012年的第四位跃升为2013年的首位。在当今国际信贷市场份额中，日本占13%，美国为12%，德国占11%。日本前首相鸠山由纪夫说"我们已经从货物和服务贸易的资本主义，转向一种新的资本主义，即通过投资来获取回报的资本主义"，[①] 亦即资本帝国主义。

7. 从过去关注和推动多边经贸活动，转向加速构建"块状经济体"，进行区域贸易与投资安排，签署双边和多边自由贸易协定及建立自由贸易区。美国设想通过签署"跨太平洋伙伴关系协定"（TPP）和"跨大西洋贸易与投资伙伴关系协定"（TTIP），把美国同亚洲和欧洲联结起来，按高标准规则建立堪称"21世纪的自由贸易区"，加剧全球"重区域主义"而"轻多边主义"倾向的发展。

上述经济变化动向及其"溢出效应"，对发达国家、发展中国家和全球经济短期和长期发展产生了直接或间接的影响。总体上有利于美国等发达国家，而对新兴经济体和发展中国家则利弊互见。

二、发达国家的经济表现及货币政策转向

由于发达国家在某种程度上抑制虚拟经济，着力发展实体

---

① 鸠山由纪夫：《合作共建东亚共同体》，中国国际经济交流中心主办的第三届全球智库峰会，2013年6月。

经济，加快经济和产业结构调整，通过新的科技创新提高劳动生产率，以及当前通胀率低、基准利率低，经济出现向好趋势。但各发达国家的经济表现不同，货币与财政政策转向存在差异，2013年有以下三个值得关注的热点：

（一）美联储调整和退出"量化宽松"的货币政策

美联储为刺激经济复苏，自2009年起共计推出三次常规和非常规的"量化宽松"货币政策（QE），向市场注入3.7万亿美元的流动性。伴随美国经济持续温和复苏，美联储主席伯南克于2013年6月20日首次挑明在"今年晚些时候"，美联储将削减购买债务规模，并宣布在2014年年中退出QE。

美联储退出QE是"数据驱动"的退出，自2013年5月以来，伯南克曾多次表态指出，我们的政策绝不是预先确定的，而是取决于新的数据和经济前景：一是失业率降至6.5%或以下；二是通胀率升至2%—2.5%，实现这两个条件的关键因素是美国的经济表现。

从美国官方公布的季度统计经济数据看，第一季度GDP增长年率为1.1%。美联储多数高层人士认为美国经济复苏程度远称不上什么强劲。鉴于美国企业库存增加，房地产市场继续向好，企业盈利增长了3.9%，首次申请失业救济人数降至33.1万人，接近5年来的最低点，第二季度GDP增长年率为2.5%。然而，第二季度个人消费增长却从第一季度的2.6%降至1.8%，消费需求不足，失业率难有明显下降，通胀率难以上升。因此，美联储9月议息会议后，伯南克宣布不丢掉QE"拐杖"。此举是意料之中的事情，不应感到"意外"，首先是就业市场恢复缓慢，8月的失业率为7.3%；通胀水平远低于政策目标，8月CPI环比增速仅为0.1%；其次是国债收益率持续上升，8月的10年期国债收益率增至2.8%左右；再次是白宫和国会将进入新一轮的年度财政预算和提高债务上限的争论，或多或少会对经济复苏造成威胁和冲击，使美联储不敢轻易削减购债规模。美联储在10月底召开的议息会议上，再次宣布维持现有"量化宽松"货币政策不变，说明美国经济尚无明显起色。美国商务部11月7日公布的第三季度GDP增长年率为2.8%，12月6日修正为3.6%。经济增速上调是由于个人消费支出、企业库存及出口等出现了新的积极变化，并推动三大股指齐升。

那么2013年美国经济形势究竟如何？当下美国经济年均潜在增长率为2.5%—3%，但由于以下两个因素使美国经济不可能达到潜在增长率水平，其一，民主党和共和党财政纠结难以调和，找不到妥协的平衡点，2013年3月1日正式启动"自动减支机制"，使美国经济面临"慢性折磨"，"减支"的触角浸透到国防、教育、医疗等多个重要领域。按美国国会预算局计算，"自动减支"计划将使美国经济增幅减少0.6个百分点。其二，参议院和奥巴马不接受共和党提出的临时拨款议案而修改"医改法案"或延期实施"医改法案"，因而从10月1日起，美联邦政府非核心部门约80万人休假，导致旅游等多种行业收入锐减，投资者大量抛售短期国债，对美国经济复苏增添了不确定因素。标准普尔信用评级机构认为，部分政府部门工作"停摆"已导致240亿美元的经济损失，并将拖累第四季度的经济增长。奥巴马指出这场财政之争没有赢家，对美国经济造成了没有必要的伤害。如果扣除"自动减支"和政府"关门"对GDP造成的损失，那么2013年美国经济大约有两个百分点左右的增长。美联储已将2013年美国经济增长率从早先预计的2.3%—2.6%下调为2.0%—2.3%，而IMF预测2013年美国经济增长率只有1.6%，因而告诫美联储不要轻易放弃QE，实行过于紧缩的货币政策。

然而，美国是多元化的经济体，具有科技创新的传统和精神。美国研发项目数量占全球的31%；美国在世界排名前50的大学中，占据了29所；在世界500大企业中，美国占了174家，超出欧洲的154家，而科技产业更是美国的强项；页岩气开发技术的突破及其商业化开采使美国逐步减少对外部能源依存度，有助于增强制造业竞争力，增加企业出口及企业盈利；美联储"量化宽松"货币政策降低了抵押贷款利率，加快了房地产市场复苏势头，带动一系列相关产业发展，促进美国整体经济持续转暖；楼市和股市带来的"财富效应"，推动消费信心指数攀升，等等。因此，美国金融机构普遍认为美国经济将会逐步提速，美联储最终将使货币政策从"超宽松"回归常态，但货币政策仍会保持总体宽松。

（二）"安倍经济学"的效果与潜在反效果

为摆脱过去20年经济萎靡不振状态，促使日本从"僵尸经济"中爬出来，推动经济出现一个攀升的"拐点"，以摆脱"停滞国家"形象，安倍于2012年12月26日上台执政后即推出三箭捆绑在一起的"安倍经济学"：激进的货币政策、灵活的财政政策及通过结构改革实现经济增长战略。"安倍经济学"的三支箭并不新奇，过去都曾推行过，从1999年起日本央行就实行零利率政策，但其政策收效甚微，没有对经济增长带来持续影响。"安倍经济学"的"新意"在于设置通胀目标与无限量购买债券挂钩，亦即通过无限量购买债券把通胀率从1%提升到2%相结合。

从实际情况分析，"安倍经济学"已产生了阶段性的效果：一是货币政策溢出效应导致日元贬值，有利于增强企业竞争力，扩大企业出口。这是日本企业，特别是消费电子巨头长期期盼的事情。野村证券预测，如果按美元兑日元汇率为100日元计算，日本企业（金融企业除外）在2013财年的利润率将同比增长50%；二是提升了日本股市，股市兴旺带来的"财富效应"改善了消费者心理，在某种程度上刺激了消费欲望；三是上调消费预期，驱使消费者提前购买耐用消费品等，强化了短期消费购买力。

　　然而，"安倍经济学"也存在"潜在反效果"：2%通胀预期带来债券减值，债券购买者为规避风险，到一定的时间点就会抛售国债，造成债券收益率上扬，进而提高政府发债成本。因此，新发国债的四分之三由日本央行持有，日本企业和个人金融资产很少去购买国债；日元贬值虽增强了出口企业竞争力，但被进口商品价格提高相抵消，增加了企业运营成本和家庭居民生活负担。消费者最终将削减其他方面的需求来平衡家庭总支出，从而使政府刺激内需、扩大通胀的努力受到抑制；日本央行制造的过剩流动性难以真正进入实体经济，常被用来换为外国货币进行套利活动，或者流向海外债市和股市等高风险资产，等等。因此，安倍内阁的激进的货币政策和灵活的财政政策难以根本解决日本经济面临的"结构短板"，短期内也不可能摆脱通缩的困局。为此安倍政府公布了以放宽政府管制、激活民间投资活力为核心内容的第三支箭，亦即"经济增长战略"。①

　　但安倍的"经济增长战略"，眼下看来只不过是一种美好愿望，其前途如何取决于结构性改革。结构性改革是"安倍经济学"最为关键、难度最大、挑战性最强的考验。

---

　　①　2013年6月4日。

首先，日本早已步入老人社会，65岁以上的人占总人口的四分之一。人口老龄化带来劳动力严重缺乏、生产成本急剧增加、家庭储蓄率持续下降、进而导致消费低迷与投资不足。统计数据表明：日本职工的工资和奖金十几年几乎停止不动，雇主越来越多地依赖于工资较低的临时工，这些人占劳动力总数的三分之一，但加班工资跌幅创下三年来的最大。[①]加班时间减少和加班工资下降，表明日本家庭消费已经没有多大扩充余地。

其次，股市狂升创造的"财富效应"虽使一些人增加了对奢侈品和耐用品的需求量，但食品和能源等价格上涨却给低薪阶层，特别是以养老金为生的退休百姓带来了更多的生活困难。在物价上涨和消费税税率提高的情况下，如果工资涨不上去，就会带来更多的社会难题。尽管安倍一再要求企业配合政府提高职工工资，但由于企业对其经济前景缺乏乐观的预期，真正开始提高基础工资的企业为数不多。

第三，在国内市场萎缩及国外竞争加剧形势下，日本企业重组和改革仅通过安倍所说的减轻企业财务负担是远远不够的。税收优惠并不是刺激日本企业改革的根本动力，企业重组改革涉及企业裁员，然而，打破终生雇佣制、裁减人员对日本企业来说是很难做到的事情。

第四，结构改革涉及企业投资问题。安倍提出了增加企业投资的具体目标，亦即从2013年的63万亿日元提高到三年后的70万亿日元。实际上日本企业缺少的并不是资金，而是国内没有值得投资的项目。因此，安倍指望放松银根、增加投资与消费去刺激经济增长或许是不容易实现的愿望。即便是政府

---

① 2013年4月2日日本厚生劳动省公布的数据。

开动印钞机器，鼓励大规模投资，但日本国内缺乏大规模投资基础设施的空间，大量的投资只会造成产品与产能的过剩。企业由于在国内找不到有利可图的投资领域，只好继续向海外拓展业务，把企业转移到劳动力成本低和市场潜力大的国家。然而，日元贬值在提高日本国内企业国际市场竞争力的同时，却又增加了海外企业的生产成本，延缓了企业向外移转的速度与节奏。

众多的结构性改革绝非是宽松货币政策和财政政策能够解决的问题，相反，安倍政府无节制地扩大支出，既增加不了多少财政税收，又将导致公共债务规模持续扩大，因而成为经济复苏中的隐患。缺乏结构性改革的支撑，安倍的"经济增长战略"乃至整个"安倍经济学"的成功率就将大打折扣。日本自民党代理政调会会长盐崎恭久指出，安倍"经济增长战略"的第三支箭，就是过去所说的经济结构性调整。如果未达成第三支箭的目标，不只是重蹈"失去的十年或二十年"，而是将要面临"失去的三十年"。①

从发展实践考量，在安倍射出的第一支箭和第二支箭的作用下，按年率计算，2013年日本前三季度的经济增长率分别为3.8%、2.6%和1.9%。由于设备投资和内需下降，12月6日日本政府将第三季度的经济增长率从1.9%下调至1.1%。尽管第三季度经济增速放缓，但日本经济已连续四个季度保持环比增长。日本央行预测2013财年实际经济增长率为2.05%，名义经济增长率为2.9%。值得关注的是自民党在参议院选举中的获胜，反映了日本选民对"安倍经济学"的"期待和认可"，"安倍经济学"的潜在政策阻力将趋于弱化。安倍内阁未来将会加

---

① 盐崎恭久2013年2月在华盛顿的演讲：《日本重回强国之列》。

速结构性改革步伐；将会集中精力推动国内消费税改革及加入TPP的谈判力度；将会出台刺激企业投资的减税措施及扩大企业投资领域，等等。因此，对"安倍经济学"需要进行较长时间的跟踪研究。

（三）欧洲经济在财政紧缩中进行自身修复

步入2013年，国际社会对欧元区债务危机的忧虑有所消退，德国财长朔伊布勒认为经过四年"折磨"之后，欧元区"最糟糕时刻"已过。2013年第二季度欧元区经济出现了18个月以来首次环比增长0.3%，[①]制造业采购经理指数（PMI）从9月的50.1升至10月的51.3，两年来连续突破50的荣枯线。欧盟委员会于11月5日发布的年度秋季经济展望报告预测，2013年欧元区经济仍将萎缩0.4%，其收缩幅度小于上年的0.7%。欧盟经济形势稍好于欧元区，2013年为零增长，其中英国经济增长预期独占鳌头，预计经济增长率为1.3%。主要原因是欧盟和欧元区进行了"结构性改革与财政整固"，为解决债务问题筑起了道道金融"防火墙"，加强了金融业自身修复与监管：

1. 成立临时欧洲金融稳定基金（EFSF）及永久欧洲稳定机制（ESM），基金和机制贷款既可直接注入有困难的银行，又可用于购买欧元区各国政府发行的债券；

2. 欧盟25个成员国签署了《欧盟财政契约》，加强财政纪律监督与检查，违反《契约》规定的国家不仅得不到欧洲稳定机制的资金支援，还将受到按《契约》规定做出的惩处；

3. 成立银行业联盟，授权欧洲央行直接对欧元区各国银

---

① 2013年第2季度欧元区GDP环比增长0.3%，高于市场预期的0.2%。

行进行统一监管，可无限制地购买成员国政府债券；

4. 欧洲央行实施直接货币交易计划（OMT），从二级债券市场直接购买债券。

上述出台的措施为稳定金融市场发挥了作用，欧元区银行业在2013年第三季度已呈现企稳迹象，商业银行继续放宽对私有企业放款的门槛，欧元区经济复苏受资金短缺影响的状况得到初步改善。欧洲央行将从2014年11月起开始直接监管欧元区130家银行。更为重要的是在防范债务危机转化为银行危机的同时，德、法等核心国家及欧洲央行领导人反复释放出捍卫欧元的"政治决心"，国际货币基金组织亦给予支持与配合，与欧盟、欧元区联手化解债务危机。在多种政策和措施作用下，欧洲经济基本上已下滑到"衰退底部"，经济恢复处在向好拐点，金融市场趋于稳定，融资压力减轻，出口竞争力有所增强，经济下降力度减弱。尤其继2012年欧元区国家的平均财政赤字降至GDP的3.7%之后，2013年财政赤字占比仍在继续下降，负债严重国的经济与财政状况均有不同程度的积极变化，10年期国债收益率下挫，开始恢复"自我造血"功能。爱尔兰总理恩达·肯尼甚至宣称将于2013年12月中旬"在没有欧盟伙伴帮助的情况下结束国际组织救援计划"。国际信用评级机构上调希腊等负债国的信用评级。

然而，欧盟和欧元区的首要目标依然是逐渐将财政赤字降至3%的"趋同标准"，以便使欧盟和欧元区不走向"赤字联盟"。为使欧盟各成员在厉行紧缩的同时，能够确保优先项目资金的获得，以促进各国经济发展。欧洲央行行长德拉吉表示在欧元区经济衰退期间，欧洲银行不会提前收回其货币宽松政策，并多次重申只要有必要，欧洲央行的货币政策就仍将保持宽松，将利率维持在当前或更低的水平。由于通货紧缩压力不减及欧元升值影响出口，对疲软的经济恢复造成了伤害，第三季度利率环比只增长0.1%。因此，欧洲央行于11月5日再次把欧元区主导利率从0.5%下调至0.25%。

由于削减支出和刺激经济的矛盾并未化解，2013年欧元区没有推出力度大的紧缩方案，并延后一些国家实现"赤字达标"的时间，更加注重创造就业和扩大消费支出刺激经济增长，导致经济收缩幅度趋窄，但依然面临众多挑战，包括缺少增长动力、复苏力度甚弱、失业率高企、资产负债严重、消费能力较低、进出口不稳及一些国家社会持续动荡，等等。欧盟委员会秋季经济展望报告已将2014年欧盟和欧元区经济增长率分别下调至1.1%和1.4%。

比利时布鲁塞尔智库布吕盖勒将欧洲经济长期发展迟缓的原因归纳为以下六点：1.长期居高不下的失业率损害了劳动力技能的培养，阻碍了劳动力市场的参与度，进而抑制了经济增长的潜力；2.企业在经济低迷时期对于研发活动的投入出现了缩水，特别是经济复苏遥遥无期时，企业减少了对研发活动的投资，降低了企业的生产效率；3.疲软的经济增长和银行资产负债相互影响，对经济增长产生负面作用；4.企业和家庭债务过度积累，导致债台高筑，且"去杠杆化"缓慢，牵绊其经济增长；5.经济陷入泥潭削弱了对外的吸引力，导致资金从欧洲转移到其他国家和地区；6.经济低迷和高失业率使欧洲国家民众强烈质疑欧盟政策能力与其作为，弱化了各国国内在促进关键革新方面的凝聚力。[①]

排解上述六个障碍需要时间和政治能力，因此，欧洲经济

---

① 比利时布鲁塞尔智库布吕盖勒官网《短期困难对长期增长的负面影响》，2013年5月16日。

生命力的回归及出现实质性复苏尚需要较长的时间。法国兴业银行预计欧洲经济低迷将持续到2018年，在这一漫长期间，出现波折与反复亦不足为奇。以德国为首的北欧国家和南欧国家之间"紧缩与反紧缩"的分歧以及"拥欧元与反欧元"的斗争将持续下去，并左右一些国家的政局变化，但欧洲一体化进程不会中断，将在排除重重障碍中继续向前推进。

三、世界经济将由"单引擎"转向"双引擎"驱动

自2007年美国次贷危机和金融危机以来，发达经济体陷入经济衰退、停顿和弱势增长的困境。新兴经济体和发展中国家虽然受到各种危机的冲击，但经济形势强于发达国家，成为拉动世界经济增长的牵引力量。瑞士信贷银行研究所发表的最新世界财富分配统计报告显示，40个富国和中等国家与40个最贫困国家之间的差距缩小。伴随新兴经济体和发展中国家经济基本面持续改善，人均寿命、教育年限以及清洁用水和卫生设施状况也有了明显的提高。

然而，近两年来，新兴经济体的"经济短板"显现，并受到来自外部的多重冲击，加上通胀率高、利率高，因而经济增速下滑。尤其在美联储退出QE预期影响下，自2013年5月以来，部分新兴经济体面临着资金撤离、货币贬值、国债收益率提升等压力，加速推动新兴经济体经济持续向下滑行。IMF于10月8日发表的《世界经济展望报告》再次下调了新兴市场国家与发展中国家的整体增长预期，预计2013年和2014年的经济增速分别为4.5%与5.1%，较比前次预测下调了0.5和0.4个百分点。世界经济增长的"天平"从新兴市场国家朝着发达国

家倾斜。面对南北经济增速差距趋窄，唱衰新兴经济体的声音日趋高涨，说什么"金砖国家"概念已不复存在，新兴经济体的"神话"已终结，失去了世界经济"引擎"的作用，而由发达国家替代了新兴经济体，成为拉动世界经济的"引擎"。

如何客观地看待这些言论？首先新兴经济体，尤其是金砖国家经济确实在放缓。问题是对包括金砖国家在内的新兴经济体增速放缓应该怎样看？大体有两种观点，一是由结构因素引起的长期趋势，二是由周期因素造成的短期现象。实际上，新兴经济体"走下坡"既有结构性因素的作用，也受周期性因素的影响，更为不可忽视的因素是新兴经济体经济增速放慢同发达国家转嫁危机息息相关。因此，新兴经济体和发展中国家需要重新审视和定义全球经济失衡与再平衡。

新兴经济体经济下滑"烦恼"是长期趋势抑或短期现象？其基本判断是当前出现的新"双速脱钩"仅仅是危机的某一阶段所表现出来的一种现象，而非本质。中国等少数国家经过几十年的高速增长，经济增速缓行符合经济发展规律。但由于以下因素的存在，新兴经济体不会一蹶不振，"南升北降"态势虽放缓，但仍难以逆转。

首先，发达经济体发展仍存在众多不确定性。2013年发达国家对世界经济增长的贡献率，略超过新兴经济体和发展中国家。然而，发达国家的经济表现也好不了多少，正如前面所提2013年美国经济增长率为2%左右，日本在提高消费税预期驱动下，实际经济增长率可能略超出2%，而欧盟和欧元区仍为零增长和负增长。据多方面的预测，发达国家依然面临种种"悬崖"，2014年日本和欧洲经济增长将低于预期。反观发展中国家经济却是有降有升。近几年来，非洲国家经济增速加快，在全球增长最快的国家中，非洲国家占了半数以上。正如西班牙中国政策观察网站载文所称，"相比较而言，新兴经济体正在下坡而发达经济体仍站在悬崖边上"。

　　其次，从经济增长潜力条件看，新兴经济体家庭储蓄率高、外汇储备雄厚、外债水平较低、对内和对外投资潜力大、工业化提速、收入增加、购买力上升和创新能力趋强、存在减息空间和推行财政刺激政策余地，通过有针对性的深化改革，能够应对和抑制住"南快北慢"变化速度放缓的局面，继续保持高于发达国家的速度向前发展。俄罗斯官方公布的统计数字显示，2011年到2013年，金砖国家经济平均增速为4.11%，远高于发达国家的1.37%，其影响力仍在上升，并不再认同"华盛顿共识"即市场原教旨主义。金砖国家虽然国情和文化等存在差异，但相互间的贸易与投资迅速增长。尤其是建立金砖国家开发银行及金砖国家应急储备安排，既可向发生流动性和国际收支困难的成员国提供资金支持，又可在实际困难发生前，化解各种外部冲击对其各国金融稳定的负面影响。

　　再次，从发展趋势看，新兴经济体和发展中国家占世界经济之比重仍将继续攀升。预计2014年亚洲经济增长率将从2013年的6.1%上升为6.3%，到2020年亚洲将成为世界最大的经济区域。正如渣打银行的报告所说，虽然一些主要新兴经济体的经济发展减速令人担忧，但包括中国、印度、印度尼西亚和巴西在内的几个较大的新兴经济体稍加改革就会触动经济振兴。① 因此，新兴经济体依然是全球经济增长的"引擎"，仍将继续对世界经济增长做出重要贡献。世界银行前行长佐利克早就说过，未来世界经济格局的一个鲜明特点是新兴经济体的崛起，新兴经济体，特别是大型新兴经济体是世界经济增长的新

---

① 印度《商业旗帜报》网站，2013年11月6日。

动力。美国国家情报委员会发布的2030年趋势报告指出，在未来10年至20年，发展中国家占全球经济的份额将首次超过经合组织（OECD）。

在经济全球化的时代，如果发达经济体不坠入"悬崖"而保持持续性的复苏和增长，那么可与新兴经济体一起成为拉动世界经济增长的"引擎"。美国布鲁金斯学会最近发表的《全球经济复苏跟踪指数》报告认为，全球经济正在受到"发达经济体飙升的商业和消费信心，以及新兴市场经济增长趋于稳定的共同推动"，世界经济的牵引动力将由"单引擎"变为"双引擎"。但近期"双引擎"的动力均显不足，发达国家这个"火车头"究竟能够跑多远？新兴经济体何时能够"止跌反弹"？这些都还是难以准确预知的前景，并受诸多已知和未知挑战因素的制约。

有观点认为美联储最终退出QE将会导致新兴经济体发生系统性金融风险，使新兴经济体"雪上加霜"。这种担忧不无道理，"热钱"无序流动极易促发危机，1997年东南亚爆发金融危机的历史教训切不可忘记，但是，亦应看到存在着抑制发生系统性金融风险的多种因素。

首先，美联储实施QE带来的外溢效应，主要是以套利为目的的"热钱"涌向新兴经济体的股票市场。统计数据显示，2005年至2010年间，流入新兴经济体股市的资金量增长了500%，而美联储一旦退出QE将使流入股市和债市的"热钱"瞬间流出，"热钱"的大进大出，易诱发金融市场动荡乃至危机。因此，美联储实施QE或退出QE带来的"热钱"流入和流出，都会让新兴市场国家付出代价。但美联储退出QE将是一个渐进的、分阶段的较长过程，从削减购买国债规模到完全退出再到加息，大约要经历三年左右的时间，因而新兴经济体有时间进行有针对性的政策调整，提前应对美联储货币政策转向造成的"冲击波"。

其次，新兴经济体近期的金融市场动荡，其主因一是受美联储退出 QE 预期而引起的恐慌，市场经历了一次退市预期负面作用的消化，因而即使是美联储在今后"晚些时候"真正退市，也不大可能对新兴经济体、特别是拥有贸易盈余的新兴经济体造成更大的伤害。二是新兴经济体的金融动荡是全球资本追逐高收益率的短期行为，由于新兴经济体的增速依然高于发达经济体，资金的短期流动性的冲击不会持续太久，难以对新兴经济体造成致命的损伤。

再次，美联储退出 QE 对新兴经济体而言，既有负面影响，也有正面效应。正面效应是美联储退出 QE，标志着美国经济好转。从理论推理，美国经济逐步向上，有利于新兴经济体增加对美国的出口，刺激经济增长，风险偏好的改善将会推动资金再度流向新兴经济体。

最后，当今的新兴经济体，特别是东南亚国家的宏观经济环境已不同于1997年爆发金融危机的状况，具体表现为：1.吸取了上次危机的深刻教训，普遍加强了金融监管，以防发生系统性金融风险；2.资本市场趋于成熟，拥有抵抗金融风险的外汇储备，国家外债比例下降，银行资本比上升；3.在清迈协议框架下建立了多边外汇储备库以及多国相互签署了货币互换协定；4.东南亚国家联盟不是10国的货币联盟，而是10个国家的联合组织，因而不会出现欧元区"单一货币"那样的麻烦问题；5.加强了内部经济整合以及同域外大国的全面经济合作，有助于应对外资暂时逃离带来的风险。因此，美联储退出 QE 并不是新兴经济体爆发金融危机的必然条件。新加坡总理李显龙认为，东南亚金融危机不会重演，一些国家出现的汇率波动及资金撤离不是"新的全球经济危机"。IMF亚太区主管辛格亦认为，面对美联储缩减QE规模及其预期带来的风险与冲击都是可控的。

　　但是，新兴经济体发生金融危机的概率仍不容忽视。首先是伴随着"热钱"流出，一些新兴经济体自有资金外流，直接投资（FDI）减少，[①]因而维持较高的利率和汇率，抑制了经济增长；其次是一些新兴经济体通货膨胀压力有所缓解，货币政策的着力点转向"稳增长"和"促增长"，但部分国家通胀率依然较高，经济增速持续下行，面临着"滞胀"压力；再次是新兴经济体出口不振，竞争力下降。从2003年至2008年，亚洲新兴经济体的年均出口增幅为22.5%，而金融危机以来的出口增速仅为8.5%。第四是美联储改变宽松货币政策将导致国际金融市场波动，并推高长期国债收益率。美国国会预算办公室（CBO）预测，美国10年期国债收益率在未来5年内可能上升至5%的水平。美国国债收益率上升意味着全球融资成本的上涨，从而使世界逐渐告别"低利率时代"，增加新兴经济体美元借贷成本。外汇储备不足、经常账户高额逆差、资本账户全面开放以及资源型出口的新兴市场国家，绝不可掉以轻心，必须保持高度的警惕，及早采取有针对性的改革措施，并加强相互间宏观经济协调，共同应对发达国家货币政策变化带来的逆风袭击。

---

　　① 国际金融协会预测：流入新兴市场的私人资本净值2013年将减少360亿美元，2014年再减少340亿美元。

四、世界经济处于转折的十字路口

　　2010年世界经济开始"触底反弹",从衰退步入复苏轨道,至今没有再重现"二次衰退"的局面。世界经济复苏呈现"起伏不定、低于正常水平、力度脆弱和增速分化"的特征,危机造成的"后遗症"尚未完全消除,具体表现为:国际贸易和国际投资尚未恢复到2008年以前的增长速度和绝对水平,WTO已将2013年国际贸易增长率从3.3%下调到2.5%,仅相当于上年的增速;2013年全球FDI为1.4万亿美元,比上年下降18%,远少于危机前的1.8万亿美元;世界经济增速连续两年下滑后,IMF又将2013年世界经济增长率从3.2%下调至2.9%。当下世界经济虽然持续复苏,却仍在复苏底部徘徊,但国际经济金融机构普遍预测2014年和2015年世界经济复苏步伐有可能略有加快,世界经济大体呈现"U型"反转走势。

　　世界在变化、在进步,但挑战与风险仍无处不在。今后几年世界经济仍不可避免地面临多重已预知风险的冲击:

　　1. 各经济体内部贫富差距不同程度的扩大,造成社会秩序不稳甚至社会动荡。最富有的1%美国人在2012年的收入占到了美国全民年收入的五分之一,贫富差距创历史最高纪录。英国非政府组织乐施会发表的报告预测到2025年欧洲贫穷人口将达到1.6亿人。贫富差距扩大不仅会给人的心理和情绪造成负面影响,而且会危及社会稳定与发展。

　　2. 未来人口的变化,就是老龄化趋势。老龄化是一个全球现象,凸现许多国家快速步入高龄社会。人口寿命延长显示健康与医疗的进步,但高龄化速度过快,将使各国财政负担不堪重负。

3. 全球投资不振，经济增长不足，失业率居高难下。国际劳工组织的统计数字显示，全球失业人口总数现已超出2亿人，其中G20为9300万人，每个国家都遭受到失业问题的困扰。[①]

4. 来自粮食安全、能源安全与环境安全的挑战依旧。2013年《全球饥饿指数》报告指出全球56个国家粮食严重短缺；随着新兴经济体的崛起，国际能源格局发生了重大变化，世界能源消费重心已由发达国家转向新兴经济体和发展中国家。地缘政治引发的暴乱或战争，全世界都要为此支付更高的石油价格，高油价带来物流成本的上升及大宗商品价格连锁上涨，加剧了通货膨胀压力，继而拖累全球经济复苏和增长。

5. 美联储调整和退出"量化宽松"以及日本和欧洲继续维持"量化宽松"的货币政策，导致少数新兴经济体存在发生系统性金融风险的潜在可能。

6. 各种形式的区域经济整合速度加快，其中TPP和TTIP谈判的重心转向国际贸易投资规则重构，进一步把WTO推向"边缘化"，但世界需要多边贸易体系。12月初WTO部长级巴厘岛会议已对"早期收获"达成共识，恢复了世界对多边贸易谈判机制最基本的信心，但最终完成"多哈回合"谈判仍有许多后续工作要做。

7. 美国和欧洲多数国家在"去杠杆化"的过程中，势必通过货币贬值和制造通货膨胀途径，向其他国家转嫁危机，因而货币和贸易摩擦难以避免。新兴经济体必然会实施货币储备和投资多元化战略，强化国际货币体系改革的诉求。

综上所述，世界经济处于转折的十字路口，今后几年，世

---

① 国际劳工组织于2013年9月4日发布的报告。

界经济大势特点为"全面变革、深度调整、加快转型、互动共生"。然而，令人担忧的是全球政策协调的质量和效果在下降，许多国家更加倾向于顾及国内经济发展，使其全球政策协调与经济治理难度增大。但全球性经济问题的解决，只能一是靠自己，谁调整得好，谁调整得快，谁就能确保可持续增长；二是必须依靠合作，生活在同一个"地球村"里，不管你愿意还是不愿意，利益共同体只能相互合作和共同努力。各经济体只有共同发力，共同应对和化解挑战与风险，才能促使世界经济出现"U型"反转走势。

第二章

美国外交力不从心
俄美摩擦不断增加

奥巴马2013年对外政策评析

钱文荣[①]

即将过去的2013年总体上堪称为奥巴马的外交灾难年。奥巴马原确定2013年三大外交目标：推进中东和平进程、再次重启美俄关系、继续推进亚太再平衡战略。但是，接连发生了埃及军事政变、叙利亚化武袭击事件、斯诺登泄露美国全球监听计划事件以及国内两党围绕债务上限、预算和医改问题争吵不休导致白宫关门，奥巴马不得不取消亚洲之行，打乱了他的整个外交步骤和计划，奥巴马被搞得焦头烂额，这种外交困境在美国历史上确实是罕见的，至少二战结束以来是没有过的。

一、奥巴马中东政策进退维谷

2013年年初，奥巴马第二任期开始，他立即派新任国务卿克里奔赴中东去执行他的第一个外交目标，推动巴以和谈重

---

① 作者系中国国际问题研究基金会美国研究中心执行主任、高级研究员。

启，同时去协调中东国家在叙利亚问题上的立场。但一年来的事实进一步表明，奥巴马在推进他的中东政策进程中进退维谷，总体上是失败多于成功。

克里上台将近一年来，确实把主要精力放在中东问题上，他风尘仆仆来往中东的路程等于绕地球走了八九圈，力图推动巴以重启和谈。9月奥巴马在联大的讲话也着重讲了中东问题。经过近5个月的努力，终于在7月30日把以巴双方一起拉到华盛顿就未来9个月内建立独立的巴勒斯坦国进行谈判达成协议，并于8月18日正式开始中断了5年的巴以谈判。然而，好景不长。以色列一方面谈判，另一方面，以色列总理内塔尼亚胡10月间又宣布在被它占领的巴勒斯坦领土——约旦河西岸兴建3360套新住房和在耶路撒冷修建1500套新房的计划，致使刚刚重启的谈判又一次叫停，实际上破坏了奥巴马的重启中东和平进程计划。11月上旬关于阿拉法特被毒杀的问题再次被提出，巴勒斯坦阿拉法特死因调查委员会主席陶菲克·提拉维根据瑞士专家率领的独立调查组提供的报告认定阿拉法特是被以色列毒死的。这个事件给中东和谈又蒙上了一层新的阴影。现在看来，所谓9个月内让巴勒斯坦建立独立的国家只是奥巴马为了说服巴方同意恢复谈判开出的一张空头支票。不要说9个月，恐怕9年也实现不了。

然而，2013年招致奥巴马中东政策惨败的主要原因还不是巴以和谈，而是7月发生的埃及军事政变和8月19日发生的叙利亚化武袭击事件。奥巴马虽然对穆尔西领导的以穆斯林兄弟会为核心的政府并不满意，但它是埃及发生所谓"阿拉伯之春"剧变之后按照美国宣扬的民主方式选出来的政府，是美国承认的合法政府，而且对这位温和派穆斯林总统寄予希望。可是，另一方面，埃及军方又是美国长期支持的左右埃及政治的主要力量，也是帮助维护美国在中东战略利益的一支重要力量。因此，这次埃及军事政变使得奥巴马在道义（民主）与美国在中东的战略利益之间难以作出抉择，进退维谷，摇摆不定。为此，奥巴马做出了一个骑墙决策。一方面不得不对埃及军方搞掉民选政府表示不满，宣布暂停部分军援，推迟交付军机，因为军方的举动违背了美国的"民主"理念；另一方面，又始终不敢称埃及军方废黜穆尔西总统职务的举动为政变，实质是支持军方，目的是要保留美国在埃及的战略利益，结果使埃及政治格局又重新回到了"阿拉伯之春"前的穆巴拉克状态，而且两面不讨好，双方都骂美国是"魔鬼"。[①] 奥巴马政府对于埃及军方在清场中打死一千多人至今默不吭声，招致埃及民众、美国国内和国际舆论的激烈批评。埃及军方也表示不满。尽管奥巴马派克里去埃及安抚军政府，努力修复美埃关系，但埃及军政府仍然不满意，其突出的表现之一是埃及很快就与俄罗斯接近，开始经济和军事合作；同时，埃及民众的反美情绪又被重新燃起，与当年埃及发生"阿拉伯之春"时民众对美国的期望形成截然相反的对照。

在叙利亚问题上更是让奥巴马进退两难，既要履行他自己划下的"红线"承诺，即一旦叙利亚使用化学武器，美国就会进行军事干预。因此，化武袭击事件爆发后的第二天，奥巴马与英国首相卡梅伦和法国总统奥朗德都立即毫无根据地指责是叙利亚政府军使用了化武，并信誓旦旦地表示要武力干预，还出动了海军，准备借此机会一举推翻巴沙尔·阿萨德政府。但奥巴马、卡梅伦和奥朗德三人都错误估计了形势。美国国内52%的人反对对叙动武，59%的人反对援助叙利亚反对派。

---

① 德国《时代》周刊网站，2013年8月15日。

这与小布什发动伊拉克战争时获得87%的民众支持形成多么鲜明的对照。美国的铁杆支持者英国首相卡梅伦叫打的声音最响亮，但他的动武提案却出乎意外地遭到议会否决，不得不退出，给了奥巴马当头一棒；奥朗德也不得不改口说：如果美国不动武，法国不会单独或抢先动武，实际上也退却了。在此进退两难的尴尬情况下，奥巴马的智囊建议他把是否动武提交给国会决定，可是国会内对此也分歧严重，迟迟不进行表决。他想若国会不同意，他可以把部分责任推给国会，但红线是奥巴马自己划定的，更何况宪法赋予总统在紧急情况下有60天使用武力的权力，他要想把责任全部推到国会身上是不可能的。幸亏俄罗斯总统普京提出用叙交出化武换取和平谈判解决的建议，帮奥巴马找了一个体面的台阶下，算是解了围。有人说，奥巴马放弃对叙动武是一种主动退却的举动，是"为了补养美国如今阳气之不足"。这种看法很勉强，实际上这是奥巴马的无奈之举。自从美国19世纪渐渐变成强国以来，特别是二次大战和冷战结束以来，美国从来就是想打就打，而且终能纠结一批伙伴当它的炮灰。朝鲜战争、越南战争、科索沃战争、海湾战争和伊拉克战争以及利比亚战争，哪一次不是这样？因为那时美国正处于上升时期，尤其是苏联解体后，美国统治集团内产生了如基辛格所说的"全球必胜主义"思想，[①]认为美国从此可以在世界上为所欲为了。可这次的情况却大不相同。奥巴马在叙利亚化武问题上如此无奈地被迫退却，充分地表明美国的实力确实大大下降了，真是今不如昔，冷战结束初期头20年那种几乎一呼百应的顶峰时期已经消失，也许是一去不复返了。

---

① 　基辛格:《美国的全球战略》，中译本，海南出版社2009年10月出版，第232页。

此外，利比亚的乱局也使奥巴马十分懊丧和难堪。两年前，奥巴马通过由他一手导演和发动的利比亚战争推翻了卡扎菲政权后，宣称要帮助建设一个"民主的新国家"，就像当年小布什推翻萨达姆政权后宣称要把伊拉克建成中东的民主样板一样，也声称要把利比亚建设成为"民主的样板"。可是，两年后的今天，国际社会看到的却是一个暴力愈演愈烈的混乱的利比亚，武装派别林立，国家被划分为三个区域，暴力冲突不断，继2012年美国大使丧命于东部城市班加西之后，2013年又接连发生利政府总理扎伊旦和情报部门二号高官诺亚先后被绑架事件。利比亚人民每天生活在恐惧之中。石油是利比亚最主要的经济来源。如今油田被武装人员封锁，石油生产几乎处于停顿状态。据利比亚国家石油公司统计，如今石油产量从卡扎菲时代每天150万桶已下降到每天只能生产15万桶。《纽约时报》说，利比亚政府"走到了崩溃边缘，对全国大部分区域几乎失去控制，尤其是邻近第二大城市班加西的利比亚东部"。①可是，面对这样一个烂摊子，奥巴马总统束手无策，也无心去解决。美国《国家利益》杂志一篇题为《利比亚不断变化的记分卡》的文章说：美国外交政策中很多事件都会被迅速贴上标签，每当人们再提及，就会想到那些被预先设定的判断。两年前西方干预利比亚就被打上"成功"的标签，理由是一个独裁者被推翻。但两年过后，利比亚混乱的现实取代了卡扎菲被杀时许多人的希望。今日利比亚正暴露出失败国家的一些特

---

① 转引自《观察者》网刊登的《利比亚总理被绑架，美媒称卡扎菲死后利比亚建成失败国家》一文，www.guancha.com，2013年10月12日。

点。① 同样，前两年被美国称为阿拉伯之春出现的第一个"民主样板"突尼斯近一年来也进入政局混乱动荡状态，现政府对反对派的严厉镇压行动，让奥巴马政府十分尴尬，不知所措，只好置若罔闻。

美国媒体说，奥巴马的中东政策不仅受到来自美国的敌人一连串批评，也受到两个最强大的中东盟国沙特和以色列的批评。沙特由于对美国对埃及、伊朗和叙利亚的政策不满，决定拒绝接受安理会非常任理事国的席位。沙特驻美大使图尔基·费萨尔亲王 10 月 22 日在华盛顿举行的美国—阿拉伯关系全国理事会会议上对美国放弃武力攻打叙利亚政府表示强烈不满，他说："现在由国际社会控制阿萨德化武库的做法是一场闹剧，如果说这不是明显的背叛的话。"②

《华尔街日报》2013 年 8 月 24 日发表的一篇题为《中东大战略的失败》的文章认为，奥巴马在中东问题上犯了五大错误估计：第一，错误估计了美国支持的在"阿拉伯之春"浪潮中崛起的穆斯林团体的政治成熟度和能力。第二，错误估计了埃及的形势。第三，错误估计了白宫的中东战略对美国与两个最重要的地区盟国（以色列和沙特）的关系的影响。第四，未能掌握中东地区恐怖主义在中东地区活动的新动向，恐怖活动愈演愈烈。2013 年 8 月初，由于担心基地组织发动新的类似"9·11"的袭击，美国如惊弓之鸟一般急忙关闭了中东和非洲地区 19 个大使馆。第五，未能正确估计美国放弃对叙利亚采取

---

① 转引自《观察者》网刊登的《利比亚总理被绑架，美媒称卡扎菲死后利比亚建成失败国家》一文，www.guancha.com，2013 年 10 月 12 日。

② "Criticism of US Middle East Policy", by Michael R. Gordon, New York Times, October 23, 2013.

行动所付出的代价。①

观察家们认为,《华尔街日报》这篇文章指出的五个错误估计实际上都是技术性的或政策性的,没有触及问题的本质。根本的原因是随着实力下降,美国驾驭和主导世界事务的能力大大下降了。而奥巴马和整个美国统治集团还没有真正认识到今天整个国际形势和国际力量对比的变化以及美国自己实力下降的现实,还在紧紧地死抓住称霸全球的梦想不放。

二、斯诺登事件引发一场外交地震

再次重启美俄关系是奥巴马2013年外交的第二个重点。奥巴马2013年年初的《国情咨文》外交部分只是提到要发展与俄罗斯的关系,基本上没有谈及与其他国家的关系,可见他对改善与俄关系的重视。

奥巴马2009年初上台时就提出了"重启"美俄关系的政策。这是因为在小布什第二任期内美俄关系又开始恶化,尤其是2008年发生了短暂的俄罗斯与格鲁吉亚战争后,美俄关系降到了冰点。奥巴马政府从地缘战略利益考虑,决定主动修复与俄罗斯的关系。经过一番努力,从2009年到2011年间,也就是梅德韦杰夫担任俄罗斯总统期间,美俄关系有了较大发展,双方达成了一系列协议。然而,在2012年俄罗斯大选期间,美国公然插手俄罗斯选举,公开攻击普京,力阻普京当选,并在普京当选后,奥巴马政府和美国舆论不断批评普京的内外政

---

① "The Failed Grand Strategy in Middle East", www.wsj.com, October 24, 2013.

策，指责普京对外搞"反美主义"，对内搞"反民主"，并视俄罗斯为仅次于中国的第二大主要威胁。奥巴马政府这些做法又把美俄关系推进了死胡同。但是，美国的一些智库和专家学者认为这样将迫使中俄关系越走越近，对美国不利，建议奥巴马政府必须调整对俄政策，主张通过加强与俄罗斯的经济和安全合作，避免中俄结成"联盟"，同时也可争取俄罗斯在2014年美军撤出阿富汗的过程中以及撤军后维护阿富汗稳定方面的合作。这就是奥巴马在他第二任期开始第一个月发表的《国情咨文》中把改善美俄关系置于突出地位的背景，并且美俄双方已商定了一些改善关系的步骤，如恢复关于欧洲反导问题的谈判，确定奥巴马2013年9月出席在俄罗斯圣彼得堡举行的20国集团峰会期间访问俄罗斯等。

然而，2013年8月1日，由于俄罗斯政府决定给予揭露美国国家安全局"棱镜计划"的美国中央情报局和国家安全局前雇员爱德华·斯诺登临时避难许可，导致美俄关系再次紧张起来。奥巴马总统为此取消了原定的访俄计划，宣布"暂停"美俄关系，声称要"重新评估俄罗斯的走向、美国的核心利益以及校准美俄关系"。

据媒体披露，斯诺登揭露的"棱镜计划"是一项由美国国家安全局自2007年小布政府开始实施的绝密电子监听计划。它的正式代号名为"US-984XN"。它监控的类型有10项：信息电邮、即时消息、视频、照片、存储数据、语音聊天、文件传输、视频会议、登录时间、社交网络资料的细节，其中还包括监视、监听民众电话的通话记录以及监视民众的网络活动；监控的内容包括本国和外国公民、公司、外国政要、政府要害部门以及经济、金融、军事等信息；监控的对象遍及全球，从北美到拉美、从亚洲到欧洲，从监控国家到包括联合国和欧盟在内的国际组织，从被美国确定主要威胁或潜在威胁的国家（中、俄、朝鲜和伊朗等）到盟国和伙伴国，从一般公民到国家领导人和外交官。墨西哥、阿根廷和巴西前任和现任总统均被监控，对德国总理默克尔的监控长达十年之久。被监听的世界政要多达35人。美国还把英国、加拿大、澳大利亚和新西兰拉在一起，组成所谓"5只眼"情报联盟。美国媒体披露，所有监控到的重大信息和情报都送到白宫审处。美国编织的这个全球监控网是史无前例的，是贯彻美国全球战略的重要组成部分，进一步在世人面前赤裸裸地暴露了美国称霸全球的野心。

因此，斯诺登事件不仅打乱了奥巴马"再次重启"美俄关系的计划，而且斯诺登泄露的均为"绝密"文件，多达20万份，破坏了美国的全球监控和窃密计划，给美国造成了如美国国家安全局长基斯·亚历山大所说的"最大程度的损害"。① 更为严重的是，随着斯诺登事件持续发酵，这个规模惊人的全球监听计划被连续不断的曝光，招致全球的谴责和抗议浪潮，引发了美国历史上一场空前严重的外交地震，致使美国在全球的软实力遭受重创。

在2013年联大期间，美国的监控门事件成了各国代表团会上会下、茶余饭后负面议论最多的一个话题。在一般性辩论中，许多国家的代表在发言中点名或不点名地谴责这种无视国际法、国家主权和人权的监听行为。巴西、玻利维亚、委内瑞拉、阿根廷和津巴布韦五国总统在会上点名谴责美国，言词之激烈程度为冷战结束以来从未有过的。穆加贝总统发言时连讲三声"可耻！可耻！可耻！"辱骂美英两国，使两国代表不得不灰溜溜地退场。

---

① 路透社华盛顿2013年11月14日电。

　　被监控国家领导人和政府纷纷要求美国政府进行解释、道歉或拆除安装在美国驻外使领馆内的监控设备。巴西总统罗塞夫为此而取消原定的访美计划，她说：只有美国就其在巴西的间谍活动进行道歉，并承诺今后不再发生类似事件的情况下，两国关系才有望正常化。① 俄罗斯总理梅德韦杰夫批评美国这种做法为"厚颜无耻"的行为。② 美国的欧洲盟国纷纷发出强烈不满之声。法国总统奥朗德在与奥巴马通话中对此类行为"提出了严厉谴责"。他说："此类行为发生在朋友与朋友之间是不可接受的。"③ 默克尔总理在10月24日的欧盟峰会上以"罕见的严厉措辞"谴责了美国的监听行为。会后她对记者说："盟友和伙伴之间需要信任。现在不得不重新建立信任。我们是盟友，但这样一个同盟只能建立在信任的基础之上。"④ 德国外长韦斯特韦勒警告说："这可能损害把我们聚合在一起和我们为共同塑造21世纪全球化世界的未来而比以往任何时候更加需要的关系。"⑤

　　德国《世界报》一篇文章称这种做法是"美国陷入了独裁者的幻想"。文章指出，美国如同独裁政权一样，认为监控比信任更好，结果是"导致监控越来越多，信任越来越少。监控成本将不断增加并吞噬越来越多的资源。"这就是美国今天付出的代价。⑥

---

① 拉美社巴西利亚2013年11月6日电。
② 俄罗斯之声电台网站2013年11月1日报道。
③ 法新社2013年10月21日电。
④ 美联社2013年10月25日布鲁塞尔电。
⑤ 德国《明镜》周刊网站2013年10月27日报道。
⑥ 德国《世界报》网站2013年10月29日。

三、亚洲再平衡战略受到质疑

奥巴马2013年的第三个外交目标是继续推行"亚洲再平衡战略"，他要着重做两件事；一是进一步加强在亚洲的军事部署和强化盟国关系；二是推动"跨太平洋伙伴关系协议"（TPP）的谈判。应该说，奥巴马政府在这两件事上都取得了不同程度的进展，尤其是增加在亚洲的军事力量和加强与日本的关系方面取得了新的进展。2013年10月间，在美日双方外长和国防部长联合举行的"2+2"会议上，美国获得在日本部署无人机和增加预警雷达的许可。关于TPP谈判早已列入奥巴马政府2013年3月1日递交给国会的《2013年总统贸易政策议程》的报告中，原计划奥巴马总统借10月出席在亚太经济合作组织领导人非正式会议、美国—东盟峰会和东亚峰会并顺访印尼、文莱、马来西亚、菲律宾之机，一方面重申对美国的盟国和伙伴们作出安全保障承诺，以巩固和加强盟友关系；另一方面，消除各方在TPP谈判中的分歧，争取在11月份达成协议。

然而，国内两党围绕预算、债务和医改问题马拉松式争吵无果，致使奥巴马不得不取消亚洲四国之行，不仅"激起了全球恐慌"，[①] "引起了人们对美国政治制度缺陷的质疑"，[②] "损害

---

① 《纽约时报》文章："Default Generates Fear Around Globe", by Steven Erlancer, www.nytimes.com, October 7, 2013。

② 《纽约时报》社论："The International Fallout", www.nytimes.com, October 7, 2013。

了美国的全球信誉"（奥巴马语），① 同时还直接影响了 TTP 的谈判和亚洲再平衡战略的实施。

TPP 的谈判因奥巴马取消亚洲之行导致未能在 11 月的会议上达成协议，不得不推迟到年底前。但究竟能否在年底如愿以偿地实现结束谈判，现在还是个未知数。《纽约时报》10 月 4 日的文章说："随着奥巴马在国会内与共和党的斗争，亚洲国家的领导人怀疑即使该协议签署了，奥巴马是否有政治资本足以在国会内获得通过。"②

更主要的是，亚洲国家对奥巴马的亚洲再平衡战略也产生了怀疑。《纽约时报》的文章认为，"由于奥巴马取消了这次亚洲之行，他大力推行的亚洲再平衡战略本已经患上了贫血症，现在又打了折扣，使得亚洲的盟国越来越怀疑美国究竟还有没有能力抗衡正在崛起中的中国。"文章还援引菲律宾国会外交政策顾问理查德·海达廉的话说："当奥巴马连自己的后院都管不好，美国怎么能称为一个可靠的伙伴？……他使人们怀疑：万一发生军事冲突，美国是否真的有能力帮助我们。"雅加达的战略与国际问题研究中心执行主任黎扎尔·苏克马也说："如同许多其他东南亚国家一样，印度尼西亚一直对美国能否持久地执行亚洲再平衡战略持怀疑态度。"③ 由此可见，由于国内持续不断的两党内斗导致奥巴马取消亚洲之行造成的这种内伤不是短期内可以恢复的。即便美国政府通过外交和经济、军事援助做一点修复工作，但只要美国实力继续呈下降趋势和国内两

---

① "Obama cites harm to U.S. economy, prestige abroad from longer shutdown", *Washington Times*, Oct. 8, 2013.

② "Cancellation of Trip by Obama Plays to Doubts of Asia Allies", by Jane Perlez, www.nytimes.com, October 4, 2013.

③ 同上。

党分裂局面不变，这种内伤随时可能复发。

当然，奥巴马2013年的外交也不是完全没有亮点。最大的亮点是，在中美双方共同努力下，在各自新政府刚刚组成不久之后就实现了两国元首之间的历史性会晤，并且就共同致力于构建新型大国关系以及其他一系列重大国际和双边问题达成共识，为中美关系未来发展指明了方向，规划了蓝图，开启了中美"跨太平洋合作"的新篇章。

其次是伊朗温和派新总统鲁哈尼上台后采取务实态度，表达了愿意在核问题上作出让步、改善与美国关系的愿望。奥巴马立即抓住这个难得良机，迅即与鲁哈尼通了电话和书信，并很快在日内瓦举行了新一轮"5+1+1"（即中美英法俄五个安理会常任理事国加德国与伊朗方面）谈判，于11月24日达成了一项以伊朗限制自己的核行为换取有限和逐步减轻制裁的协议。虽然这还只是一个为期6个月的临时性协议，但它对于美伊双方来说是具有历史性意义的，结束了两国间长达34年的隔阂状态。美伊所以能如此快地达成这项初步协议，主要是双方各有所求。伊朗方面迫切希望尽快减轻和结束国际社会对它越来越严厉的经济制裁，以缓解国内日益严重的经济困难。对奥巴马来说，这是他从2009年上台之日起就希望通过谈判方式解决伊核问题的外交目标之一。奥巴马上台后一直想在中东问题上有所建树，但五年来业绩平平，并无重大突破，尤其是2013年在叙利亚、埃及、利比亚和巴以和平进程等问题上频频受挫，遭到国内外批评甚多，所以他很想在伊核问题上打开局面，作为他的一项外交遗产。此外，此间外交人士分析，奥巴马也想通过解决伊核问题来稳定中东局势，以利于他集中更多精力推行他的亚洲再平衡战略。

然而，这项协议虽然签署了，但落实起来难度还很大。首先，美伊两国在伊朗今后是否还拥有进行浓缩铀的权利这个最核心的问题上仍存在根本性分歧；第二，美国的两大中东盟国以色列和沙特对这项协议继续持强烈反对态度，势必影响美国执行协议的态度；第三，美国对伊朗的制裁都是由国会通过的相关法律决定的，要放松或取消制裁必须经过国会通过才行，而目前国会对此协议分歧很大，若国会最终拒绝削减制裁，该协议仍不能执行。更何况这些临时性协议与未来6个月就伊核问题达成最终协议之间仍存在巨大差距。美国一位高级官员说，对伊朗放松制裁是"有限、暂时、定向和可逆的"，"若未能达成最终协议，6个月后放松制裁措施就将自动失效"。①

至于奥巴马对2014年外交有何打算，目前尚难预测。但恐怕难有大的作为。他首先要忙于内政。2014年2月国内债务上限问题又将提到国会的日程上，奥巴马与共和党势必再一次进行一场苦斗。接下来就要忙于国内中期选举。外交方面，他首先要集中精力去设法修补与盟友的信任关系。但这次监听事件造成的信任危机不是短时间内可以修复的，即便在政府间关系上有所缓和，盟国民众心中的不满和不信任将是持久的。美俄关系也看不到会有什么奇迹发生。中东持续不停的动荡局势将继续牵制着美国。伊核问题暂时解决不可能让中东局势平静下来。奥巴马2014年4月的亚洲之行，恐怕主要也是为了挽回2013年取消亚洲之行造成的负面影响。而2014年美军和北约军队从阿富汗撤走后，那里将出现何种形势，奥巴马心中无数，更无应对良策，这将是奥巴马2014年面临的新的外交挑战。

---

① 英国《金融时报》网站2013年11月24日报道。

2013年美国经济形势和2014年前瞻

何伟文[①]

刚刚过去的2013年是金融危机后世界经济增长最慢的一年。然而，在发达国家中，美国经济仍然相对乐观。一至三季度GDP折年率环比依次增长1.1%、2.5%和4.1%。国际货币基金组织预计美国2013年全年增长率为1.6%，比上年的2.8%降低1.2个百分点；2014年将加快到2.6%，差不多恢复2012年速度。但实际上2013年增速可能接近2.0%。2014年估计将达到2.5%—3.0%。

一、2013年总体形势

（一）GDP增长逐季加快，当前大致在年率2.0%左右水平

美国经济一季度转弱，GDP折年率环比增长1.1%，大大低于2012年的2.8%。二三季度逐季加快，分别为2.5%和4.1%。

---

① 作者系中国国际问题研究基金会研究员。

仅仅看GDP数字，并不能准确反映经济基本面。这是因为库存调整对GDP增速影响过大。三季度GDP增长4.1%的主要原因是库存补进贡献了1.67个百分点。而补进金额只有1165亿美元。扣除这一因素，即实际最终销售总额增长率只有2.47%，与二季度的2.09%相差不大。一季度则只有0.17%，接近零增长。也就是说，二季度以来美国经济基本上以2%—2.5%速度增长。

由于私人消费开支和私人固定资产投资合计占GDP 84%，二者之和基本上代表了美国经济基本面。按照这一口径，一至三季度依次增长1.31%、2.20%和2.25%。即一季度并非很差，二、三季度大致相当，都在2.2%—2.3%之间。因此，美国经济当前的增长势头大致是略高于2.0%。它不及美国长期均值，但大致说得过去。

（二）近月若干基本指标总体向好

1. 耐用品订单在9月份环比增长4.1%后，10月份回落2.0%。但交货依次增长0.5%和2.0%；10月份达到1992年以来最高水平。零售分别增长0.0%和0.4%；批发销售分别增长0.4%和0.8%。

2. 工业生产已达到危机前高点。9月份工业生产指数为100.1（2007年为100.0）。10月份虽然略回落到100.0，但仍比2012年同期增长3.2%。其中制造业同比增长3.3%。

3. 住房市场明显好转，并是经济复苏的重要因素。新房销售在9月份环比下降6.6%后，10月份大增25.4%，同比增长21.6%。新建住房动工数，10月份达到103.4万套，比9月份增长6.2%，同比增长13.9%。受住房市场复苏带动，2013年住房建设投资分别环比增长12.5%、14.2%和13.0%，为当季GDP增长分别贡献了0.34、0.40和0.38个百分点。

4. 就业稳步增长。9、10、11三个月分别新增就业17.5万、20.0万和20.3万。11月份失业率下降0.3个百分点，为7.0%。而2012年末是7.8%。

5. 消费信贷有力增长。消费信贷余额在2009年和2010年分别下降3.9%和1.0%后，2011和2012年分别增长6.1%和6.2%。2013年前三个季度依次增长6.2%、5.9%和6.0%。其中9、10两月分别增长6.4%和7.1%。这表明居民消费趋于稳步上升。

（三）影响美国经济增长势头的若干利弊因素

1. 有利因素：公司利润和个人收入稳步增长。前者推动投资，后者推动消费。2013年公司税后利润总额逐季增长，一至三季度依次达到折年率16123亿、16692亿和17122亿美元，二、三季度环比分别递增3.5%和2.6%。三季度水平比2012年全年15747亿美元高出8.7%。个人可支配收入增长相对慢些，前三季度依次为折年率122969亿、124174亿和125680亿美元。三季度比2012年全年122458亿美元水平高出2.6%。

2. 不利因素：海外市场疲弱，出口增长缓滞。前10个月商品出口同比增长2.0%，其中对欧元区只增长1.3%，对加拿大和墨西哥合计增长3.1%，唯独对中国出口增长6.9%。当然同期进口同比下降了0.3%。主要原因是国内页岩气产量大增，原油及成品油进口同比减少11.1%。除去石油类，进口仍增长2.2%。这也表明美国国内市场需求不旺。同时个人可支配收入增长的缓慢，也影响了经济增长的力度。

（四）对2013年全年GDP增长的初步估计

10月—11月一些指标继续向好，且汽车销售保持强劲增长。1月—11月乘用车销售同比增长5.6%，其中11月当月增长

5.9%；轻卡销售同比增长 11.3%，其中 11 月当月增长 11.8%。感恩节至圣诞节这一销售季总销售额估计将同比增长 2% 左右，因此四季度美国经济增长率仍将在 2.0% 以上，全年可接近 2.0%。

二、美国债务上限问题和量化宽松退出机制对美国经济的影响

（一）债务上限问题

由于就 2014 年财政预算争执不下，联邦政府被迫从 10 月 1 日至 16 日关闭了 16 天。虽然两党在 10 月 17 日这一"死亡之日"（即联邦债务总额达到上限，无法再借，从而面临违约）凌晨最后终于达成妥协，联邦政府可以继续开门到 2014 年 1 月 7 日；债务上限增加 3290 亿美元，达到 170760 亿美元，可以借到 2014 年 2 月 7 日，但这只是临时妥协，新的大限很快就会来到，而两党根本分歧并未缩小。主要分歧点在于：以奥巴马医改为代表的民主党主张不能减少福利开支，相反还要继续填补"全民医保"这个大窟窿。用什么填补？增加企业税。共和党则坚决反对增税，认为会阻碍经济复苏，而主张削减福利开支。两党的利益集团基础不同，这两种主张很难弥合。只是在比这更危险的危机（国债违约）前临时妥协。毫无疑问，圣诞节和元旦假期一过，国会恢复开会时，预算方案和债务上限的争吵又将再度开张。但不管如何吵，最后的结果都是一样：临时妥协，分歧依存。这个问题只有在 2014 年中期选举后，如果民主党拿下参议院（有一定可能性），同时执掌国会两院和白宫，这种争吵才会缓和。反之，如共和党拿下众议院（可能性

极小），则争吵还会加剧，白宫最后会做出更多妥协。

无论如何，对该问题可以大体作出三个基本估计：

1. 美国债务上限最后一定会提高，债务违约的风险接近于零。美国战后债务上限已经提高了78次，平均每年1—2次，司空见惯。而战后历史表明，两党的争吵和财政政策都无法减少公共债务。只有经济繁荣、预算出现盈余时，公共债务总额才会减少。同样，战后美国虽然屡屡面临债务上限，主权债务违约的记录却从未有过。2014年也将重复这一现象。

2. 债务危机和政府关门对经济影响有限。1977—1996年19年间美国联邦政府关门17次，平均每年一次。最长一次是1995年12月16日至1996年1月6日，共23天。但每次关门和经济增长都找不到关联，1995—1996年美国经济仍然强劲增长。就本次而言，10月的一半时间，联邦政府（除特殊部门）处于关门状态，但该月新建住房销售环比上升25.4%（同比增长21.6%），住房动工批准数环比增加6.2%（同比增长13.9%），零售和批发分别环比增长0.4%和0.8%。仅工业生产指数下降0.1%。10月和11月非农业部门分别增加就业20.0万和20.3万；11月失业率降至7.0%。主要原因是联邦政府关门与否不改变美国经济基本面。因此，这一问题的继续发展，至少对2014年经济前景不会有大的影响。

3. 业已达到天文数字的联邦债务的继续上升，最终会带来严重后果。国会最新通过的联邦债务上限是170760亿美元，相当于2012年美国GDP（156848亿美元）108.9%。奥巴马开始总统任期时的2009年1月，联邦债务总额是106270亿美元。执政5年来增加了64490亿美元，平均每个月增加1000亿美元以上。按此趋势，奥巴马任期结束时，将给后任留下大约20.8万亿美元债务。届时还本付息的负担将超过预算收入的三分之一，从而大大节制政府支持经济和社会安全的手段。债务总额大约四分之一为外国人持有，其中7%—8%为中国政府持有。债务总额的盘旋上升，直接影响到美国国债的收益率波动，给世界各国带来不确定的巨大风险。

（二）美联储退出量化宽松前景和影响

6月19日，伯南克关于有序退出量化宽松措施的讲话带来了全球股市和汇市地震。据总部设在波士顿、跟踪全球资金流动的EPFR GLOBAL公司估计，6月份从新兴经济体流出的资金达到198.6亿美元，其中最后一周达56亿美元，为该公司1995年跟踪跨境资本流动以来的最高值。随着美国经济复苏的进程不尽如人意，美联储迄今尚未开始减少每月850亿美元的债券（国债和机构债）购买。2014年耶伦将接任美联储主席，是否采取"鸽派立场"，尚难逆料。

1. 前景估计。总体看，美联储设定量化宽松措施的基本参照物是两个：第一，失业率未降至6.5%；第二，通胀率不超过美联储允许上限（2.5%）0.5个百分点。目前看来，这两个参照物都没有达到。11月失业率降至7.0%。但如果考虑到申请就业的人数占劳动力总数的比率（即劳动参与率）比金融危机前差不多低了3个百分点，这个数字不算很好，且增加了预测的困难性。因为只要某月劳动参与率上升，失业率就可能上升。10月CPI指数折年率为1.4%，大大低于允许上限。因此，理论上看，美联储可以继续实施量化宽松。希望继续实施量化宽松的利益力量来自多方面，它们都将增加美联储决定减少并退出的时间点。一个力量来自企业界。因为量化宽松带来了股市繁荣。到11月最后一个交易日即29日，道指达到16092点，比2012年底13104点上升22.8%。股市的繁荣给他们带来了利益。另一个力量来自欧元区国家，担心美联储收紧量化宽松会危及其脆弱的经济复苏。第三个力量来自若干新兴经济体，担心引发新的资本外流。这三个力量中，国内力量是主要的。因此，量化宽松将至少在2014年第一季度继续目前水平，不会有实质性改变。

2．长远的危害性。

（1）量化宽松并不是什么好政策。对美国经济短期有助，长期不利。从根本上看，量化宽松毕竟是权宜之计，属非常规货币政策。因为它只靠"账面上的增长"，靠抬高资产价格和房价，推动轻微通胀来实现增长和就业，并不带来创新和实体经济实质性增长。美联储非常清楚这一点，只要条件许可，一定要退出。

道琼斯指数在2012年上涨了7.26%，而GDP只增长2.8%；2013年更上涨23.6%，GDP则估计只增长2%左右。工业生产指数到2013年10月才刚刚恢复到金融危机前即2007年平均水平。

（2）对量化宽松带来的冲击也不应高估。一般思维是，量化宽松带来美元贬值，新兴经济体美元资产缩水。但情况并非如此。美元汇率起落后往往大致回归原点。美联储公布的美元兑世界主要货币贸易加权名义指数，2008年8月即雷曼兄弟倒闭前是74.0555。2009年3月美联储开始实施第一轮宽松货币政策时是83.9896。经过18个月，到2010年9月即第二轮量化宽松实施前回到74.9355，即与金融危机前相同。第二轮量化宽松实施8个月，到2011年6月结束时，美元该指数下跌到69.4834。但经过14个月，到2012年8月第三次量化宽松前夕，又回升到74.2421，与金融危机前相同。第三轮量化宽松并没有引起美元明显下跌。到2013年6月伯氏表示要逐步退出第三轮量化宽松时，该指数还高于此轮开始前，为77.1858。

此外，跨境游资流向并不等于实际直接投资趋势。据联合国贸发会议《2013年世界投资报告》，2012年新兴和发展中经济体吸引跨国直接投资总量达到1.14万亿美元，首次超过发达经济体。估计2013年仍将保持在1.12万亿美元左右。而1月—8月流出新兴和发展中经济体的资金只有约1000亿美元。

所以，根本的因素在于国内稳健的经济增长和良好的投资环境。

三、对2014年美国经济前景的初步估计

从四季度美国经济一系列利好指标看，美国经济复苏的内在动力趋于巩固，复苏势头增强，并将在2014年至少上半年持续。因此2014年美国经济增长加快似成定局。国际货币基金组织在10月份最新发布的世界经济展望报告中，对2014年美国经济增长率作了相当乐观的估计，认为将达到2.6%，比2013年提高一个百分点。但一个很大变数是欧洲的增长力度。欧盟国家除英国将一枝独秀，预计增长2.8%，德国也将增长1.4%外，法国、意大利及南欧国家复苏能否持续，仍然难以确定。如果欧盟增长仍然乏力，美国经济增速也将受到影响。另一个因素是新兴经济体增长前景能否改善。目前看来仍然不确定。因此，2014年美国经济前景总体将好于2013年，可能达到2.5%—3.0%，但取决于以上各种变数，尚需不断跟踪，根据新的情况随时作出修正。

俄美关系"再重启"流产

万成才[①]

　　奥巴马2013年1月连任总统后，主动表示要"再重启"第二次陷入"冰点"的俄美关系。重任总统的普京虽然说"重启"一词是美国前几年单方面提出的，现在没有什么可言"再重启"，但他内心很愿意改善和发展俄美关系，以提高俄大国地位和助力俄经济发展。上半年双方都为此作出了不少努力，美国总统安全事务助理和俄罗斯安全会议秘书分别于4月和5月携总统亲笔信前往对方首都沟通，两国外长也在多个国际场合单独会谈和到对方首都会晤，奥巴马和普京6月在8国集团峰会期间终于达成了奥巴马当年9月3日和4日访问莫斯科的协议，届时将签署若干合作文件，以"再重启"俄美关系。但由于8月1日俄罗斯决定向美国前中央情报局雇员"棱镜"侦听项目爆料人斯诺登提供避难权，美国于8月7日宣布奥巴马推迟访问俄罗斯，8月9日在华盛顿举行的为这次访问作准备的俄美防长外长"2+2"会谈草草收场。这样，拟于2013年下半年

---

　　① 作者系中国国际问题研究基金会研究员，新华社世界问题研究中心研究员。

"再重启"俄美关系的计划终于流产，俄新社在评论中把2013年称之为"俄美关系危机年"。

　　表面看，是斯诺登避难俄罗斯事件导致了俄美关系"再重启"流产，实际上是俄美根深蒂固的互不信任所致。斯诺登事件毕竟只是出乎俄美意料的单个偶发事件，不应对这两个世界大国之间的关系起到如此大的反作用，它只是俄美关系现在无法"再重启"的导火线。

一、俄美关系的第二个"冰点"难消融

　　普京2000年主政俄罗斯以来，俄美关系有一个短暂的"蜜月"期和两个"冰点"期。2001年美国发生"9·11"事件后，普京无条件支持美国反恐，无条件赞同美国进驻俄传统势力范围中亚国家。美国对俄的慷慨支持不仅不给予任何正面回报，反而从2003年起在独联体国家搞"颜色革命"和力图使北约扩大到独联体国家，导致俄采取强力反措施，2008年8月以武力打击美国的准盟国格鲁吉亚，并肢解了它，俄美关系陷入了苏联解体后的第一个"冰点"。但2008年5月出任总统的梅德韦杰夫制定的俄外交政策的重点是要同美国和欧洲发达国家建立"现代化同盟"，也不反对美国推翻利比亚卡扎菲政权的行动，因此，美国对梅德韦杰夫寄予厚望，奥巴马同他"重启"了俄美关系，使俄美关系中结成的第一个"冰点"基本消融了，其标志性事件是双方签署了新的削减战略武器条约，成立俄美总统委员会，下设政治、经济，外交、科技、军事、人文等20个委员会来磋商如何发展各个领域的关系。

　　但是，在普京2012年5月重任总统前后又结成了俄美关系

的第二个"冰点"并短期内难以消融。

2011年秋,普京和梅德韦杰夫达成默契:梅领衔统俄党竞选当年年底举行的议会选举,普京参加次年3月的总统选举,获胜后任命梅为总理。但是,美国不顾他俩再度合作已成定局的形势,仍然以各种手段公开扬梅贬普,企图制造分裂。不仅如此,还露骨支持俄反对派为俄议会选举和总统选举添乱,甚至公开支持俄反对派举行大规模街头集会游行,美驻俄使节甚至不顾外交礼仪到现场助威。普京一再呼吁美国不要干涉俄内政,美置若罔闻。普京对此十分恼火。在普京获胜后,奥巴马蓄意冷落普京,几天后才迟迟去电表示"祝贺"。

美国在俄议会和总统选举期间的出格表现使普京心生凉意,2012年5月7日就任总统后以忙于组织新政府为借口不去美国出席于5月下旬举行的8国集团峰会,派梅德韦杰夫去应付了事。奥巴马也"彬彬以礼相待",以忙于竞选总统为借口不去俄出席普京当年9月主办的亚太经合组织峰会,打发国务卿希拉里去应付了事。年底,俄美围绕俄律师谢·马格尼茨基在狱中死亡和被美国家庭收养的俄儿童马·雅科夫列夫死亡大打人权战,奥巴马和普京分别于12月14日和28日签署了本国议会通过的"马格尼茨基法案"和"雅科夫列夫法案"(又称"反马格尼茨基法案"),分别制裁对这两人死亡负有责任的对方官员,从2013年1月1日起生效。美国对俄"以牙还牙"的做法十分不满,奥巴马2013年1月20日连任总统后于当月25日就决定美国退出俄美总统委员会下属的俄美公民社会问题工作组,终止该工作组的工作。这样,俄美关系第二次陷入"冰点"。

鉴于俄罗斯是世界大国,在国际舞台上仍是有分量的玩家,诸多国际问题需俄合作,奥巴马连任总统后又主动表示要使再次陷入"冰点"的俄美关系"再重启"。2月12日，他在国情咨文中明确表达了改善和发展与俄关系的愿望。普京奉行的是为重振强国地位创造良好外部环境的外交方针，他2月批准的外交政策构想仍把发展对美关系作为外交重点之一，对奥巴马"再重启"俄美关系的呼吁做出了正面回应。经过双方沟通，两国总统互致信件，各自阐明"再重启"的内容和方案，4月15日，美国国家安全事务助理多尼伦携奥巴马给普京的信抵莫斯科。奥巴马在信中正式提出了扩大经济合作以及军事技术合作、反导和核武器等重大问题。5月7日，美国国务卿克里访俄，除讨论"再重启"双边关系外，还共同讨论了尽快解决叙利亚国内冲突问题，为此共同倡议召开关于调解叙利亚局势的第二次日内瓦会议。在克里访俄后，俄安全会议秘书帕特鲁舍夫于5月20日携普京给奥巴马的回信前往华盛顿。普京在信中阐述了自己对两国关系的看法，包括对美国坚持在欧洲部署反导系统和俄美战略稳定等问题的看法和解决问题的办法。在以上磋商的基础上，奥巴马和普京6月出席在爱尔兰举行的8国集团峰会时达成奥巴马9月3日和4日访问莫斯科的协议，并且拟于8月上旬在华盛顿举行两国外长和防长参加的"2+2"会晤来为奥巴马访俄做准备。不料，6月斯诺登飞到莫斯科国际机场后，克里和奥巴马都亲自出面，要求俄将这个美国的头号通缉犯遣返美国受审，连美国司法部长也写信给俄同行，保证斯诺登返美后不对他施酷刑，也不给他判死刑，但普京就是不理睬，并于8月1日决定给斯诺登提供避难权。奥巴马对此极为恼火，于8月6日发表讲话，大骂普京"还生活在过去的冷战思维中"，奥巴马声称，他要重新审视俄美关系。次日，白宫就宣布，奥巴马只前去俄出席20国集团彼得堡峰会，"推迟"9月3日和4日对莫斯科的访问。俄美关系拟于9月"再重启"以消融双边关系中第二个"冰点"的计划就这样落空。

从俄美双方的言行看，斯诺登事件只是俄美关系"再重启"流产的表面原因。白宫发言人在8月7日宣布"推迟"奥巴马访俄的原因时说得十分明白："过去一年里，美俄双方在反导、军控、全球安全和人权等问题上没有取得进展，美方认为推迟到双边关系取得更有成果时举行，将更具建设性。"这说明，俄美关系中结成的第二个"冰点"短期内难以消融。这是因为双方根深蒂固的互不信任所致。

二、俄美互不信任的主要原因

从苏联解体后俄美关系22年的演变过程中，双方互不信任根深蒂固的主要原因有以下六个：

第一，俄多次受美所骗后提高了警惕性。

22年的俄美关系史表明，在涉及俄安全、主权、发展的核心利益上，美往往言而无信，俄大感受骗上当而提高警惕。试举几例：戈尔巴乔夫执政苏联后期，美国为使苏联的盟国东德合并到美国的盟国西德，曾承诺，东西德统一后"北约不跨出德国一步"，但后来北约的边界大大超出了德国而到了俄罗斯边境；美国为使戈尔巴乔夫同意解散以苏联为首的军事政治集团华约，允诺如华约解散，北约也解散，但华约解散后，北约反而扩大到原华约东欧国家的地盘；美允诺北约扩大到东欧后不在那里部署新的部队，不在那里新建军事基地，但后来不仅在那里兴建军事基地，而且部署针对俄的反导系统；北约不但突破俄划的不能扩大到苏联前加盟共和国的"红线"，把前苏联波罗的海三个共和国纳入其中，又力图扩大到俄的"特殊利益区"独联体国家格鲁吉亚等国。鉴于上述受骗上当，俄现在不相信美国在欧洲部署反导系统不针对俄的口头承诺，坚持美提供具有法律效力的书面承诺，但美国仍只愿口头承诺，不给书面承诺。在伊朗同6国于11月23日达成核问题临时协议后，俄认为美国先前所说的为防止来自伊朗威胁而部署反导系统的理由已经不存在。美对俄的合理要求置之不理。于是，俄在与北约国家接壤的俄罗斯飞地加里宁格勒州部署先进的伊斯坎德尔–M导弹系统的计划于12月上旬开始运作了。

又如，俄罗斯独立之初，百废俱兴，紧急向西方求援，西方7国做出了大笔贷款承诺：7国集团1992年峰会决定向俄提供240亿美元贷款，1993年峰会又承诺提供435亿美元贷款。但口惠而实不至，除对美国哈佛教授萨克斯提供的在俄正实施的"休克"疗法经济改革表示政治支持外，提供的贷款允诺大打折扣，大多数不到位。无奈，俄设法自己挣钱，1994年向印度提供军民两用设备，美国连这都不允许，决定制裁俄提供设备的公司，引起俄舆论哗然。不久，美及其盟国又逼俄偿还苏联时期欠下的近1000亿美元的债务。俄派遣西方认为是"自己人"的数名部长级官员前去求情重组债务，也无多少效果。

美国及其盟国以上对俄的所作所为不但使俄当局，而且使俄普通民众深感失望，头脑变得清醒了。普京执政后，待经济一恢复，就于2007年前提前全部偿还了西方的债务，为的是确保俄独立，不再受制于人，给自己留下自由行动的空间。

第二，"自主"和"霸主"的迥异国家战略无法调和。

绝大多数俄罗斯人对苏联解体感到痛心和遗憾，亲自体验了丧失大国地位后，美国和西方其他国家使他们深受屈辱的滋味，恢复独立自主的大国、强国是全民意识，是普京长期执政的民意基础。普京2013年2月批准的新版外交政策构想重申了要奉行独立自主的全方位务实外交，9月他又当着众多西方学者的面强调，独立自主、国家主权、领土完整"是任何人都不能逾越的红线"。普京近年一再公开抨击美国奉行单极世界政策，企图越过联合国单方面对主权国家使用武力，一再申明俄要在多极世界中成为与美国、欧盟、中国平起平坐的有影响力的一极。但美国一直坚持乘冷战胜利之风建立"美国领导的世界和平"，实际上是要继续确保世界霸主地位，包括俄罗斯在内的所有国家都要听命于它。民族意识强烈的俄罗斯不会俯首听命。

第三，美不把俄当作"自己人"而是视为"异类"。

尽管俄罗斯官方，甚至普京本人一再申明，俄是欧洲文明的一部分，是欧洲国家，意识形态与欧美相同，都是基督信徒，但美仍把俄视为异类，不是自己人，不接纳俄。叶利钦执政初期，俄要"融入"西方，西方不接纳；俄要加入欧盟，欧盟不接纳，反而通过北约欧盟双东扩来挤压俄地缘政治和地缘经济空间。

在国际政治领域，俄主张维护联合国宪章，反对干涉内政，俄美在民主、自由、人权的概念和运用上都不相同。从某种程度上说，美把俄当成前苏联来看待和对待，不相信现在的俄罗斯与它会一条心，不相信俄再强大后不与其对抗。美现在谋求改善对俄关系，是策略性的，不是战略性行动。美国把包括中国、俄罗斯在内的七个国家列为核打击对象国和五个一级监控对象国，就证明这一点。俄对此没有丧失警惕。所以，普京现在不轻易响应奥巴马连任总统后又抛出的再削减进攻性战略核武器的倡议。

第四，是打破还是维系军事战略稳定（平衡），俄美立场尖锐对立。

苏美1972年签署的反导条约以及后来苏（俄）美签署的削

减进攻性战略武器条约，维持了苏（俄）美的军事战略稳定（平衡），这也是全球战略稳定的一个重大标志，是俄至今仍是世界大国的主要标志。但美国在最近十多年来一直谋求打破这一战略稳定，于2001年12月退出了战略稳定的基石性条约——1972年签订的反导条约，并开始在欧洲部署反导系统。俄认为这将破坏俄美战略稳定，危及俄安全。因此，俄议会在批准奥巴马—梅德韦杰夫签署的新的削减进攻性战略武器条约时，把它同美在欧洲部署反导系统挂钩，即如美在欧洲部署反导系统，俄就退出这一条约。美国近年大力发展能起核战略武器作用的常规武器，普京也把这视为将破坏俄美战略稳定的措施。2013年12月12日他在国情咨文中强烈抨击美这一做法，并宣布，俄将花巨资兴建应对美陆海空战略武器的基地。

第五，俄关于要通过密切与美经济关系来稳定政治关系的打算难以实现。

俄罗斯对中美紧密的经济联系发挥了政治关系稳定器的作用十分羡慕，一再向美提议为两国进行政治对话"奠定坚实的经济基础"，并把这一内容作为第68条写入普京2013年2月批准的新版俄外交政策构想中。但是，由于俄美经济结构迥异，俄投资环境不如意，加上政治因素的强烈干扰和互不信任，俄美经济关系一直难以大幅提升，2012年两国贸易额仅300亿美元，同俄与日本、印度的贸易额差不多。现在，俄美虽希望发展经贸合作，但迄今双方都没有真正面向对方的经济发展计划，而且10年前俄与欧盟谈妥的大规模经济合作倡议也由于政治的或经济的原因而成了泡影，梅德韦杰夫要同欧美结成"现代化同盟"的设想也仅停留在他批准的俄外交政策构想文本上。展望未来，前景难乐观，美国支持欧盟大力向独联体地区推行"东方伙伴关系"计划，正设法把乌克兰拉入欧盟。为此，美国著名反俄参议员麦凯恩12月中旬亲自抵基辅，劝说和施压乌克兰，要它坚定脱俄入欧立场，麦凯恩还到乌反对派在独立广场的集会上发表讲演，为他们要求入欧打气。俄希望美国投资开发俄西伯利亚和远东地区，美除能源资源外，对其他也兴趣不大，俄也无多少有竞争力的产品销美。所以，两国经济关系很难成为政治对话的稳定器。

第六，俄美"精英"相互厌恶，严重影响有效沟通。

苏美政治制度不同，在长达几十年的"冷战"对峙中，以意识形态划线。苏联解体后，虽然俄罗斯放弃了以意识形态划线的政策，但美仍奉行冷战思维，美国精英虽不乏对俄友好者，但总体上看，多数对俄不抱好感，尤其厌恶普京。俄精英总体上向往美国的生活方式和民主方式，但对美国粗暴干涉俄内政也颇为反感，连最初对美抱很大希望的俄"民主派"中的多数也转向批评、埋怨美国。俄多个较有声望的民意机构2013年的调查结果表明，俄精英中的反美情绪20年来越来越增长。全俄舆论中心2013年2月的民调显示，对俄美关系给予积极评价的俄罗斯人从一年前的53%减少至39%，并且把主要原因归咎于美国，认为"美国奉行侵略性外交政策"。

有数十名美欧国际问题专家组成的俄"瓦尔代"俱乐部2013年7月29日提交的《2020：俄罗斯精英对俄发展前景的看法》报告中，列入了对最近19年内俄精英对美国看法的民调材料。该材料显示，"随着时间的推移，俄精英中的反美情绪日益增长"，1993年20%的人认为美国对俄构成威胁，1999年认为美对俄构成威胁的比例"非常高，此后因某个政治事件上下有所波动，但还是保持在高位上。在60年代出生的精英中，1993年是最亲美的，但1995年起这一人群一直是最反美的，而且精英阶层中比普通民众中的反美情绪还稳定上升。正是60年代人目前在俄政治经济中起巨大作用"。近20年来，笔者与众多俄中高级官员和媒体精英接触中也感到，他们之中的绝大多数都转变了先前亲美的立场。

该报告指出，俄精英中反美情绪增长主要有两个原因：一是对上世纪最后10年美国支持俄进行的"自由化改革结果感到失望"。该报告起草人之一帕纳夫教授说，"我们这个年龄段的人清楚地记得改革初期，美国成了俄罗斯的指路明灯，对待美国的态度是七彩光辉的。而现在我们看到，人们对美国的态度改变了"。

其二是，本世纪以来反美情绪增长主要是"美国的对外政策总与俄罗斯尖锐对抗"。这些事件包括美坚持把俄在巴尔干的传统友好国家塞尔维亚的科索沃地区分离出去，助长格鲁吉亚萨卡什维利政权反对俄罗斯等。

尽管俄美关系的第二个"冰点"难以消融，但是目前俄美双方仍然有"再重启"关系的愿望，奥巴马有可能于2014年夏在俄罗斯黑海之滨的索契举行8国峰会前后访问莫斯科。俄美关系今后的走向仍是应密切关注的重要问题。

第三章

欧债危机有所缓和
发展前景依然迷茫

步履维艰的欧盟

丁原洪[①]

尽管2013年克罗地亚成为第28个欧盟成员国，拉脱维亚在欧元陷于困境下加入欧元区，经过努力欧元区从成立14年来最长的一次衰退中走出来，经济停止进一步萎缩；旨在稳定动荡的金融形势而建立的银行联盟迈出实质性步伐。然而所有这些并不足以改变人们对欧盟诸多问题缠身、举步维艰处境的基本印象。已持续三年多的欧债危机，并非简单的欧元危机，而是二战结束后伴随欧洲一体化进程而不断积累下来的政治、经济、社会等各个领域内在矛盾集中爆发的结果。欧洲一体化继续前行的路在何方，这是当前欧洲各国面临的最大而又迫切的难题。

欧洲目前的困境集中表现在以下几方面：

---

① 作者系中国国际问题研究基金会高级研究员，中国前驻欧共体大使。

一、经济增长乏力，形势持续低迷

欧盟经济由于受到始于2008年全球金融危机的打击陷入衰退，在尚未复苏的情况下，又爆发欧洲主权债务危机，这不啻是"雪上加霜"。据欧盟2013年5月统计，在17个欧元区国家中有9个陷入衰退。2013年第一季度已是欧元区经济总量连续第六个季度萎缩，使欧元区经济陷入成立14年来最长的一次衰退。尽管从第二季度起情况有所好转，但除德国等少数国家外，欧元区作为一个整体，经济增长依旧不振，形势持续低迷并未改观。

自从法国总统奥朗德就任伊始即带头批评德国总理默克尔坚持实行紧缩政策的主张拖累了欧元区经济后，关于紧缩与增长两者关系的争论一直未断。其实，主张财政紧缩和力推经济增长这两者并非相互排斥，而应相辅相成。执行的力度和轻重缓急，则因国而异，没有统一标准。债务沉重的国家并非不想促进经济增长，而是缺乏必要的手段。即使力主停止紧缩政策、着力推动经济增长的法国，同样也不得不采取财政紧缩措施，以减轻影响经济增长的债务负担。根据世界银行6月公布的《全球经济展望》报告，"欧洲经济的衰退超过预期，成为拖累全球经济的主要原因。"

曾是世界上一体化程度最高、综合实力最强的主权国家联合体的欧盟，在全球金融危机、欧洲主权债务危机连续冲击下，一下子成为"拖累全球经济的主要因素"，其影响是广泛的，教训是深刻的。造成这一局面有内外两种因素。

一是欧元区乃至多数欧盟成员国长期以来国际竞争力呈下

降趋势，缺乏新的经济增长点。加之推行过高的福利制度，推高了产品成本，产品在国际市场上的份额不断缩小。同时"寅吃卯粮"，大大加重了财政负担。据德国默克尔总理说，欧盟人口占世界9%，国内生产总值占世界25%，而社会福利开支却占世界50%。这就形成欧洲劳动生产率低于美、日等其他发达国家、竞争力下降的恶果。

二是外部的竞争压力越来越大。不仅中国等一批新兴市场国家的崛起，挤压了包括欧盟在内的发达国家在国际贸易市场中的比重；而且，美、加、澳、日等其他资本主义国家，由于没有"统一货币"的束缚，可以自主、灵活地运用货币政策和财政政策，得以比较容易地摆脱金融危机的冲击，实现经济复苏。据德国总理默克尔2012年评估，欧盟要摆脱欧债危机的影响，至少还需要5年，甚至更长时间。从2008年爆发全球金融危机以来，对欧盟来说这将是"失去的十年"。

二战后欧洲各国经济的恢复并逐步走向繁荣，在很大程度上得益于欧洲一体化进程的不断推进。可是，在全球化加速发展导致国际竞争空前激烈的大形势下，欧盟这一主权国家联合体与实行"统一货币"而无共同财政政策的欧元区，不仅对新兴经济体而且对其他西方经济体而言，先天地就处于竞争的劣势地位，面临目前的窘境是必然的。正所谓成也萧何败也萧何。

二、进一步推动一体化缺乏足够动力

在半个多世纪的欧洲一体化进程中，法国和德国两个欧洲大国联手起了至关重要的推动作用，被公认为欧洲一体化的

"火车头"。没有法德联合，不仅不可能维持战后几十年欧洲的和平，而且一体化进程也不可能取得如今的辉煌业绩。

然而，随着国际形势的变化，尤其是两国经济实力差距逐渐拉大，两国合作的内涵以及各自地位也在改变。全球金融危机和欧洲债务危机的爆发，更促成欧洲经济格局的变化。经济实力强劲的德国在欧洲呈现"一枝独秀"的局面，而法国经济形势走向下坡路，越来越远逊于德国。根据法国的统计数字，在2007年—2011年期间，德国的人均国内生产总值增长3%，而法国下降2%，德国失业率下降2%，而法国失业率上升1%。在2012年上半年至2013年第二季度欧元区连续6个季度经济萎缩的形势下，法国经济疲软、增长乏力十分明显，曾一度被国际货币基金组织视为继南欧几国后经济形势最令人担忧的欧元区成员国。

经济实力对比的变化促使法德"轴心"也发生"变异"。从两者"平起平坐"、"一个出主意，一个埋单"演变成表面上双方维持平等协商，而实际上是德国说了算。举凡在欧盟内部事务中双方意见分歧时，最终都基本上以德国意见为基础达成妥协。正是在这种形势下，百余年来影响欧洲形势发展的"德国问题"以一种新的形式出现。

目前，欧元区的命运、欧洲一体化的前途以及欧洲今后形势的演变，都主要取决于德国。就连历史上同德国关系素来不睦的波兰，其外长拉迪克·西科尔斯基2011年底公开表示："我担心的不是德国力量的增长，而是德国的不作为。"默克尔领导的德国联盟党在大选中获胜，默克尔连任总理，在欧盟各国受到欢迎。这不仅表明她的欧洲政策得到认同，而且也反映各国对德国的期待。不过，对于默克尔来说，她今后主政的一大难题就是盟国的殷切期待与德国的客观现实之间的差距。美国《时代》周刊就德国大选结果发表的专论认为，"没有德国的坚强领导和明确的财政承诺，欧盟无法走向进一步的经济和政治一体化；可是，由德国来重塑欧洲财政状况的想法，从经济实力来看，又是不可能的。"也就是说，德国一家纵有实力，但要拯救诺大的欧洲，依旧是"回天乏术"，心有余而力不足。这恰恰是欧洲的"悲剧"。

三、内部凝聚力明显下降

在欧债危机的冲击和影响下，欧盟各成员国之间的利益诉求越来越多元化，意见分歧越来越尖锐，内部凝聚力遭到明显削弱。表现在：

一是欧盟正出现严重分裂局面。欧盟成员国由于对货币一体化执有不同意见，已经分裂为欧元区成员国与非欧元区成员国。由于欧债危机的影响，欧元区成员国又分裂为北部欧洲"债权国"与南部欧洲"债务国"。在解决债务危机这一关键问题上，两者的主张又大相径庭。债务国要求债权国多出资援助自己，而债权国则迫于国内民众压力和自身困难拒绝这样做。就连发行欧洲统一债券这一简单问题，各方争来争去，始终达不成协议。至于持续至今围绕紧缩与增长的辩论，只是分歧的表象而已。其实，在危机面前，各国都是把本国利益置于集体利益之先，分歧难以弥合是必然的。

二是英国公然宣称将就脱离欧盟举行公投。英国从上个世纪70年代初加入欧共体之日起，就对推进一体化没有热情，只是为了自身经济利益而不得不加入。随着一体化的不断推进，无论是实行"统一货币"还是签订旨在推进自由通行的"申根协议"，英国都采取不参加的选择。在欧盟通过《里斯本条约》时，英国也以获取多项"例外权"为条件。实际上，英国的对欧政策不论是保守党还是工党执政，始终是以维护英国利益为中心，既要从欧洲一体化中间谋取实惠，又避免受制于欧洲一体化。由于欧债危机的冲击，欧盟众多成员国试图从"进一步一体化"中谋出路，英国面临自己在欧盟中越来越被"边缘化"的危险。英国首相卡梅伦于2013年初，作出2015年大选前进行"脱欧公投"的决定，既是为了应付国内日益强大的"反欧"势力，又是以此"威胁"欧盟在对英关系上做出让步。这实际上是在下"赌注"。从目前情况看，绝大多数欧盟成员国不赞同再迁就英国，很可能英国迫不得已地进行"脱欧公投"，从而与欧盟闹翻，这将会给欧洲一体化进程造成难以预估的伤害。

三是欧洲民众"厌欧症"愈演愈烈。多年来，欧洲一体化进程主要由欧洲各国精英阶层推动，与广大民众的认同水平是有一定差距的。当一体化实践能惠及民众时，它还可以得到民众的支持，否则就会出现精英与民众在认知上的鸿沟。欧债危机酿成欧洲一体化的困境，极大地加深民众对精英极力推动一体化的反感和不满。在债务危机持续发酵的几年里，一遇大选，执政党必遭败选，反而一贯反对一体化的极右翼、民粹主义政党力量上升。这些都突出地反映民众在自身利益受损时对一体化的失望和厌弃。世界闻名的美国智库皮尤研究中心2013年在法、德、英、波、捷、西、意、希八国调查的结论是："欧盟是新的欧洲病夫。""推动欧洲继续统一的努力是欧元危机的最大牺牲品。眼下在欧洲广大地区统一事业获得了坏名声。"这表明欧洲一体化正在丧失欧洲广大民众的信任，这对欧洲一体化前景是个"不祥之兆"。

欧盟向何处去，欧洲一体化的终极目标在哪里，欧洲各国民众与精英从启动一体化之始就没有共识，只是走一步看一步。债务危机发生后，这个问题愈发突出。不少执政者、学者提出欧债危机的出路在于"进一步一体化"。可是，债务危机从一定意义上说是急于推进一体化酿成的，又怎么能够通过"进一步一体化"来化解呢！有人主张采取"多速欧洲"，可是真要落实也不易。欧盟是个整体，设想不同部分以不同速度前进，岂不会导致整体的瓦解？欧洲一体化是个不可逆转的进程，退又退不了，前进方向又不明。欧盟前景迷茫的根由就在于此。

当前欧盟形势和中欧关系展望

梅兆荣[①]

在当前和今后相当长一段时间内，欧盟面临的核心挑战仍是如何治理欧债危机及其复杂成因。欧洲一些国家陷入困境的原因和表现形式不尽相同，但从根子上看，却有一些基本的共同点。归纳起来似可概括为以下五点：

一是政府财政开支失控，公共债务积累普遍超出了《欧盟稳定与增长公约》所规定的年度财政赤字不超过3%、公共债务积累不超过GDP 60%的上限。其中一个突出的原因是，在实行统一货币欧元之后，南欧国家因借贷容易且利率大大降低而长期靠借贷超前消费，不切实际地向富国的高工资、高福利、高消费看齐，导致南欧国家的公共债务急剧膨胀。

二是一些银行脱离了金融业应为实体经济服务的宗旨，为快速赚钱而从事金融投机业务，结果因房地产泡沫破裂而导致大量坏账呆账，迫使政府不得不出手救助，进而引发主权债务危机。德国前总理施密特就明确指出，所谓的欧债危机，首先

---

①　作者系中国国际问题研究基金会顾问、高级研究员，中国前驻德国大使。

是指政府债务危机，其次是指银行危机。

三是欧元机制的设计存在先天性缺陷，即引进了统一的货币而没有确立协调一致的经济、财政和税收政策，违背了经济规律。它是当年密特朗总统和科尔总理交易的产物，即法国以支持德国统一换取德国放弃强势马克。当时的设想是以货币联盟倒逼政治联盟，但这个意图迄未实现，却成了欧债危机的成因之一，因为它使一些竞争力较差的南欧国家锁定在一个没有竞争力的汇率上，失去了通过贬值本国货币来提高产品竞争力的经济杠杆。

四是欧洲国家长期以来停留在昔日的辉煌上，疏于改革，靠吃老本过日子。经济结构和劳动力市场政策僵化，在世界技术进步加速发展的进程中未能成为电子化技术的先行者，又受经济全球化负面影响和美国金融危机的冲击，逐渐失去了领先的竞争力，导致出口下降、经济衰退、失业率居高不下。

五是以选举政治为重要特征的西方民主制度驱使政客们竞相为捞取选票而不顾国家财力向选民做出种种许诺，上台后又为维持其支持率和执政地位而大手大脚花钱以笼络人心，成为"寅吃卯粮"的重要推手。

正如德国总理默克尔指出的，欧债危机是几十年错误的积累造成的，非短期内可以根治。

欧盟为解决欧债危机，迄今采取了一系列救助和治理措施，包括：为刹住公共债务增长势头，促使成员国严格执行财政赤字和公共债务上限标准，签订了《财政契约》，这为建立财政联盟迈出了重要一步；为帮助重债国得到利率较低的还贷资金，建立了名为《欧洲金融稳定基金》的"防火墙"；为震慑市场投机，促使10年期国债收益率下降，欧洲央行宣布无限量购买成员国债券；为打破主权债务与银行债务之间的恶性循环，整治银行业的乱象，重建市场对欧元区银行的信心，确定了《单一银行监管机制》的法律框架，并筹备建立银行业联盟；等等。应当说，这些措施取得了一定成效，欧债问题已从"疾风骤雨式的危机"初步稳定了下来，进入了机制化治理的轨道。但所有上述治理机制尚需完善和细化，落到实处并发挥持久效应则需较长时间，而如何实现经济增长，摆脱低迷状态并使高失业率切实降下来，仍存在不确定性。据国际权威机构估计，2013年欧盟经济仍为零增长，2014年才可能增长1.4%，而欧元区经济2013年为负增长0.4%，2014年可能增长1.1%。2013年欧元区政府债务平均值已超过占GDP的95%，目前仍呈上升趋势；欧盟结构性失业率平均高达12%以上，由于外部环境恶化，包括新兴经济体增速减缓，欧盟出口也会受到影响，失业问题短期内难望缓解。此外，欧盟内部以德国为首的西北欧国家和以法国为代表的南欧国家之间，围绕"紧缩"、"改革"和"增长"的分歧仍未完全解决。总而言之，欧洲经济在可预见的将来虽可能止跌趋稳或略有回升，但难有大幅度增长的可能。

欧债问题的持续和经济复苏的缓慢，使欧盟一体化进程处于一种既难以前进、也不能后退的困难境地。围绕"更多的欧洲"还是"少一点欧洲"的争论将持续，疑欧情绪也会继续增长；但欧元已成为欧盟一体化的象征，力保欧元是各成员国的共同利益所在，欧元区不会解体。从理论上讲，深重的危机会产生某种倒逼效应，促进一体化进程，但欧盟28个成员国的发展水平差异很大，利益多元化，治理危机的理念也不同，因此统一政策和协调行动的难度越来越大，只能小步子前进。在可预见的将来，28个欧盟成员国在一体化道路上同步走的可能性越来越小，不同速度的欧洲将是必然趋势。债务危机特别是高失业率对欧洲一些国家的社会和政治冲击也十分明显，迄今十多个国家的政府首脑在选举中落败即是例证，仅德国一家因其经济情况较好是个例外。受国内经济困难的制约，欧洲多数国家忙于应对国内问题而政策内向，欧洲作为一支世界力量的影响力和国际地位总体上下降。

欧债危机对中欧关系也有明显的影响。最直接的负面影响是导致中国对欧出口下降；其次是欧方贸易保护主义上升，针对中国的双反调查案件增多；第三是对中国迅速崛起和竞争力增强产生了一种复杂心态，疑惧和焦虑有所增长。但也有积极的效应，主要是：经济上对华合作需求上升，多数欧洲企业希望从中国快速发展中获益，更加重视中国的市场和资金；中国的经济成就和欧方对华合作的需求转化为政治因素，使欧洲人的优越感有所收敛，对中国的重视度明显上升，比如承认中国经济对世界经济有重要贡献，中国扶贫取得的进步在世界上独一无二，中国的政治制度也有优越性，等等。一言以蔽之，对中国的客观认知度上升，对华政策较前务实，意识形态因素相对减弱。一些大国竞相同中国加强经济合作，以图从中国取得订单或吸引中国企业去投资。因此，近两三年来中欧关系保持了稳中有进的积极发展势头。

毋庸讳言，中欧关系中始终有一个美国因素作怪。尽管美国主导世界事务的能力有所下降，但美国不放弃其全球霸权政策。凭借其在政治上和经济上与欧洲的紧密关系和安全政策上的联盟关系，对欧洲的内外政策仍有不容忽视的影响力和干预能力。当前，美国力图推动其欧洲盟国配合其"亚太再平衡"战略，欧洲国家的态度值得关注。经验告诉我们，欧美在经济贸易上也有尖锐的利益矛盾，但在政治上涉及对待中国这样的所谓"异类"国家，欧洲国家往往在关键时刻受美国影响或屈服于美国压力。欧盟在对华武器禁运问题上的态度即是例证。2013年7月8日，美欧高调推进跨大西洋自贸区谈判（TTIP），诚然是出于双方摆脱经济困难的需要，但政治上共同利益的驱动也很明显，就是通过制订新的贸易规则来应对中国和新兴经济体的挑战。因此，在中欧关系的发展进程中，要始终警惕美国的影响。

从中国的角度看，欧洲目前虽然处境困难，但它是发达国家集中的地区，经济科技实力仍然雄厚。欧洲GDP占世界的25.2%，凭借其综合实力和战略地位，仍是世界上一支重要力量。中国希望通过扩大和深化同欧洲的合作实现互利共赢。在某种意义上，欧洲在中国对外关系中的重要性有望上升。欧洲不仅是中国第一大贸易伙伴和出口市场，也是中国引进技术和吸引外资的重要来源，从发展趋势看也将成为中国企业走出去投资的重要对象。中欧之间不存在地缘政治上的安全冲突，欧洲国家对中国和平崛起的态度相对于美、日较为开放和平和，中欧在世界多极化、和平解决国际争端和尊重文明多样性等方面有较多的汇合点。欧洲还是中国为进一步拓展发展空间而推进"西进战略"的地理终点。总之，欧洲可以成为中国实现"新四化"和两个百年目标的优先合作伙伴。

展望中欧关系，在可预见的时间里，有几个因素不会改变，即：中国的发展将快于欧洲，但欧洲作为合作伙伴对中国的价值依然重要，中国同欧洲扩大和深化合作的需求不会变化；欧美虽有共同应对新型经济体竞争的本能，但美欧之间也存在着利益矛盾和竞争关系，不可能在所有问题上取得一致；欧洲难以割舍中国这个市场和投资场所，经济上、政治上借重中国的需求不会减弱，但对中国的戒心和疑惧也不会消失，对华政策上的两面性将长期存在。中国应适应这些特点。既要把欧洲视为长期稳定的合作伙伴，努力增进相互了解和政治互信，也要做好应对各种摩擦的准备，甚至进行必要的交锋和斗争。

当前，中国对欧关系中一个值得注意的问题，是如何处理好同欧盟成员国和同欧盟委员会之间的关系。欧盟代表欧洲28个国家，但它还不是单一的主权国家，而只是一个主权国家的联合体。欧盟成员国虽把诸如贸易政策的主管权交给了欧委会，但欧洲理事会仍保留最高决策权。欧盟外长的地位较之过去虽有提升，但只能代表成员国商定的共同立场，不能自主决定欧盟政策，其权限不同于一个主权国家的外长。中国支持欧洲一体化，既同欧盟成员国发展双边关系，也同欧盟委员会发展多边合作。但近一时期，出现了一些值得注意的现象：中国总理2012年在华沙同16个中东欧国家的总理或副总理会晤，并为促进同中东欧国家的互利合作出台了12项举措，受到中东欧国家的欢迎，但欧盟委员会一些官员和欧方一些学者竟质疑中国是否要"分化"乃至"分裂"欧盟。德国和中国的经贸合作在广度和深度上超过其他欧盟大国，这是中德经济结构相近、互补性强和合作空间大造成的，但欧方一些人却批评德国与中国建立"特殊关系"，发出了今后"通往布鲁塞尔的道路必须经过柏林"的怪论，颇有挑拨离间之嫌。实际上，不论是中国同中东欧国家发展合作，还是中德经贸合作发展较快，都是中欧关系的重要组成部分，都是基于双方的互利需要，也是双方作为主权国家的正当权利。把中德关系和中国—中东欧国家关系同中欧关系对立起来的看法和说法，都是不适当的，也是错误的。

冷战后欧美关系演变的特点

沈孝泉①

　　二战后，跨大西洋的欧美关系是国际关系中最密切的结盟关系，也是对全球事务产生极其重要影响的大国关系。值得关注的是，冷战结束后，欧美关系遭遇严峻挑战又成为全球最为复杂多变的大国关系。准确认识欧美结盟关系走向将有助于对国际关系格局的整体把握和判断。

　　美国总统奥巴马 2013 年 9 月在叙利亚问题上陷入"动武困局"，这可以说是欧美关系遭遇严峻挑战的一个最新例证。2013 年 8 月 21 日发生的"使用化武事件"给持续两年多的叙利亚内战增添了新的变数。奥巴马利用这一事件决定采取军事打击行动惩罚巴沙尔政权。对于这样一场难以得到联合国授权和国际社会认可的军事行动，美国显然希望得到欧洲盟国的全力支持和参与，建立对付叙利亚的军事联盟，以便显示其合理性和国际认同度。然而，事与愿违，支持美国军事打击行动者寥寥无几，明确表态参与的只有法国和丹麦。欧盟举行的国防部长和外长会议上，各成员国谴责在叙利亚使用化武，但是对

---

　　①　作者系新华社世界问题研究中心研究员。

武力打击叙利亚政府军则大都持保留态度。最令奥巴马恼火的是，一向紧跟华盛顿的英国这一次却临阵脱逃，以议会反对为由拒绝参加其行动计划，不战自乱的华盛顿陷入一场尴尬的"动武困局"。英国《泰晤士报》的一篇评论指出，英国的拒绝行动是"西方联盟的灾难"。美国的动武计划最终因俄罗斯的斡旋而被搁置，但是美国同其欧洲盟友之间的分歧则再一次公开暴露在公众面前。美国《世界政治评论》网站的一篇文章认为，美国"无法像以前那样依赖它的北约盟友了"。

这一幕场景使人联想到10年前，美国布什政府决定对伊拉克发动战争，遭到法、德等众多西欧国家的坚决反对，双方立场形同水火。冷战后的事实一再表明，美国在同其欧洲盟国的关系上，"一呼百应"的局面早已不复存在。

欧美关系遭遇严峻挑战并不是偶然和孤立的现象，这是二战后半个多世纪以来、特别是冷战结束后世界局势和国际关系发生深刻变化的必然产物。

一、共同威胁消失后双方利益冲突凸显

二战结束后，欧洲成为冷战时期东西方对峙的前沿地区。美国从全球战略角度出发，联合西欧国家共同应对来自苏联以及东欧的安全威胁；刚刚摆脱战乱的西欧国家，面对苏联的军事扩张，迫切需要综合实力雄厚的美国的经济援助和军事保护。出于相互的战略利益需求，大西洋两岸建立起结盟关系，即"大西洋联盟"。这个联盟的基础则是1949年成立的北约组织。冷战期间，东西方矛盾和争执虽然不断，但是欧洲大陆基本上保持了稳定的安全局势，欧美结盟在其中发挥了重要作

用。东西方对峙局面最终以苏联阵营的解体而告结束。

冷战结束后，欧洲安全格局发生根本性变化。苏联威胁的消失使得西欧国家对美国军事保护的依赖性大幅度降低，而具有全球野心的美国则把关注目光从欧洲转向了其他具有战略利益的地区。因此，冷战后的欧美关系面临重大转折，其特点是双方关注点出现差异，双方利益冲突随之凸显。

2000年，欧美曾就美国提出的"国家导弹防御系统"（即NMD）计划展开激烈较量。美国声称，NMD的目的是防御俄罗斯、中国以及伊拉克、伊朗和朝鲜等"无赖国家"的导弹袭击危险，这一防御系统将同欧洲共享。但是，欧洲并不领情，坚决拒绝这一耗资巨大的军备计划。欧洲担心这一扩张军备计划将颠覆《反弹道导弹条约》、《削减战略武器条约》和《不扩散核武器条约》，导致新一轮全球军备竞赛，打破欧洲的战略平衡与稳定。显然，欧洲拒绝NMD计划的背后是双方战略利益的冲突。

这种冲突导致欧美在科索沃战争、阿富汗战争和伊拉克战争中均出现了不和谐音调。

1999年3月，以美国为首的北约发动了科索沃战争。欧洲虽然参与其中，但是对北约大规模轰炸产生的后果表示担忧，因为科索沃地处有"欧洲火药桶"之称的巴尔干，科索沃的战火一旦失控将对欧洲安全产生直接的威胁。因此，欧洲更倾向于最终通过政治途径解决这一地区冲突。

2001年10月，美国以阿富汗塔利班政权拒绝交出涉嫌策划"9·11"恐怖袭击的"基地"组织头号人物本·拉登为由，发动军事行动打击塔利班。塔利班虽然撤离喀布尔和坎大哈等大城市，但是其武装力量依然盘踞和活跃在南部山区，对阿富汗的安全局势构成威胁。持续至今的阿富汗战争是美国二战后发动的时间最长的战争，欧洲盟国虽然参加了北约主导的阿富汗国际安全部队，以体现欧美之间的团结，但是，对这场战争的前景始终存在质疑。奥巴马总统执政后要求北约增兵，德国等国却要求撤军，法国新任总统奥朗德则在2012年5月北约芝加哥峰会上直接宣布了法国提前撤军时间表。分歧如此之大，美国前国务卿基辛格甚至认为，在阿富汗问题上应当抛开北约，求助俄罗斯、中国和伊朗。2003年的伊拉克战争更是欧美公开分裂的标志性事件。时任美国总统布什以巴格达拥有大规模杀伤性武器支持恐怖活动为由对伊拉克悍然发动战争。对于这场没有得到联合国授权的战争，法国和德国为首的西欧国家从一开始就旗帜鲜明地表示反对，这是欧洲公开向美国叫板，导致双方关系急剧下跌。伊拉克战争导致这个国家长期处于动荡之中，美国也陷入战争泥潭长达9年之久，直到2011年底美军才从伊拉克全部撤出，但是这个国家的安全局势至今难以保障。

欧美在阿富汗战争和伊拉克战争上存在的严重分歧，归根到底集中在"9·11"事件后美国的反恐战略上。"9·11"事件后，国际恐怖主义成为美国面对的最直接的安全威胁，白宫采取以牙还牙的报复行动予以还击，于是发动了阿富汗战争。对于"9·11"事件，欧洲与美国同仇敌忾，但是在反恐方式上存在不同看法，对通过大规模战争实现反恐目标表示怀疑。至于伊拉克战争，布什政府提出的理由难以服众，欧洲认为战争的后果难测，担心遭受重大的伤亡损失，而且这些国家大都财政窘迫，难以承受巨额的战争开支。欧洲从这两场战争吸取了教训，所以最近在对叙利亚动武问题上持审慎的态度，避免被美国拖入一场新的、更加难以掌控的战争。

美国一意孤行的霸权主义行为方式更是引起欧洲的普遍反感，美国凭借冷战后"一超独霸"的强权地位，奉行"单边主义"，把自己凌驾于联合国之上，为达到自身战略目的动辄采取封锁制裁等强硬手段，甚至不惜使用武力发动战争。欧洲则主张"多边主义"，以对话和谈判的方式和在联合国框架内解决地区冲突和争端。这种政治理念上的差别也导致欧美之间在诸如伊朗核危机等热点问题上难以步调一致。

时至今日，欧美关系裂痕已经扩展到各个层面。2013年6月，媒体披露了震惊世界的"斯诺登事件"。美国情报机构对众多国家政府和民众进行非法窃听震惊了世界，引起欧洲各国的强烈不满。据法国《世界报》披露，美国情报部门2012年12月到2013年1月的30天中搜集了法国7000多万次电话记录。法国外长法比尤斯指出，"伙伴国之间出现这种侵犯隐私的行为完全无法接受。"又有媒体披露说，德国总理默克尔的手机也成为美国监听的目标。为此，法德两国政府召见美国大使要求做出解释。10月23日，欧盟委员会谴责美国的行径，欧洲议会则通过决议要求暂停同美国达成的一项反恐合作协议。据悉，欧美双方年底前将就此进行直接交涉。这桩引起轩然大波的外交事件表明，欧美盟国之间传统的战略互信遭遇严重挑战，双方的猜忌、怀疑以及离心倾向彻底暴露在光天化日之下。

二、实力对比变化导致竞争加剧

二战后的欧洲呈现东西方对峙状态，双方虽然不时剑拔弩张，但基本保持了战略平衡，战争反而得以避免，欧洲出现了长期稳定的局面。西欧抓住这个难得的战略机遇期，开启了长达半个世纪的欧洲一体化进程。从"煤钢联盟"到"共同市场"、从"欧洲共同体"到"欧洲联盟"，今天的欧盟已经成为有28

个成员国、人口超过5亿、领土面积超过430万平方公里和走向政治联盟的国家联合体，同时也成为建立了经济货币联盟、经济总量超越美国达到16万亿美元的经济实体。

冷战结束后，美国作为世界上唯一的超级大国而为所欲为。但是，伊拉克和阿富汗两场战争把美国拖得筋疲力尽，同时美国经济又遭受2008年金融危机的强烈冲击。在综合实力下降的背景下，美国继续掌控全球事务就显得力不从心。

大西洋两岸综合实力对比发生的变化必然导致欧洲要求改变"小伙计"的屈从地位，力争成为与美国"平起平坐"的平等伙伴。于是，在各个领域争夺主导权和控制权的争斗便不可避免。

经济层面的竞争最为复杂激烈。为了保护各自利益，双方都奉行贸易保护主义，以邻为壑，转嫁危机。多年来，各种名目的"贸易战"此起彼伏，双方先后在"乌拉圭回合"和"多哈回合"贸易谈判中唇枪舌剑，争的不可开交。美国2007年次贷危机爆发并引起全球金融风暴后，拥有坚挺欧元的欧盟对1944年"布雷顿森林会议"确立的国际货币体系提出质疑，对美元的长期霸主地位提出挑战，要求建立新的国际金融货币秩序。为此，欧美双方先后在G20华盛顿和伦敦峰会上展开激烈交锋。2010年底爆发的以希腊为先导的欧洲债务危机，根本原因在于自身，但是"美国因素"也不容忽视：华尔街金融大鳄们为追求暴利在欧洲恶意投机，标普等美国三大评级公司"适时地"调低信用等级，再加上美国媒体"欧元崩溃"、"欧盟解体"之类的炒作渲染，欧洲便在劫难逃了。美国利用债务危机唱衰欧洲的动机十分明显：遏制欧元的崛起势头、维护美元的霸主地位，继续掌握国际金融货币体系的主导权和控制权。如今，欧债危机得到化解，欧洲经济出现复苏迹象。2013年7月，欧美正式开启了"跨大西洋自由贸易协定"（TTIP）的谈判，双方利益冲突显而易见，预计这是一场旷日持久的激烈较量。

欧洲安全事务的主导权则是双方政治冲突的焦点。美国主导的北约组织成立之初的目的是遏制苏联，冷战结束后这个威胁不复存在，那么北约就出现了"身份危机"。北约在1991年、1999年和2010年连续三次制定"战略新概念"，其实质是不断地为其自身的继续存在寻找合法理由。"身份危机"迟迟不能解决的根本原因是，北约内部存在严重分歧。美国试图转变和扩大北约职能，使之成为插手全球事务的工具，而欧盟主流国家则希望对北约在欧洲以外的行动加以限制，欧洲担心通过北约把自己捆绑在美国的战车上，为美国实现"全球野心"买单。

美国当初构建北约时还有一层用意，就是使之成为控制欧洲安全事务的工具，而多年来法国有针对性地提出了建立欧洲独立防务的主张。戴高乐当年为摆脱美国的控制而退出了北约军事一体化机构。对于欧洲独立防务，美国虽然难以拒绝，但提出的条件是不能取代北约的作用。欧盟不少成员国、特别是新入盟的中东欧国家担心法国在欧洲防务中一家独大而失去美国的保护，因此欧盟对这一计划难以取得共识。2009年，法国决定全面重返北约，目的是增强法国对北约改造的影响力，同时打消欧洲对建立独立防务的顾虑。对于欧洲的"离心倾向"，美国采取的是分化政策。布什政府以对伊拉克战争的态度划线，把欧洲分化为"新老欧洲"，拉拢"新欧洲"，打压"老欧洲"。"新老欧洲"之争致使欧盟在独立防务、反导计划等问题上争论激烈，难以达成共识。有关欧洲安全防务问题展开的争论正是欧美之间控制与反控制较量的集中体现。

三、美国战略调整冲击同欧洲的结盟关系

　　针对国际局势、特别是亚太地区局势发生的变化，以及自身实力的局限，奥巴马总统执政后开始调整全球战略部署，把战略重点转向亚太，并逐步从中东脱身。奥巴马政府尽快完成了从伊拉克的撤军和结束阿富汗战争的部署，在利比亚战争问题上，则罕见地退居了幕后。利比亚与欧洲隔地中海相望，而卡扎菲被视为这个地区的"麻烦制造者"，被认为对欧洲构成直接威胁。2011年初，法国试图利用卡扎菲镇压反对派作为借口推翻这个政权，于是同英国一起在联合国授权下对利比亚实施空中打击行动。美国不愿在与其没有直接利益关系的利比亚再次卷入战争，因此，奥巴马决定"间接干预"，也就是由北约提供指挥、情报和后勤协助，美国则避免直接参战。7个月的利比亚战争以卡扎菲本人被击毙、执政42年的卡扎菲政权倒台而告终。这是一场以北约名义发动却没有美国直接参与、并且迅速取得"胜利"的战争，巴黎媒体评论说："利比亚战场上出现的是'没有美国的北约'。"这句话道尽了法国人的自负和对美国的嘲讽。显然，美国对欧洲安全关切不够引起了欧洲的不满。

　　2012年1月，美国出台新军事战略，在明确把军事重点转向亚太地区的同时，提出要调整在欧洲的军事布局。美国将把常驻欧洲的4个战斗旅裁减至2个，将有6000到7000名美军士兵撤出欧洲。这一计划实施后，美国驻欧军队总人数将从目前的8万削减到7万。

　　美国的"战略东移"和在欧洲削减驻军引起欧洲严重不安，

因为二战后欧洲始终是美国的战略重点，美国战略调整势必冲击大西洋两岸的传统关系格局。欧盟各国抱怨美国的"重亚轻欧"政策，担心在国际事务中被边缘化。当然，美国战略调整也事出有因：奥巴马的外交重心是伊拉克、伊朗、阿富汗、朝鲜和东南亚等问题，而在应对这些问题时，由于欧盟缺少共同外交，至今不能用一个声音说话，美国难以借助欧洲盟国的支持。美国副总统拜登曾无奈地说："在有可能时，欧美携手合作，在有必要时，我们将单独行动。"

欧洲作为盟国虽然对美国难以提供充分的合作，但是依然指望美国在安全事务上继续承担责任，因为被财政紧缩困扰的欧洲各国政府在国防安全方面难以大量投入。美国前国防部长罗伯特·盖茨曾直截了当地警告说，美国将不再为欧洲安全买单。他说："如果北约的欧洲成员国拒绝为自己的防务承担更多责任，华盛顿很可能不愿意继续奉行二战后的政策。"

不过，始终怀有大国情结、主张欧洲防务独立的法国却似乎从中看到了机会。2013年年初，法国发动了在马里的反恐战争，清剿盘踞在马里北部的"基地"组织在北非地区的分支机构等武装力量，目前已经基本达到了目的。法国认为，这些宗教极端武装势力试图占据撒哈拉南部地区，严重威胁法国在这个地区的直接利益和政治影响力。这次行动，除了得到乍得等几个非洲盟友协助之外，法国几乎是孤军作战，美国仅仅提供了某种后勤支持。美国战略重点转移后，华盛顿提出与欧洲在安全防务上分担责任的主张，也就是说在与美国没有直接战略利益的地区冲突中，由欧洲国家自己直接干预，而美国提供支持。马里反恐战争和利比亚战争体现了美国的战略收缩，同时也彰显了欧洲自主安全事务的强烈政治意愿和一定的行动能力。

美国把战略重点投向亚太地区，欧洲没有袖手旁观而是积极跟进，欧盟内要求积极参与亚洲事务的呼声日隆。欧盟理事会主席范龙佩提出，"欧盟也是促进（亚洲）地区稳定的主要潜在因素。"2013年5月，欧盟外交和安全政策高级代表阿什顿首次出席亚洲安全年度峰会，表明欧盟参与亚太事务的意愿。法国则捷足先登，奥朗德2013年年初以来对亚洲三个大国——中国、日本和印度进行了正式访问，政府高层也出访了印度支那和东南亚诸国，法国为重返亚洲而谋篇布局。巴黎明确提出，亚洲对法国而言是"一个重大利益地区"。东南亚国家普遍欢迎欧洲的参与，以保持大国在这个地区的力量均衡。欧洲试图跟进美国，其目标主要在经济层面，并力争在这个多事地区发挥政治平衡作用，这与美国力图威慑和遏制其潜在战略对手的策略并不一致。美国最近加强和扩大了同日本、韩国、新西兰等国的军事合作，北约也加强同东南亚诸国的联系，试图把北约的势力范围延伸至亚太地区。美国显然有借此遏制中国的意图，不过，欧洲对北约向亚太地区扩张始终持质疑态度。范龙佩曾强调，欧盟不会参与该地区的"军事化"。故而，欧洲对拼凑所谓"全球北约"、"亚洲版北约"之类不会产生多大兴趣。

冷战后的事实表明，欧美二战后形成的结盟关系，其基本特性目前尚没有根本改变，但是，双方力量对比变化和利益纠葛加剧则会导致大西洋两岸关系失去"结盟"的色彩。这是否意味着欧美关系将发生根本性转型，还需要进一步观察。可以肯定的是，冷战后欧美关系的演变和转型是全球化背景下的新型大国关系中一个不容忽视的因素。

第四章

亚太局势矛盾增多
发展合作仍是主流

安倍内阁加剧日本的政治右倾化

王泰平①

一、日本政治右倾化的含义

近年来，日本政治右倾化成为世界关注的热议话题。日本政治右倾化是日本政界和社会上的右翼政治势力企图改变战后和平发展道路、使国家政策右转的政治倾向，主要表现是参拜靖国神社，为战犯翻案，修改教科书和教育基本法，歪曲和美化侵略战争，否定侵略历史；谋求修改战后《日本国宪法》第九条和平条款，行使"集团自卫权"，向海外派兵；制造"中国威胁论"、"朝鲜威胁论"，利用与邻国的领土纷争挑动民族情绪，奉行强硬外交，为扩充军备、调整军事政策制造借口等。它是对日本战后和平主义思潮的一种反动，与保守政党中相对温和的自由派的主张相比，具有强烈的民族主义色彩，与日本战前的国家观、历史观一脉相承，甚至与"皇国史观"有相通之处，其要害是企图通过否定侵略历史和修改和平宪法，摘掉战败国的帽子，摆脱战后国际秩序的束缚，成为可以拥有

---

① 作者系中国国际问题研究基金会研究员，中国前驻大阪总领事。

正规军队和向海外派兵打仗的"普通国家"，实现"政治大国"的目标。

二、日本政治右倾化的发展历程

二战后，日本国内一直存在着否定侵略战争性质并企图翻案的势力，社会上涌动着复活军国主义的暗流，肯定"大东亚战争"的历史观颇有市场。有些政治家关于"反省"侵略战争的表态是口是心非，这种态度对后来的政治家影响很大。随着经济迅速发展，国力蒸蒸日上，上世纪70年代以后，日本出现大国主义政治思潮。在此背景下，上世纪80年代中期，日本鹰派首相中曾根康弘提出"战后政治总决算"的政治口号和实现"政治大国"的政治目标，声称"日本要前进，对过去罪恶的侵略历史当然不能总是反省，而应该模糊、忘记或者干脆篡改它，以彻底打开这'沉重的枷锁'"，旨在摘掉战败国的帽子，走向政治大国。90年代初期，曾任自民党干事长的新生党干事长小泽一郎提出"普通国家论"，声称凡是别国能做的事，日本没有理由不能做，旨在摆脱战后和平宪法的束缚，提高在国际问题上特别是地区问题上的发言权，使日本能成为一个发挥军事作用的"普通国家"。90年代以后，日本泡沫经济破裂，又受到"两盛两衰"的冲击，即中国的迅猛发展和美国走出调整期又开始兴盛，而日本和俄罗斯则陷于衰退，以美国在苏联解体后开始把中国作为主要战略对手为背景，日本又回到借美国之船出海的战略，通过加强日美同盟，把共同对付中国的崛起作为防止日美同盟在苏联威胁消失后趋于松懈的粘合剂。21世纪初，小泉纯一郎首相执意参拜靖国神社，推行包括修改宪法、教育基本法在内的改革，加强国家权威和国家对社会的控制，提高民族内部的凝聚力。安倍晋三第一次执政期间，日本通过了旨在修宪的国民投票法，修改了教育基本法，将"防卫厅"升格为"防卫省"，倡导怀古复旧的爱国爱乡土教育。在他发表的《美丽的日本》著作中，主张彻底抛弃日本的"和平立国"政纲，要求清算战后"重经济、轻军事"的治国路线，力主修改宪法，以早日摆脱战败国地位，成为联合国安理会常任理事国。麻生太郎上台执政后，审定歪曲历史的《新历史教科书》，在历史问题上继续开倒车。

2012年底，安倍重新掌政后，日本政坛的右倾化趋势更加明显，右翼势力的影响进一步上升。安倍内阁提出恢复"一等国家"、"正常国家"的口号，以"富国强兵"为目标，加紧修宪准备，拟改自卫队为"国防军"，并最终实现可行使"集团自卫权"的目的。为加速军事大国战略，则在修宪前企图打破制约，弥补军事等行为能力的缺陷。为此，改变了战后日本在"和平宪法"框架下的一些政策，包括放弃对外出口武器三原则，炮制了首份《国家安全保障战略》、新《防卫计划大纲》及《中期防卫力量整备计划》，架空专守防卫的政策等。为铲除所谓"自虐史观"，进一步修改审定教科书标准；突出日本要恢复"一等国家"地位，压制中国的崛起，保持在亚洲的第一国家地位。在日本的心目中，中国只能做第二位的国家。为此，它要"挟美制华"，认为国力上美日合在一起与中国抗衡，中国则明显处于劣势。

上述可见，二战以后日本国内的保守右翼势力一直致力于翻历史旧案，挣脱和平宪法的束缚，重建大国地位，只是由于日共和日本社会党等左翼革新政党进行了有力的对抗，以及中国及亚洲受害国富有成效的斗争，还有美国的管控，在一定程度上延缓了日本社会右倾化的速度。总体上，战后日本走的是和平发展之路。

80年代，随着日本经济的巨大成功，形成庞大的中产阶级，日本国内的政治生态发生变化，出现了保守化政治势力占主导的局面。

中曾根内阁提出"战后政治总决算"口号，标志着保守与革新两大政党对立均衡的格局开始倾斜。又因90年代日本革新政党社会党走上了一条全面右倾之路，其一贯坚持的革新价值立场已经完全转向了民族主义和保守主义的右派立场，以至在政界改组中被肢解，左翼革新政党的整体实力迅速萎缩，难以发挥对日本政治的制衡作用。进入21世纪以后，日本政坛的政党意识形态已经开始走向了全面右倾的保守化时代，而在右翼政治势力的"爱国"口号鼓动下，日本所自持的民族优越性政治文化传统演化为一种新的保守理念，深入到民众的政治心理当中，从而在日本社会达成一种新的保守化政治共识，形成了所谓的"大国主义"国民意识。

三、日本政治右倾化的原因分析

日本政治右倾化的原因非常复杂，是历史因素和现实因素、国内因素和国际因素多方面因素综合作用的产物。

（一）政治因素

二战后，由于美国出于一己私利的占领政策，没有彻底清算军国主义的罪行、彻底惩罚战争罪犯，致使很多与侵略战争有千丝万缕联系的人，甚至是战争罪犯又重新跻身于日本政坛，为日后留下了祸根。战后长期执政的自民党政权历届核心人物中不乏二战中的战犯，如现任首相安倍晋三就是"右倾世家"的继承人，他的外祖父岸信介系二战甲级战犯，担任过日本右翼组织"祖国防卫同志会"的顾问，并在1957年和1958年两度组阁，担任了三年多的日本首相，是整合战后日本保守势力的统帅，也是《日美安保条约》的修订者和日美同盟最强烈的鼓吹者。岸信介的胞弟、前首相佐藤荣作则是安倍晋三的二外祖父，他和岸信介都是奠定和发展日本极右保守势力的政界代表性人物。安倍晋三的父亲安倍晋太郎从岸信介任外相到首相一直担任他的秘书官，是岸信介的心腹，曾任外相、内阁官房长官等重要职务。安倍晋太郎还是小泉纯一郎的政治导师、"恩人"。安倍晋三在他的《美丽的日本》一书中承认："我的政治DNA更多地继承了岸信介的遗传。"安倍从小受到家族的熏陶，走上政坛之后更发誓要成为强硬的"战斗的政治家"。安倍晋三与岸信介、佐藤荣作、安倍晋太郎不仅具有血统上的遗传基因，而且具有政治上的遗传基因，从中反映了日本政治演变的内在联系。对于安倍而言，他的外祖父是战败耻辱和美国强加给日本的战后秩序的象征，这是他立志修改禁止日本拥有军队的宪法的重要因素。

值得注意的是，日本右翼政治势力利用经济低迷引发的普通民众的民族主义情绪，成功地将保守主义的政治理念和价值观上升为国家意识形态。当前，右倾势力迅速膨胀，掌控了政局，也垄断了舆论，舆论媒体整体右转。日本民众却非常相信媒体的报道，他们既被右倾媒体左右，也因为有危机感而容易认同强硬的言行；而原本有力牵制着右倾思潮的左倾党派，因严重萎缩现在已经难有作为。这就是日本从政坛到民间的"保守化"，我们习惯称之为"右倾化"，这两个词在日语中，本质的含义都是"民族主义"。

从上个世纪末开始，日本右翼就已经开始了积极的准备，如读卖新闻的《新日本宪法（草案）》，以及各种右翼学者的所谓教科书问题的思考反省会，还有右翼团体"奋起日本"的组成，都是日本右翼从舆论到行动上为右翼政治崛起所做的准备。在政治上，日本右翼人士一直在倡导所谓的大联合，也是期望通过政治洗牌来达到右翼力量完全控制政治的目的。冷战结束以后，左翼阵营的势力被极大削弱，加上社会党的变节，也直接造成了这种"右强左弱"格局的加速形成。

据透露，日本右翼人士悄悄地组成了右翼保守的统一战线——日本会议，向日本各个方面，包括政界、财界以及文化界等提供一个共有的右翼保守的普遍原则（共同纲领）的组织，其根本目的就是恢复日本旧宪法，即恢复天皇制度，把现有的日本自卫队改为国防军，实施新的平成维新，重新对亚洲进行控制，输出日本的价值观。安倍否定慰安妇的言论，扬言修改村山谈话、河野谈话，以及积极采用新的日本教科书，提倡日本全国参拜靖国神社等，都是这个组织在幕后积极活动的结果。

现在这个组织已经在日本全国的所有都道府县设立机构本部，而且这个组织是广义的联合组织，很多日本右翼团体也积极加入。据不完全的统计，现在人数大约有850万—1000万人（包括外围人员）。2013年靖国神社的春季大祭和"8.15"时，日本自民党内阁僚为何有多人参拜、自民党的党务干部几乎全部参加参拜，原因就是安倍内阁的60%的阁僚是这个组织的成员，国会议员（参、众两院）中有252名议员参加了这个组织，地方议员更多，而组织的最高顾问就是安倍。现在，"日本会议"已经成为左右日本政治走向的重要力量。

（二）独特的文化背景

日本文化的独特性，使日本人对是非的判断和反思水平受到了极大的限制，是日本政治右倾化的深层原因。日本人有一种根深蒂固的观念，即日本是以"万世一系"的皇室为中心的神国，具有单一民族纯粹性的大和民族是最优秀的民族。这种崇尚神道与崇拜天皇思想与蔑视亚洲的"种族优越感"和"制度优越论"，并未因战后"美国占领"和"民主化改革"而根除。日本人具有非常明显的双重性格特征：强烈的民族凝聚力和狭隘的排外心理，亦即内聚外斥并存的独特性。

日本出于上述狭隘的岛国心理，总觉得一个强大的中国在自己旁边，非常可怕。一个日本学者曾经指着中国地图说过，原来的中国像一片桑叶，日本是一条蚕，桑叶迟早要被蚕吃掉。但是没想到的是，二战日本失败了，蒙古的问题也解决了，结果中国就不是桑叶了。日本还是一条蚕，中国却变成了一只公鸡，蚕早晚要被公鸡吃掉。

（三）冷战结束的刺激

冷战结束后国际形势的变化，刺激日本加快向政治大国迈进的步伐。它不再满足于经济大国的地位，急于以经济实力为后盾加大在政治上的影响，以求在国际舞台上扮演举足轻重的角色，参与国际社会的重大决策，及早实现成为一个政治大国的愿望。日本政界和民间更充斥"解放了"的情绪，认为在新的国际格局下，日本的"枷锁"应该解除，应当谋求更高的国际地位。另一方面，东欧剧变、苏联解体后，日本的左翼政党社民党和共产党的政治主张已不再为日本社会主流所信服，在政治上与右倾抗衡的力量基础也迅速衰弱，这对右翼势力重新掌控政局和垄断舆论更产生了决定性的作用。右倾政治势力不仅迎合了民族主义诉求，也不再受到来自左倾党派的牵制，导致日本政界总体保守化，"新民族主义"抬头，政治右倾化加速。

（四）中国崛起因素

日本自从明治维新以来一直是东亚甚至是亚洲的领头雁，在政治、经济和军事等各个方面都保持着明显的优势。日本人内心深处一直鄙视中国。中国近些年来经济的迅速发展以及国际地位和影响的增强，使中日关系出现了结构性转变，战后取得奇迹般发展的日本人心情颇为复杂，变得对自身未来不安和不自信，认为自己的战略空间受到挤压，在东北亚地区的主导权被取代，从而感到担忧和焦虑，产生了危机感，作为反射，不时做出民族主义的情绪化的反应，有些人要对中国说"不"。21世纪初，小泉首相置中国人民的感情于不顾，一再参拜靖国神社和日本政府近年来在钓鱼岛问题上一再挑起事端，都是在这种大背景下发生的典型的情绪化反应。

进入新世纪后，日本右翼势力为实现自己的目标，越来越多地渲染"中国威胁论"，日本《防卫白皮书》无端指责中国军事威胁，防卫大纲将战略目标锁定中国，日本甚至图谋修订"日美防卫合作指针"，试图将中国纳入"周边事态"新威胁。这其中，钓鱼岛问题成了日本右翼推动修宪强兵的重要抓手，摆出不会轻易让步的姿态。安倍相信钓鱼岛是一颗战略棋子，是与崛起中国对峙及抗衡的地缘争夺前沿，不能不硬顶死扛；并且以此炮制"中国威胁"和"安全危机"，从而推动实现修宪、国防正常化及军事大国化的政治目标。目前，中日关系正处于力量对比转换期，日本民族心态中鄙视中国的一面尚未消失，而面对中国迅速发展的焦躁不安心理又开始上升，日本政客利用钓鱼岛问题煽动民族情绪，很容易获得国内认同，形成一致对外的局面。

（五）美国因素

美国奥巴马政权提出"再平衡战略"，将战略重心东移亚太，更加重视美日军事同盟，要求改变日美同盟的性质，由只是日本受保护的"单行线"改为互尽义务和责任的"双向线"，实现日美同盟全球化，提升了日本在战略上的利用价值，使日本增加了自信。日本将此视为重建政治军事大国地位的绝好机会，企图借船出海，以为有美国作靠山，进一步强化对钓鱼岛的实际控制中国也不敢正面应对。

四、右倾化趋势的影响

虽然日本目前尚未脱离和平发展的轨道，但是，如果不彻底纠正错误的历史观，不在社会意识层面彻底清算军国主义与皇国史观的遗毒，日本政治右倾化还会继续发展，从而增加日本未来政治走向的不确定性，可能对地区安全产生重大影响。

（一）日本政治右倾化对中日关系的影响

日本国内政治右倾化与中日关系存在着非常强的相关性。日本国内右倾化趋势越发展，中日政治关系受到的侵害就越大，是一种负相关关系，而中日民间感情与中日政治关系发展则存在正相关关系，中日政治关系越发展，中日民众间的感情就会随之改善。日本走向政治大国，摆脱二战后战败国的地位，首先就是要改变战后历史结论。参拜靖国神社和在钓鱼岛问题上的强硬立场，都是为了推翻战后历史结论，这必然与中国的国家利益发生严重冲突。日本政府在岛争问题上采取的强硬态度，对钓鱼岛实行"国有化"，正是日本右倾化的重要表现和近年来日本社会"右倾化"发展的结果，而造成中日民间感情恶化的根子也正是日本政治的右倾化。

安倍内阁的一系列言行举措表明，其对华战略基调是政治上较量、经济上利用、外交上制衡、军事上防范、海权上争夺。如果说小泉政府与中国的矛盾还是关于历史的，那么安倍政权的政策指向势必与中国产生现实的、未来的摩擦，而这或许将是更深层次的、更具根本性的矛盾。自2012年上台以来，安倍政府是11年来第一个增加防务开支的日本政府，尽管只增加了0.8%。增强日本保护其岛链和遏制中国潜在威胁的能力是安倍政府当前优先考虑的战略重点。

未来五年到十年，是中日关系转型的关键时期，对日本的战略走向、对华政策以及日本会否修改现行宪法，都需要予以密切的关注。尽管日本不一定会恢复战前那样的军国主义，但是随着其政治右倾化的发展，中日两国战略互惠关系在安保领域有可能转化为战略对抗关系和战略互损关系。对此，必须认真应对，未雨绸缪。

（二）日本政治右倾化对日美关系的影响

安倍公开提出来的"集团自卫权"问题，是指日本在本身"受到攻击"时自卫之外，在盟国"受到攻击"时也能与同盟国一起参加行动。虽然这在国际法上是当然的权利，但是，由于日本的现行宪法已经明言放弃战争，如行使"集团自卫权"，就需扩大宪法解释，修改宪法。美国一方面希望日本在行使集团自卫权的问题上取得突破，多年前就表态希望日本在安全保障方面发挥更大的作用，帮美国更多的忙，特别是现在美国的综合国力相对衰弱、财政方面也出现问题，因此，需要盟国承担更多的责任和义务。像美国极端强硬派的代表人物、前副国务卿阿米蒂奇几乎是一谈到日美关系就要督促日本赶快实现集团自卫权。

但是，美国在起用日本的同时，也对日本的右倾化、军事大国化的野心保持警惕。美国国会调查局公布的一份报告把安倍描述成"众所周知的强硬民族主义者"，美方担心他的历史观会在东亚引起混乱，影响美国的国家利益。如果安倍修宪超出美国能容忍的限度，要彻底去掉和平宪法的和平性质，甚至要去触碰二战后国际格局的话，那也是美国政府和绝大部分美国人不会容许的。说到底，美国也是日本军国主义的受害者，它是有底线的，不会容忍日本脱缰日美安全条约而"独跑"。近年来，美国人已开始公开质疑日本的历史认识问题，对日本的右倾化言行频频发出警告，美国在历史问题上的表态和中韩等亚洲国家的反对形成叠加效果，对安倍政权形成强有力的牵制，迫于压力，安倍不得不收敛上台之初要修改"村山谈话"和"河野谈话"的想法，表明安倍否定侵略历史的右倾化路线首先要面对的就是美国的反对。

五、理性客观地判断日本形势

日本政治右倾化是对日本国家政治思潮一种比较客观的定性分析和概括，它既指出了日本国家的政治取向、权力结构、社会思潮向右转的政治倾向，又避免了使用"军国主义"概念给日本战后社会政治现象作定性概括所造成的过犹不及的偏差。

由于日本军国主义侵华战争给中国留下了难以磨灭的印象，过去常常出现简单化、概念化的定位偏差，把日本政治右倾化视为军国主义复活。战前的军国主义是以对内实行残酷的法西斯统治、对外进行疯狂的侵略扩张为本质特征的。日本政治右倾化思潮与战前的军国主义虽有某种联系，但二者是两个并不等同的概念。当今日本确有企图复活军国主义的遗老遗少势力存在，对它们的能量不能低估，其危险性值得高度警惕，但也应看到日本的国内条件和国际环境变化的制约，旧的军国主义的历史难于复制。美国哈佛大学教授约瑟夫·奈认为，不能简单地把眼前的右倾化视为上世纪30年代最后演变为军国主义的民族主义在日本死灰复燃。但是，民族主义有时会在不好的事态持续之后，作为一种反作用力出现。现在日本的经济低增长持续了20年以上，日本的民族主义在某种意义上说是这种低增长反作用力的结果。上世纪30年代的侵略主义是从过剩的自信中产生的，而现在的民族主义来自于日本的自信心丧失。日本的民族主义是"软弱的表现"。

在2012年底的大选中，保守政党自民党和公明党获得了压倒性的胜利，而以石原慎太郎为代表的极端的右翼势力并没有获得更多的支持，说明日本社会对日本极端右倾化保持警惕。石原慎太郎曾经是自民党的国会议员，他在自民党内的时候从来就不是主流派。由于石原所策划的购岛闹剧导致中日关系全面后退，不少日本人都把石原视为中日关系恶化的"罪犯"，甚至有人认为在中国抗议游行中受到损失的日本企业应该向石原索赔。石原的反华强硬立场由来已久，但是他的这种立场并未为更多的日本人所接受。民主党前外相前原诚司为野田政府的购岛国有化辩护时爆料：石原慎太郎曾说"为尖阁列岛（即指钓鱼岛）不辞一战"。从石原的政治理念以及人格看，他确实说得出这种话来。但是令人奇怪的是，石原后来出来辟谣，说前原在诬陷他，说明就是他自己也不喜欢这个名声，他起码知道他的支持率不会因为其反华强硬派立场而上升。对于石原慎太郎那样的民粹主义，即使那些相对保守层也保持警惕，在他们看来石原是所有问题的始作俑者，而且由于石原的介入导致修改宪法变得希望更小。另一个右翼代表人物、大阪市长桥下彻关于"慰安妇"的谬论出笼后，不仅遭致国际上的强烈谴责，在国内也引起轩然大波，从市民团体到政党、媒体都出来反对，并指出桥下的言论是在安倍首相一手营造的民族主义政治氛围下出笼的，安倍也必须要求内阁同僚和党的干部在历史认识问题上谨言慎行。由此可见，"日本社会全面右倾化"的说法有点以偏代全，起码是夸大了事实。

　　事实上，日本的右倾化指向在国内面临着诸多的牵制。根据最新实施的民意调查显示，对于自民党"修改宪法第96条"的主张，"反对"意见达54%，超过了"赞成"意见的38%。针对"放弃战争、禁止拥有军队"的第9条，表示"不应该修改"的意见占52%，而认为"应该修改"的意见仅占39%。大部分日本民众并不愿意轻易放弃多年的和平生活，而日本战后一直实行的民主体制，也让年轻人有了多元的想法。

　　安倍在7月获得参院选举的压倒性胜利后，出于对政权运营的自信，改变了当初优先考虑经济重振和摆脱通缩的"安全驾驶"路线，开始推行创设"国家安全保障会议"（NSC）和制定《特定秘密保护法》等强硬政策。然而，舆论和民众对类似战前《治安维持法》的《特定秘密保护法》的反对超乎安倍的想象，曾是安倍执政动力之源的高支持率因而骤降。在安倍第二次出任首相满一年之际，局势正发生着微妙的变化。

更重要的是，军事科技的发展令时下的战争已经与"二战"完全不同。日本必须做好接受核打击的准备，才能承受战争，而这一点，无论出于军事战略的考虑，还是基于日本民众的感情，都是日本的软肋。日本民众普遍认为，为钓鱼岛"不惜一战"的想法是疯子，绝对要避免战争。

由于日本政府采取强硬外交路线导致与邻国关系的紧张对日本本身的负面影响正在显现，关于"这一路线是否符合日本的国家利益"的反思，在右倾经年的喧嚣中，也开始发声，日本国内正在思考"解套"的策略。包括日本普通民众、政商各界以及学界在内，都希望能找到各方都能接受的妥协的出路。

日本政治右倾化的步子究竟能走多快、多远，中韩等国的钳制和美国的态度是重要的因素，归根结底取决于日本国内爱好和平的正义力量的集结和斗争。如何阻缓日本政治右倾化的脚步，使其继续走和平发展道路，中国可做的事情很多。

重启六方会谈符合各国利益

张庭延[①]

由中国在北京主持的、中美俄日朝韩代表参加的朝核六方会谈，到2013年已经开启十年。虽然会谈中断多年，但会谈前期，各方曾就朝核问题的解决达成过重要协议，各方也承认，通过六方会谈机制实现朝鲜半岛和平稳定，是一个可行的途径。现在，摆在人们面前的是，尽快重启六方会谈，一度宣布退出六方会谈的朝鲜，也不仅一次表示，愿与各方一起共同努力，使六方会谈早日复会。中国正在为六方会谈重启作出努力。

一、朝核问题 复杂敏感

朝鲜半岛位于东北亚要冲，战略地位重要，关乎各国利益，历来为大国所觊觎。二战之后，由于大国插手，朝鲜半岛分裂，之后发生朝鲜战争，更加剧了南北的对立。六十多年

---

① 作者系中国国际问题研究基金会名誉理事，中国前驻韩国大使。

来，朝鲜半岛没有安定过，朝韩重兵对峙，大国争夺未止，一直延续至今。中国出于半岛和平稳定，摆脱冷战思维，于1992年与曾交手过的韩国建交，化敌为友，但仍没能彻底改变这个地区的格局，冷战阴魂不散。

朝核问题实际上是这种争斗的延续。1993年3月，朝鲜因与国际原子能机构在核查问题上发生分歧，断然退出《核不扩散条约》，朝鲜半岛局势骤然紧张，遂出现第一次朝核危机。美国不得已，坐下来与朝鲜谈判，经过一年多的讨价还价，终达成《朝核问题框架协议》。朝鲜允诺冻结石墨反应堆，美国向朝提供轻水反应堆取而代之，以防止朝生产钚用于研制核武器，同时应允每年向朝提供重油作为补偿。但其后美朝双方均未兑现协议，第一次核危机缓解以失败告终。2003年，朝鲜更进一步，明言以增加核威慑力相威胁，朝鲜半岛遂出现第二次核危机。为了避免半岛发生事端，保持相对和平稳定，中国出面在北京主持六方会谈，努力使核问题通过外交谈判解决，实现朝鲜半岛无核化。这实际上是各种势力以另一种形式在朝鲜半岛展开的争斗。

二、六方会谈　无可代替

回顾历史，关于朝鲜半岛的多边国际会谈，曾有过正式或非正式的多种考虑。上世纪70年代，中朝之间曾就举行中美朝韩四方会谈交换过意见，因当时中美尚无外交关系，条件并不具备而作罢。同一时期，美国曾提出交叉承认设想，即中国、俄罗斯承认韩国，美国、日本承认朝鲜，但分析国际形势和朝鲜半岛局势之后，中国判断时机尚未成熟。1977年，美国卡特总统访问韩国，与朴正熙总统一起提出举行美韩朝三方会谈建议，但朝鲜当时认为韩国作为一方不妥而加以拒绝。直到上世纪90年代后期，经过反复磋商，中美朝韩终在日内瓦坐到一起，举行关于朝鲜半岛问题的四方会谈，不过谈了没几轮就无果而终。但2003年开始的六方会谈则不同，尽管也遇到不少困难和周折，会谈也中断较长时间，但没有哪一方对复会加以否定。曾不止一次否定六方会谈的朝鲜，现在也回心转意，愿与各方一起为六方会谈复会而努力。这反映了各方期望恢复六方会谈、通过外交协商解决朝核问题的真诚意愿。

　　这里还要看到，六方出于不同战略，对地处要冲的朝鲜半岛有各自的考虑和主张，但参加六方会谈的中美俄日朝韩，无论历史上还是现实中，都与朝鲜半岛有着密切关联，对如何处理朝鲜半岛问题也有发言权，因此六方代表坐在一起讨论半岛无核化问题，应该说是得当的。而且实践表明，会谈初期，六方代表曾就朝鲜放弃核武、各方承担义务达成过协议，并在落实中作出了努力，取得了公认的成果。这说明六方会谈是实现朝鲜半岛无核化的有效途径。中国十年来坚持六方会谈，从未动摇，原因正在于此。舆论中有人认为，中国反对其他形式的双边或多边对话，完全是一种误解。六方会谈在北京举行初期，在六方会谈的框架内，就曾不止一次举行过双边对话。因此，尽快重启六方会谈是当务之急；拖延对话，只能使实现朝鲜半岛无核化的前景渺茫。

三、降低门槛　唯一选择

　　最近以来，六方会谈各方代表马不停蹄，穿梭访问，为重启六方会谈进行积极准备。那么，六方会谈停滞多年，重起会谈的条件何在呢？笔者认为，主要是朝美之间对重起六方会谈提出了不同的条件。朝鲜在正式宣布退出六方会谈后，在2013年年中出现转圜，表示愿意参加六方会谈和多边会谈，并提出"无条件复会"的主张。其后9月，六方会谈朝鲜首席代表、朝鲜外务省第一副相金桂冠来北京，参加中国为纪念六方会谈开启十周年举办的《回顾与展望》研讨会。他在发言中重申，各方恢复对话应该是"无条件的"。这一主张本在情理之中，但回顾六方会谈的历程，人们又不能不对此生疑。

十年前，中国为避免在朝鲜半岛发生事端，出于劝和促谈的目的，在北京主持开启了关于朝核问题的六方会谈。当时外界传闻朝鲜正在研制核武器，朝鲜自身也明言要增加核威慑力，但同时朝鲜也称愿意实现"朝鲜半岛无核化"。两者虽自相矛盾，但也包含一线希望。于是经过斡旋，中美俄日朝韩代表来到北京，终在朝核问题六方会谈谈判桌前坐下。会谈中如前所述，各方曾于2005年发表"9.19"声明，宣布朝鲜弃核和各方予以补偿，取得初步成果。但人们没想到，在会谈过半后，朝鲜加紧研制核武器，并不顾国际反对进行了三次核试验，2011年对外竟自称"拥核国家"，还将这一内容写入宪法。

朝鲜的所作所为使国际社会，特别是美国和韩国产生受骗上当的感觉，即朝鲜参加六方会谈并无诚意，实际上是用拖延会谈手法为其研制核武器赢得了时间。因此，在重启六方会谈问题上，美国提出与朝鲜针锋相对的先决条件，即"朝鲜必须表现出放弃核武的诚意"，否则不能恢复六方会谈。韩国、日本也希望早日恢复会谈，但支持美国的这一立场。美韩日还不断进行磋商，协调立场，向朝鲜施压。六方会谈中断多年不能恢复，主要就是因为朝美之间在重启会谈的条件上存在严重分歧。

面对这种情况，中国为了早日重启六方会谈，正在穿针引线，往返于各方之间，寻求解决之良策。在重启条件方面，朝美之间存在严重分歧，但他们都没有关闭对话大门，只有发挥智慧，调整折冲，降低对话门槛，会谈才有望恢复。人们正寄希望于此。

四、重启会谈　着眼未来

重启六方会谈，实现朝鲜半岛无核化，促进半岛和平稳定，不仅是六方会谈参加国的愿望，也是国际社会的共同愿望。朝鲜地处东北亚，历史证明，这个地区不战不乱，不仅有助于本地区的和平与稳定，也有助于亚洲乃至世界的和平与发展。2013年是朝鲜战争结束60周年，它给人们的深刻启示是，武力不能解决问题，只有屏弃冷战思维，求同存异，对话协商，才能实现和平与稳定。中国正是出于这一目的，主持了六方会谈，并为它的重启进行着不懈的努力。

通过外交谈判解决国际争端，已被实践证明是当今世界公认的一条有效途径。最近伊朗核谈判达成协议，迈出历史性的一步，也足以说明这一点。国际多边会谈，既要有终极目标，又要关注各方的关切，既要讲究原则，又要显示灵活性，相互作出妥协和让步，最终才可能取得成功。伊朗核谈判如此，朝核会谈也是如此。只要求一方作出让步，而对其关切不予理睬，更不作出保证，谈判就无法取得成功。这也是朝核六方会谈应吸取的教训。

当然，朝核问题的解决，需要相当时日和耐心。国际上有人提出，六方会谈可以成为保障朝鲜半岛和平稳定的机制，朝核问题也需要一揽子解决才能实现半岛的长治久安。这一主张不无道理，也可在六方会谈中讨论协商。但当务之急是重启六方会谈，使各种主张、诉求通过对话达成一致，不然就无从谈起。

展望未来，实现朝鲜半岛持久和平与稳定，有利于各国的发展和繁荣。美国应屏弃冷战思维，改变对朝立场，从而使朝美关系逐步走向正常。朝鲜从研制核武的巨大负担中解脱出来，可以安心发展经济，改善人民生活。朝韩关系从对峙走向和缓，各自谋求本国的经济发展，并为将来实现和平统一创造条件。和平稳定的朝鲜半岛，有利于东北亚局势的平稳发展，有利于周边国家以至亚洲各国的发展和繁荣。

但当务之急是早日重启六方会谈，通过对话协商，实现半岛无核化，建立半岛长治久安的和平机制，除此别无他途。为了朝鲜半岛的无核化，为了这一地区的和平稳定，中国愿与各方一起继续作出不懈的努力。

对《跨太平洋伙伴关系协议》的几点看法

吴正龙[①]

自2009年底以来，由美国主导的《跨太平洋伙伴关系协议》（TPP）谈判引起了国际社会的广泛关注，TPP的建立和发展将改变亚太区域经济一体化进程与多边贸易体制格局，对中国产生贸易转移效应，需要跟踪研究、妥为应对。

一、TPP产生的背景和美国目的

TPP是美国共和和民主两党共同推动的一项自由贸易安排。在布什政府后期，美国贸易代表署于2008年9月宣布美国将加入TPP。奥巴马原计划在次年3月就开始首轮谈判，但由于政府更迭，于2009年11月出访亚洲时，在东京高调宣布美国加入TPP，引起重大反响。

---

① 作者系中国国际问题研究基金会高级研究员，中国太平洋经济合作全国委员会副会长，中国前驻克罗地亚大使。

不可否认，TPP是由《跨太平洋战略经济伙伴协定》（又称为P4）演变而来。P4由新西兰、新加坡和智利于2003年正式开始谈判，在谈判结束之前文莱宣布以创始成员的身份加入谈判。2008年初，四国根据协定开始就金融服务和投资进行谈判，美国布什政府宣布加入这两项谈判，并于同年9月宣布完全加入P4，并将其改为TPP，同时邀请澳大利亚、秘鲁和越南加入谈判。

然而，TPP与P4是两个完全不同的自由贸易安排，无论是在市场准入，以及知识产权保护、环保、劳工等问题上，还是在吸收新成员方面，两者存在天壤之别。美国利用P4"借壳上市"，推出TPP，但已对P4进行了脱胎换骨的改造。TPP与P4有着本质的区别，两者不可等同划一。

那么，美国高调推动TPP，其目的又是什么？

首先，扭转美国置身于东亚经济一体化之外的局面。亚洲金融危机之后，东亚经济一体化进程突飞猛进。10+1、10+3、东亚峰会等机制应运而生，区域经济一体化不断向前发展。中国—东盟、韩国—东盟、日本—东盟自由贸易区相继启动投入运行。美国却完全处于上述进程之外，有被边缘化的危险。TPP为美国摆脱困境创建了一个平台。

其次，增加地区的战略投入，主导亚太合作进程。美国于2006年提出在APEC建立亚太自由贸易区的倡议，但应者寥寥。TPP为美国重返亚洲、重启横跨整个地区的自贸区建设有主导地区经济一体化提供了一个抓手。

再次，开拓新市场，为实现美"国家出口计划"创造条件。亚太地区目前正处于高速发展阶段，但美国2008年对这个地区的商品和服务出口增长却分别低于美国整个出口的4%和4.3%。为扭转这种状况，美国急于通过TPP严格"边境内"

贸易标准和劳工和环境保护规定，削弱发展中国家竞争优势，为美国产品和服务出口创造更多机会，打开更多的亚太国家市场。

最后，重塑全球贸易规则。相关数据显示，新兴经济体和发展中国家国内生产总值已占全球的50%，贸易量占40%，中国2012年货物进出口总额已超过美国，成为世界第一大贸易国。新兴经济体国家贸易总额超过发达国家只是时间问题。对此美国和西方国家都有紧迫感，力图要赶在这一天到来之前，打一场"阻击战"，提前制定"下一代"贸易规则，以掌握世界贸易规则制定的主导权，为本国商品打开更多市场创造条件。TPP成为美国制定新贸易规则的"突破口"。

二、TPP 的主要内容和特点

TPP首轮谈判于2010年3月在澳大利亚墨尔本举行，会议达成建立面向21世纪高标准、全面自由贸易协议的共识，并承诺欢迎任何APEC成员和非成员参与。

TPP设置了农业产品、工业品、纺织品、卫生检验检疫、技术性贸易壁垒、海关、原产地规则、商务流动、贸易救济、政府采购、知识产权、服务贸易、能力建设、竞争政策、国有企业、投资者与国家争端解决、电子商务、电信、中小企业、金融服务、资本自由流动、投资、规则融合、供应链、电信、环境、劳工等29个章节。

数年来多轮谈判揭示TPP以下主要特点：

其一，TPP将传统国际贸易要解决的"边境前"和"边境上"问题进一步延伸到"边境后"贸易问题，涵盖面之广、涉及领域之多史无前例。TPP确实是一个全面的自贸协议。

其二，从关税减免角度来看，TPP标准不高，与P4比还有相当大的距离。澳大利亚和P4等国家认为应按照通常自贸协定谈判的做法，所有成员通过谈判达成统一降税安排，最终形成一个高标准的自贸区。但是，美国主张保留现有的双边自贸协议，只与没有自贸协定的文莱、马来西亚、越南、新西兰和日本举行市场准入谈判，其目的是维护美国在敏感产品方面的既得利益，保护美国国内市场。

最终美国的意见占了上风。整个TPP谈判一分为二，市场准入采用双边谈判形式，其他涉及"边境内"问题的章节为多边谈判形式。用双边谈判形式处理市场准入的做法直接导致两个结果。一是成员国之间的市场准入没有根本的改观，仍然存在许多"例外"。以澳大利亚为例，由于澳美自贸协议不包括糖，澳大利亚不可能通过TPP谈判打开美国糖市场。二是在TPP范围内，同一国家对其他成员国市场开放程度存在很大的差别。以日本要价为例，日本拟对美国90%产品进口免关税，但对文莱、新西兰、马来西亚、墨西哥、秘鲁则为80%，而无论是哪个成员国的大米、牛肉、猪肉、奶制品、糖等农产品，如要出口到日本都要征收高额关税。[①] 从市场准入角度上来看，TPP设定的免关税产品标准为96%—98%，[②] 远比不上所有产品实行零关税的P4，所以谈不上是高标准的。

其三，TPP的重点是所谓"边境后"的问题。在TPP的29

---

① Japan offers TPP tariff cuts for nearly 90% of U.S. goods Kyodo Sep 18, 2013, http://www.japantimes.co.jp/news/2013/09/18/business/japan-offers-tpp-tariff-cuts-for-nearly-90-of-u-s-goods/.

② 摘自2013年11月26日《日本经济新闻》。

个章节中，真正与传统贸易有关的仅5个章节，大量的章节是涉及成员国的经济和社会政策，如政府采购、知识产权、国有企业、企业投诉政府、公平竞争、资本自由流动、电子商务等内容，其标准之高已远远超出WTO规定的范畴。这主要反应在两个方面：

一方面，美方提出的标准超出WTO的规定。以知识产权保护为例，美国在版权保护、专利保护、互联网域名、地理指标等方面的要价已远远超出WTO《与贸易有关的知识产权协定》。特别是药品专利保护，日本、澳大利亚和新西兰等国均对药品实施价格控制，美国药品专利保护方案将大幅推高普通药品的价格，并危及这些国家医疗保险制度的正常运转。其他参与谈判的国家也对美国专利保护方案提出异议，认为过度专利保护不但会阻碍科技创新，还将有损于发展中国家经济增长。又如在投资争端解决机制上，美国拒绝采用WTO的"国家间争端解决机制"，主张采取"投资者—国家争端解决机制"。由于该机制赋予企业起诉国家的权利，在谈判当中引起极大争论。一些国家明确指出，不会接受这项条款。

另一方面，TPP所提出的一些问题又是WTO所没有涵盖的"下一代"贸易问题。如美国对国有企业提出全新的要求：取消对国有企业补贴，取消对国有企业海外投资给予优惠融资措施，取消政府采购对国有企业的倾斜，对大多数发展中国家来说，这些要求远远超出它们所能承受的范围。又如电子商务，美方主张不能对电子产品征收关税及其他费用，给予电子产品及其作者、开发者、生产者和表演者非歧视性待遇，取消跨境电子信息障碍等等，如果美国这些主张成为TPP条款，将给发展中成员国带来严峻挑战。再比如在金融投资自由化方面，美国提出的取消对资本流动限制的主张，也难以为经受过亚洲金融危机的发展中成员国所接受。

美国以高标准为幌子，依靠技术和市场化优势，力图通过TPP谈判谋取美国利益的最大化。美国是世界上最大的专利出口国，强化专利保护将把更多财富转移到美国。美国又是世界上最大的资本输出国，"投资者—国家争端解决机制"有利于维护美国的利益。"高标准"掩饰下的是美国利益。

同时，我们也应该看到，"边境后"的高标准在一定程度上也代表了未来贸易和投资自由化和便利化发展的方向。据统计，全球发达国家的平均关税已从1968年GATT成立时的36%降到20世纪90年代中期的3.8%，而同期发展中国家的平均关税也降到12.7%。当前，减免关税固然重要，但是"下一代"贸易问题日益突出，受到越来越多的关注，解决这些问题的重要性和产生的经济利益并不亚于关税减免。

其四，TPP涉及政治体制安排。美国在谈判伊始就提醒各国，美国国会将不接受一个没有强有力的劳工和环境措施的TPP。以劳工为例，美国主张必须采用国际劳工组织有关劳工的五大标准：允许劳工自由集会结社以及集体谈判；取消一切形式的强迫或强制劳动；废除童工；消除就业和职业歧视；不得以减损或降低劳工权利影响贸易和投资。又如环境问题，美国主张要承诺履行多边环境协定等七项公约的义务，涉及濒危野生动植物、保护臭氧层、船舶污染、湿地、南极海洋生物、捕鲸、金枪鱼等领域；不能以贸易投资为由削弱或降低保护环境的法律法规；对违反环境保护法的行为要予以制裁等。显然，美国提高劳工和环境要价，目的是降低发展中国家的竞争优势，为美国创造更多的就业机会。

其五，TPP是有限开放的，美国对新成员加入拥有否决权。尽管美方一再表示，"TPP不是封闭俱乐部，而是一个开放的平台"，但是，根据TPP吸收新成员的规定，申请国要征得所有成员国的同意并履行相关法律手续，方可成为正式成员，这等于给了美国在这个问题上的否决权。更重要的是，新加入者对以前达成的一致只能接受，不能做任何修改。

三、TPP 谈判前景

经过四年多的努力，TPP成员国已从最初的文莱、新加坡、新西兰、智利、美国、越南、澳大利亚和秘鲁等8个国家，陆续增加马来西亚、加拿大、墨西哥和日本等国加入，现已扩大到12个。TPP扩员特别是日本的加入，标志着TPP已取得"滚雪球"效应，为今后吸收更多成员加入和正式运行奠定了基础。

种种迹象表明，尽管讨价还价十分激烈，但是谈判还是在妥协中取得进展，主要原因有四条：

第一，美国志在必得。TPP连同《跨大西洋贸易与投资伙伴协议》是美国占据制定"下一代贸易"规则的制高点、重塑全球贸易体制的两大基石，美国已投入了大量的人力物力和财力，不会半途而废。

第二，美国已展现适度的灵活和妥协。TPP成员国中新兴经济体和发展中国家约占总数的一半，它们与美国等发达成员国处于不同发展阶段，对同一问题存在不同诉求，有分歧在所难免。美国从实际出发，在有些领域也已作出必要让步。如对越南纺织品，据报美国不再坚持"从纱算起"的原产地原则，也即越南可以使用从非TPP成员国如中国进口布料生产纺织品出口美国市场，仍将享受优惠关税。再比如，越南国有企业可享有5年过渡期等。①

第三，软硬兼施。除了灵活和妥协软的一手，美国也采取强硬的一手，施加压力，迫使成员国接受高难度条款。据悉，在美国的强大压力下，澳大利亚政府对"投资者—国家争端解决机制"的立场出现摇摆，有可能接受这项条款。②

第四，美国以市场换标准。12个成员国中，只有日本、加拿大、墨西哥和澳大利亚与美国的贸易量比较大（其中加拿大、墨西哥和澳大利亚又由北美自由贸易协定以及美澳自贸协定所覆盖），其他国家的贸易量相对较小。美国通过部分开放本国市场作为条件，以换取这些国家对高标准的支持，美国的这一做法对这些国家还是具有较大吸引力的，这是TPP谈判得以维系的根本原因之一。

TPP谈判从2010年3月举行首轮谈判，迄今为止已进行了19轮，三次错过谈判结束日期，2014年将进入第五个谈判年头。但是短时间内谈判不可能结束，主要原因是奥巴马政府还没有获得美国国会的"快速通道授权"。根据授权法规定，如果政府获得此项授权，美国国会只能通过或者否决政府与其他国家或组织谈判达成的贸易协议，无权作任何修改；如果没有，国会议员可以任意地对相关协议条款进行增减和修改，尔后付诸表决。

奥巴马8月向国会提出要求获得此项授权，但是一直忙于

---

① U.S.-Vietnam basic accord clears major hurdle to TPP deal Kyodo News International September 14, 013, http://www.globalpost.com/dispatch/news/kyodo-news-international/130914/us-vietnam-basic-accord-clears-major-hurdle-tpp-deal.

② TPP: Abbott may cave on foreign investor rights to sue govts 16 September 2013, Press Release: AFTINET.

预算、政府关门、债务上限等问题，短时间之内看来此事还提不上日程。当前，在美国不同行业对TPP采取不同的态度，有支持的，也有反对的。而国会内部又有一股势力强力要求将"操控利率"问题作为一个章节列入TPP谈判。奥巴马政府要取得此项授权，必须克服利益集团的阻力，化解部分国会议员的要求，凝聚共识，还有大量的工作要做。只要奥巴马政府一日没有获得此项授权，TPP谈判就一日不会"拍板定案"。

另外，自贸协议的谈判是有关各方利益的博弈。TPP豁免关税产品的目标是96%—98%，但据悉，日本只打算让步到95%。[1] 各方对执行减免关税产品过渡期分歧严重，有的主张10年，有的认为应该14年至17年，还有的要求甚至延长到30年。[2] 每一方的出价和要价是否能令其他各方满意，各方让渡本国主权和利益达成妥协空间有多大，是否能就整个协议达成一致，还难以逆料。从这个意义上来说，TPP谈判何时结束、最终能谈成什么样子也不好说。

四、TPP对亚太区域经济一体化的影响

（一）亚太地区已形成多渠道、多平台推进的区域经济一体化格局。美国推出TPP本意是配合其战略重心东移，扭转美国被排除在东亚经济一体化之外的被动局面，夺回区域经济合作的主导权，但是从一定意义上来说TPP把东亚有关各方都

---

[1] 摘自2013年11月26日《日本经济新闻》。

[2] http://tuoitrenews.vn/business/13981/tpp-to-be-reached-by-years-end-longer-tax-reduction-road-map-proposed.

"调动"起来，增强了他们对推动东亚区域经济合作进程的忧患意识，这是美国所始料未及的。

TPP首先冲击东盟的地区合作主导权。TPP目前共有12个成员国，其中新加坡、文莱、马来西亚和越南等4个是东盟成员国，东盟面临被架空的危险。美国要重掌亚太地区经济的主导权，首当其冲的便是东盟。东盟如果无所作为，就有可能失去地区经济合作的主导地位。东盟决定加快内部三个共同体建设，同时提出与6个对话伙伴国进行RCEP谈判正是为了应对TPP的挑战。TPP谈判进展不顺，其所谓"高质量、全面的"特点，也让许多东亚国家以及部分TPP成员国"望而却步"，认识到TPP太过超前，脱离本地区实际，增强了东亚国家从自身具体情况出发加强经济一体化建设的紧迫感。

除了TPP和RCEP外，亚太地区还有中日韩自由贸易区谈判、中国—东盟自贸区的"升级版"谈判、10+3合作机制和太平洋联盟等合作机制。所有这些合作机制构成亚太地区一体化进程的有机组成部分，各自为亚太区域经济一体化作出各自应有的贡献。

（二）各种机制之间形成既有合作又有竞争、但合作是主要方面的态势。以TPP和RCEP为例，两条路径各有侧重。前者是面向21世纪高标准、全面自贸协议；后者是旨在建立一个现代的、高质量的，但门槛适中更具可行性的自贸区。正如2010年APEC横滨峰会所发表的《通往亚太自由贸易区（FTAAP）的路径》的领导人声明所指出，10+3、10+6和TPP都是实现FTAAP的路径。两者殊途同归，都可以为此目标作出各自的贡献。从TPP和RCEP的产生、发展和最终目标，不难看出两个路径并不是相互矛盾、相互排斥，而是相互促进、相互补充的。

（三）TPP将对亚太地区的贸易格局产生重大影响。根据国际货币基金组织（IMF）统计，现在12个TPP成员国的GDP规模已达24.91万亿美元，约占世界经济总量的40%，是欧盟经济规模的1.5倍。TPP如果谈成，将成为超越北美自由贸易区、欧盟和中国—东盟自由贸易区的世界最大自由贸易区，其贸易转移效应和贸易创造效应将非常显著，内部贸易量也将上升，对亚太地区贸易格局的冲击不可低估。

五、结　论

从以上分析，不难得出以下几点结论：

（一）中国加入TPP的最大"拦路虎"是美国。根据美方的安排，中国要等到TPP谈判结束，美国才会适时考虑中国加入问题。[①] 从TPP产生的福利来看，参与的国家越多，创造的福利也越大，美国的最终目标也还是要把中国纳入TPP之内。美国现在提出的高标准，就是为了将来与中国进行谈判占据有利的地位。[②]

（二）中国现在接受TPP仍有难度。且不说"边境内"涉及经济社会的各项标准，中国目前尚不具备执行的条件，就市场准入而言，尽管TPP与P4相比不是高标准，但是对中国来说标准还是不低。目前中国的平均关税为9.6，其中非农产品的平均关税为8.7，农产品的平均关税为15.6。根据WTO的统计，以以上三个指标为例，中国与现有TPP成员国相比，除了越南和

---

① The Trans-Pacific Partnership Negotiations and Issues for Congress.
② http://infojustice.org/archives/30965.

墨西哥，高于所有其他国家。因此，如果中国现在加入TPP，在消除关税方面中国将面临相当大的压力。

（三）美国力推TPP的背后固然有自己的私利，但是TPP设定的这些标准是面对"下一代"贸易问题所不能回避的，贸易和投资自由化和便利化向"边界后"延伸是一种必然趋势，也越来越多地为一些发展中国家所接受。由此出现了一些国家脚踏两只船的现象，既是TPP成员国，又是RCEP成员国。

（四）对于TPP，中国当前要面对的问题不是加入与不加入，而是如何化解因不能加入所带来的消极影响。这些影响主要包括以下几个方面：TPP产生贸易转移效应将对中国造成损失，削弱中国对美、日和其他亚太经济体的出口；中国成为新规则制定的局外人，未来只能被动接受新规则；增加中国企业交易成本，阻碍中国企业国际化步伐。

（五）对TPP带来的消极影响，中国要有一份战略定力。一是TPP何时能谈成、最终能谈成什么样，目前还不好说，还要看。二是美国一手遮天的时代已成过去，亚太地区存在多种合作机制。除了TPP，还有RCEP、10+3合作机制、中日韩自贸安排，我们可以借重与周旋的空间很大。三是目前中国已是世界第二大经济体、全球第一大货物贸易国。巴西、印度和俄罗斯等新兴经济体在全球经济分量也在不断上升，美国最终要制定和执行新的全球贸易规则，没有中国和其他新兴经济体国家的参与和合作，也是不可能办成的。

（六）趋利避害，多管齐下，妥善应对挑战。第一，要密切跟踪TPP谈判的进程，与成员国交流谈判信息，随时掌握谈判的动向。第二，在推进中美投资保护协定谈判的同时，加强与美国就TPP问题进行沟通与对话。第三，积极推进中国区域经济一体化和自由贸易战略，最大限度减少TPP造成的贸易转移效应。第四，加速国内改革进程。对"边境内"问题要区别对待，如通关便利化、知识产权保护、政策透明、电信、中小企业等问题，眼下就可以做起来。对于国有企业改革、公平竞争、投资、服务、金融、规则一致化、电子商务等问题，也应该根据党的十八届三中全会所确定的改革总体方案，有条不紊，逐步推进，这将为中国在区域经济一体化进程中赢得主动，获得更大的主导权和话语权，为中国参与高标准多边贸易机制的谈判创造条件。

第五章

西亚北非持续动荡
大国展开激烈博弈

持续动乱的中东局势

刘宝莱^①

2013年，中东地区动乱频仍，变革风暴势头未减，日趋常态化、复杂化和国际化。阿拉伯转型国家乱而无序，叙利亚危机继续发酵，外溢效应明显，巴以重启和谈，伊朗新政显现，俄美争夺加剧。

一、阿拉伯转型之路崎岖、漫长

突尼斯、埃及、利比亚和也门阿拉伯转型四国，跌宕起伏，乱象丛生，经济、治安恶化，人心浮动。当地媒体普遍认为今不如昔。在此背景下，埃及发生了震惊世界的巨变。7月3日晚，埃及军方宣布解除执政一年的民选总统穆尔西的总统职务，并提出实施政治过渡的"路线图"，受到了反对派及其支持者的热烈欢迎和支持，遭到了穆兄会及穆尔西支持者的强

---

① 作者系中国国际问题研究基金会理事、高级研究员，中国前驻阿联酋、约旦大使。

烈反对。① 他们谴责军方发动军事政变、罢黜穆尔西，要求恢复穆尔西的总统职务。与此同时，他们在开罗安营扎寨，组织百万人游行示威，并同反对派和军警发生多起流血冲突。双方对峙持续40余天。8月14日，埃及过渡政府派安全部队对穆兄会进行武力清场，造成数千人伤亡（据穆兄会称，伤亡约9500人）。② 穆兄会继续反弹，又与军警发生冲突，造成新的伤亡。过渡政府宣布全国进入紧急状态，在开罗等一些重要城市实行宵禁。10月9日，埃及社会团结部部长博劳伊签署决定，宣布正式解散注册的非政府组织穆兄会。经过一再打压，穆兄会抗争活动减少，埃及局势渐趋平静。据报道，埃及当局已逮捕包括穆兄会精神领袖巴迪亚在内的穆兄会和其他组织成员2000人。③ 英国国防学院助教安德鲁·高索普认为，中东民主启蒙或许最终会打开潘多拉的魔盒。可以看到，穆兄会因其执政无能而名誉扫地，从而为同穆巴拉克时代如出一辙的军政府上台铺平道路。在埃及这样一个严重分化的社会，任何民主进程都不太可能促成和解。④ 就穆兄会而言，眼下内部温和派和激进派虽有分歧，但均不会善罢甘休，正以不同方式进行抗争，甚至制造恐怖暴力事件，使军方防不胜防；加之埃经济形势严峻，穆兄会的反对者也不是铁板一块，不仅内部，而且同军方也将发生控制和反控制的矛盾；军方"路线图"实施多有变数，造

---

① 田晓航、田栋栋：《亲历埃及"48小时通牒"》，《参考消息》，2013年7月5日。

② 美联社开罗，《埃及当局强硬清场再酿流血》，《参考消息》，2013年8月15日。

③ 美联社开罗，《埃及紧急状态延长两月》，2013年9月12日。

④ 安德鲁·高索普（英国国防学院助教）：《重新打开中东的潘多拉魔盒》，美国《国家利益》双月刊网站，2013年8月19日。

成连锁反应，会一发不可收拾，故埃及又进入新一轮动荡期。今后，不管埃及局势如何变化，军方均将在台前或幕后出现，广大民众的变革愿望，短期内难以实现。

突尼斯伊斯兰复兴运动执政后，未能有效提振经济、增加就业，致使各派政治势力你争我夺，安全形势恶化，政局持续动荡。自7月25日一名反对党议员遇刺身亡以来，突尼斯多地爆发了大规模示威游行，要求解散议会和政府。虽然突尼斯成为埃及第二的可能性不大，但将会动摇执政党的执政地位，不排除政局发生变化的可能。①

利比亚政局堪忧。反对派上台，缺乏治国理政经验，难孚众望。地方割据，各行其是。政府几度改组，人浮于事，无所作为。经济负增长，人民生活水平大大下降。有些民兵组织无法无天，恣意闹事，动辄抓人，围困政府机关。恐怖活动失控，西方驻利外交机构纷纷撤离。10月2日，俄罗斯驻利使馆遭枪击。10日，利总理扎伊丹被绑架。获释后，他指责政敌试图推翻政府，认为有人希望利比亚陷入深渊，变成阿富汗、索马里或刚果。②11月15日，利比亚首都的黎波里举行的要求民兵武装离开首都的示威活动演变成为暴力冲突，导致至少31人死亡，285人受伤。③17日，利情报机构间谍部门负责人诺厄又遭民兵组织绑架。据国际人权组织称，有约8000名囚犯被关押在民兵组织的秘密监狱里。

也门政府与反对派矛盾日增，部落纷争加剧，恐怖暴力四起，尤其基地组织阿拉伯半岛支部在南方经常袭击政府军。9月

---

①　《突尼斯会否成为第二个埃及》，《解放日报》，2013年8月10日。

②　沙特阿拉伯《中东报》，2013年10月12日。

③　法新社的黎波里，2013年11月15日。

19日，该组织发动两起袭击事件，打死军警和士兵至少72人。[①]

二、叙利亚危机拖而难决

叙利亚危机，险象环生，内战持续。在美西方和沙特、卡塔尔、土耳其等地区国家大力支援下，叙反对派武装力量发展迅速，占领了一些中小城镇和农村甚至油田，但与政府军的力量对比尚未发生质的变化。叙政府依然能控制局势，军队仍主导战场走向，并连续收复被反对派武装占领的包括首都大马士革部分地区在内的一些重要城镇，但也不可能将其全歼。叙副总理贾米勒接受英国《卫报》独家专访时说，冲突持续两年多，政府军和反对派武装没有强大到可以击败对方。这种战斗力的平衡短期内不会改变。[②]9月，叙利亚政府妥善处理了化武事件，不仅接受俄罗斯提出的关于叙将化武交国际监督、销毁的倡议，而且及时向国际禁化武组织提交了叙化武清单，从而躲过美国军事打击一劫，为政治解决叙危机提供了新的机会。9月27日，联合国安理会全票通过2118号决议，使叙化武危机得以化解。美国正从军事威胁转向更广泛的外交措施。11月4日，美国白宫发言人卡尼表示，通过谈判达成协议是解决叙利亚冲突的唯一途径。8日，美国国防部宣称，美国正在将"尼米兹"号航母从海湾地区撤回。[③]关于叙问题的第二次日内瓦会议，

---

① 《"基地"在也门打死40名军警》，法新社萨那，2013年9月23日。

② 徐超（新华社记者）:《叙拟提议停火并受国际监督》，《解放日报》，2013年9月21日。

③ 美联社华盛顿，2013年11月8日。

因反对派各派别分歧严重，故一拖再拖。然而，时间对叙政府有利。目前，叙经济困难，损失约1000亿美元，相当于叙经济总量的两倍。[①] 卜拉希米特使指出，根据联合国的数据显示，已经有超过900万叙利亚人受到危机影响，相当于该国人口的一半，平均每天都会有大约6000人逃到邻国寻求避难。[②] 不过，日子还能撑下去。估计，巴沙尔政权将会熬过2013年，乃至2014年4月的总统大选。据叙温和反对派人士分析，迄今叙国内外反对派中尚无一人能孚众望，取代巴沙尔，美国人正为此大伤脑筋。加之叙反对派武装中基地组织势力大增，美国担心比巴沙尔更极端的势力上台，造成局势大乱，地区持续动荡。巴沙尔年富力强，历经磨难，顶住外来干涉，深得人心。如他参选，将会稳操胜券。当下仍有60%的民众站在他一边，而支持反对派者约10%，其余30%属中间派，但倾向政府者居多。主要因为反对派武装的打、砸、抢、烧和滥杀无辜以及为激起美国和西方进行军事干预，采取不择手段的过激行为，引起公愤，不得人心。据报道，叙反对派武装约10万人，其中1万人与基地组织有关。虽然美国及其盟友投注于叙自由军身上，但观察家警告说，来自伊拉克、车臣、约旦等地的圣战者不断扩大在叙的存在，可能会使这场冲突滑向危险的境地。[③]

---

① 徐超（新华社记者）：《叙拟提议停火并受国际监督》，《解放日报》，2013年9月21日。

② 拉美社日内瓦，2013年11月5日。

③ 《叙叛军各派系内斗加剧》，美国《基督教科学箴言报》网站，2013年9月18日。

三、阿拉伯君主制政权在改革

沙特等八个君主制政权，国情不同，各有起伏，然而，总体相对稳定。为阻止"民主化"的政治风暴登陆，各国均大抓经济，推进改革，斥巨资改善民生，特别是提高妇女地位、军队官兵待遇和解决就业问题；重视开放民主、言论自由，缓解政府与民众之间的矛盾；坚决打击伊斯兰极端分子，防止伊斯兰极端势力坐大。对外，它们进一步密切同美西方国家关系，以求自保。尽管近来沙特公开流露对美不满，但不会把问题闹大。海合会各成员国也注意保持同伊朗正常关系，营造周边安全环境。此外，它们之间强化全面合作，以抱团互助，抱团维稳，抱团兴邦。

值得提及的是，沙特、卡塔尔、约旦等地区国家支持叙利亚反对派武装非明智之举。到头来，恐引火烧身，后患无穷。

四、伊朗、土耳其局势在变

伊朗新任总统鲁哈尼执政后，以温和面目出现，积极调整内外政策，着重内抓经济、改善民生，外向西方示好，借以树立新的国际形象，摆脱孤立处境，进而促西方尽快解除对其实施的制裁。据美国全国广播公司9月18日报道，鲁哈尼在接受该台专访时说，他领导的政府不会发展核武器。他有全权就伊核问题与西方达成相关协议。对此，美方摆出了相应姿态。19日，美白宫发言人卡尼说，如果伊朗能真正放弃核武器项目，美国愿与伊朗开展双边对话。他认为，伊朗新政府上台后，在语言和态度上与前一届政府相比有较大转变，但"行动比语言更重要"。[①] 20 日，鲁哈尼在美国《华盛顿邮报》刊登的署名文章中表示，伊朗愿与西方国家就伊核、叙利亚等问题展开会谈，并支持叙各方对话。[②] 22 日，鲁哈尼敦促西方尊重伊朗的核权利。他说，西方国家在达成对伊核项目的任何协议时，都必须承认伊朗进行铀浓缩的权利。[③] 在 2013 年第 68 届联大发言中，奥巴马、鲁哈尼互递橄榄枝。奥巴马说，伊朗最高领袖已签发了禁止研制核武器的圣令，鲁哈尼总统近日重申伊朗绝不研制核武器……因此，协议亟待达成，美国会与德黑兰谈判。他强调，"我们不谋求政权更迭。我们尊重伊朗人民和平利用核能的权利。"[④] 鲁哈尼称，伊朗无意拥有核武，已做好准备参加有时间限制、注重结果的核会谈，不打算加剧同美国的紧张关系。[⑤] 27 日，美伊两国总统 34 年来首次通电话，双方表达了"迅速和平"解决伊核问题的政治愿望。[⑥] 此外，两国外长也进行了私下会晤。但要实现和解，尚需时日。奥巴马认为，双方这段艰难历史无法一夜之间翻过去，猜疑扎根太深了。[⑦] 鲁哈尼回避同奥巴马"历史性握手"，表明伊方尚未做好准备。鲁

[①]　美联社，2013 年 9 月 20 日。

[②]　哈桑·鲁哈尼（伊朗总统）：《为何伊朗寻求建设性接触》，美国《华盛顿邮报》，2013 年 9 月 20 日。

[③]　法新社德黑兰，2013 年 9 月 22 日。

[④]　《奥巴马向伊朗伸出橄榄枝》，英国《每日电讯报》网站，2013 年 9 月 24 日。

[⑤]　卡塔尔半岛电视台网站，2013 年 9 月 24 日。

[⑥]　埃菲社华盛顿，2013 年 9 月 27 日。

[⑦]　法新社联合国，2013 年 9 月 24 日。

哈尼表示，今后依然会有"破冰"的举动。[①] 28日，鲁哈尼回国时遭到"鞋袭"。大约60名强硬的伊斯兰教派人士高呼"美国去死"和"以色列去死"的口号。这表明人们对鲁哈尼同奥巴马通电话褒贬不一。[②] 10月5日，路透社迪拜报道，哈梅内伊当日表示，他支持鲁哈尼总统在联大作出的积极外交行动，但其中的一些事情并不妥当。他认为美国政府自视甚高，而且不遵守承诺，不值得信任。关于伊核日内瓦谈判，11月20日，哈梅内伊公开表示，伊朗有权拥有核计划，在这一点上不会做出任何让步。他还为伊朗谈判代表设定了红线。[③] 法国总统奥朗德对伊核协议提出四点要求：将伊朗所有核设施置于国际监督之下，中止提炼浓度为20%的浓缩铀，减少现有浓缩铀库存，停止建设阿拉克核电站。[④] 以色列重申反对同伊朗妥协。内塔尼亚胡总理称鲁哈尼是"披着人皮的狼"。他说："伊朗的梦想协议是世界的噩梦。"[⑤] 24日，经过艰苦努力和讨价还价，伊核谈判达成历史性初步协议，双方将在6个月的时间里建立互信，以敲定最终的长期协议。至此，伊核十年僵局开始破冰。初步协议内容包括，伊朗不得从事5%以上丰度的铀浓缩，停止阿拉克重水反应堆建设，允许更多核查，有关六国将不追加对伊新制裁并松绑部分现有制裁。[⑥] 西方外交官估计，该制

---

① 法新社联合国，2013年9月25日。

② 法新社德黑兰，2013年9月28日。

③ 英国广播公司网站，2013年11月20日。

④ 《法总统提对伊核协议"四点要求"》，《参考消息》，2013年11月19日。

⑤ 法新社德黑兰，2013年11月17日。

⑥ 《伊核十年僵局终破冰》，《北京日报》，2013年11月25日。

裁松绑在今后6个月内将为伊朗带来大约70亿美元实惠。[①] 与此同时，有助于伊朗缓和同美国与西方关系和摆脱国际孤立处境。但伊核问题的真正解决将是曲折而漫长的。11月26日，鲁哈尼总统公开表示，伊朗将继续铀浓缩。

受欧债危机和中东动乱影响，土耳其经济走低，国内生产总值下跌，民众不满情绪上升，曾一度上街游行，要求埃尔多安总理下台。这使土模式效应受到负面影响，难以在阿拉伯变革中发挥重要作用。在叙利亚问题上，土选边站，大反巴沙尔政权，积极支持和武装叙反对派，允许叙反对派"全国联盟"总部迁土，还同西方私下磋商在叙设立禁飞区。土、叙边界时有炮击，互相击落对方战机。土公开支持美国对叙动武，并愿为之打头阵。土政府此举，遭到了国内一些政治派别和民众的责难，迫其有所顾忌。

五、巴以重启和谈

7月29日，在美国大力推动下，巴勒斯坦和以色列打破三年僵局，重启和谈，争取9个月达成和平协议。这给中东和平进程带来一丝曙光，受到了国际社会的普遍好评。巴以重启和谈，不仅表明美、巴、以互有需要，各有借重，而且也再次确认美国在地区的老大地位、作用和影响。

首先，美国甚为执着，势在必得。2013年3月下旬奥巴马总统首次访问中东之后，克里"不辞辛劳"，连续七次穿梭巴

---

① 张全（解放日报记者）:《磨"核"十年始破冰，美伊各有盘算》，《解放日报》，2013年11月25日。

以。12月6日，他访问以巴后称，巴以和谈进入最佳期。其意在，一是继续主导地区事务。众所周知，中东问题的核心是巴勒斯坦问题，谁抓住该问题，谁就能掌控地区事务的主导权。目前，美国搞全球战略"再平衡"，加速战略重心东移步伐，已引起地区国家的疑虑和不满。美欲借此重申"绝不放弃中东"的决心和意志。9月24日，奥巴马在联大发言中指出，巴以和平进程已取得实质性突破。美将全力推动巴以双方开展对话，支持建立一个巴勒斯坦国。① 同日，他还与阿巴斯总统举行会谈，双方重申对中东和平进程的支持。二是缓解地区民众的反美情绪。近两年，中东变革风暴骤起，致使亲美强人纷纷落马。广大民众群情激昂，常拿巴勒斯坦问题说事，指责美国使用双重标准，一味偏袒以色列。美抓巴勒斯坦旗帜，可以改善地区形象，增加亲和力。三是孤立、打击伊朗及其支持的哈马斯，削弱其在该问题上的话语权。

其次，巴方认真对待，妥善处置。巴勒斯坦总统阿巴斯一贯坚持中东和平进程，急于将巴自治实体提升为独立国家，并为之孜孜以求，作出不懈努力。在联合国，他赢得了将巴观察员升至观察国的地位，增加了在国际上的话语权。在当前地区动乱不止、巴勒斯坦问题几乎被边缘化的形势下，他希望在任期间，通过同以复谈，力争取得一些实质性进展，为巴建国铺平道路。对巴来说，这是最好的选择，只能顶风前进。

另外，以色列更多考虑改善其在国际和地区的孤立处境。随着国际形势深刻变化和发展中国家的强势崛起，以色列对巴问题的顽固立场日益失道寡助，遭到了越来越多国家的不满和

---

① 刘莉、樊宇（新华社记者）：《奥巴马联大阐述中东政策》，《解放日报》，2013年9月25日。

谴责，甚至欧盟于19日公布，从2014年起，禁止欧盟成员国同设立在巴被占领土犹太人定居点上的以色列公司和机构进行合作或向其提供资金。值得提及的是，地区国家民众反以情绪强烈，使以孤立处境更是雪上加霜。在此背景下，以接受美斡旋，一可做到与美配合，体现"天然盟友"关系；二可对外改变一下对巴一贯持有的强硬立场，缓解国际压力；三可分化巴内部，坚持拉住巴解法塔赫，打击哈马斯，以便以小的代价换取最大利益。但在扩建定居点问题上，以方继续我行我素。10月30日，以宣布批准在东耶路撒冷建造1500套新住房，遭到了包括美国在内的有关各方的谴责，使之不得不有所顾忌。[①]

诚然，巴以和谈仍将面临诸多挑战，关键在于以色列能否审时度势，顺应时代潮流，做出实质性让步，同巴化干戈为玉帛；美国能否向以充分施压，使之做出"痛苦选择"。尽管如此，巴以民意普遍要求和为贵，谈比不谈好，谈起码有助于缓和双方的紧张关系。

六、俄美较量，俄略胜一筹

俄罗斯激情满怀，重返中东，欲再铸昔日辉煌，故加大对伊朗、叙利亚和埃及的工作力度。借鲁哈尼上台调整政策之际，俄主动加强同伊朗合作，特别是核能合作，将为伊建造的总装机容量1000兆瓦的布什尔核电站移交伊方，并允再担保两年，留下一批专家提供建议和技术援助。[②]对伊核问题，俄一

---

① 法新社耶路撒冷，2013年10月31日。
② 法新社德黑兰，2013年9月22日。

向支持伊和平利用核能的权利，主张通过外交途径予以解决，反对美西方对伊动武，或动辄以武力相威胁，并为11月24日伊核谈判达成初步协议作出了努力。最近，俄同伊又签署了多项军贸合同。俄全面发展同叙利亚关系。双方签署了大量的各领域的合作协议。对叙利亚危机，俄主张政治解决，反对外来军事干涉，曾在安理会三次使用否决权，打掉了西方国家向安理会提交的含有对叙动武内容的有关提案。针对叙化武事件，俄同美针锋相对，据理力争。对美方指责叙政府于8月21日使用化武杀害1300多人的言论，普京予以反驳，斥责为胡说八道。他明确表示，这是叙反对派干的坏事。在美调兵遣将、声言对叙动武之际，俄及时提出要叙交出化武由国际监督、销毁的倡议，赢得了联合国和国际社会的赞誉和支持，占据了国际道义制高点，打掉了美对叙动武的口实，使美却步，不再轻言对叙喊打。西方媒体认为，俄"重新回到了中东上座"。① 近来，俄罗斯同埃及关系骤然亲近，全面升级。11月14日，俄外长和防长同时访问开罗，与埃方商讨关系升级和签订军售协议事宜。② 与此同时，"瓦良格"号导弹巡洋舰造访亚历山大港。这是俄军舰20年来首次往访。对此，英国《独立报》网站报道称，局势让越来越多的人相信，埃及可能在设法脱离美国的轨道，或者至少是对这个长期盟友感到相当不满。③ 普京总统的外交政策顾问马尔科夫说，俄罗斯正重返阿拉伯世界，因为这是阿拉伯国家的要求。它们希望除了美国和沙特阿拉伯之外，

---

① 帕特里克·科伯恩：《伊拉克和阿富汗的战争使俄罗斯重新回到上座》，英国《独立报》网站，2013年9月15日。

② 美国《基督教科学箴言报》网站，2013年11月14日。

③ 英国《独立报》网站，2013年11月14日。

它们还可以有所依靠。①

美国今不如昔，掌控中东事务能力下降，处境日显被动，致使该地区烽火连天、动乱不已。一年来，美中东政策连连失误，多处碰壁，其中主要失误有三：

一是推行美式民主受挫。自中东变革以来，美急于将其"民主、自由"的普世价值观植入阿拉伯转型四国，意在促自由民主派上台，得以贯彻实施美民主发展道路。然而适得其反，造成伊斯兰势力崛起，诸如穆兄会、伊斯兰复兴运动等胜选、执政。美国只能接受现实。但埃及军方强行解除穆尔西民选总统职务，使美国处于两难境地，犹如将其放在火上烤。它对埃的外交斡旋惨遭失败，不仅遭到穆兄会的谴责，而且也遭到了埃军方的责难，里外不是人。此外，其他三国的民主也出了诸多问题。因此，美式民主在四国难以为继。

二是美成为利比亚和叙利亚动乱的祸首。美国推行新干涉主义，推翻卡扎菲政权，让反对派掌权，但政局失控，大量武器外流，民兵组织坐大，为所欲为，迄今利比亚仍处于无政府状态。在叙利亚问题上，美国犯了三大错误：其一，公然干涉叙内政，要巴沙尔总统下台。其二，在叙化武问题上，奥巴马为美实施对叙军事打击划"红线"。先是叫嚣对叙动武，后又接受"化武换和平"，这实属"无奈"之举。② 在该问题上，他开创了四个第一：作为美国总统，有权决定海外用兵，但他首次要求美国会授权；首次遭到国内多数民众的反对，全国多处爆发大规模的示威游行，反对对叙动武，强烈要求将钱花在解

---

① 美国《基督教科学箴言报》网站，2013年11月14日。

② 汤浅博（日本《产经新闻》东京特派员）：《奥巴马政府的软弱》，日本《产经新闻》，2013年9月25日。

决国内困难的经济、民生和就业等问题上；首次受到盟国的冷落，支持对叙动武者寥寥无几；首次实现"化武换和平"，开冷战以来国际社会阻止单边军事行动之先河。9月27日，联合国安理会一致通过旨在销毁叙利亚化武的2118号决议后，美国继续敲打叙当局。美国务卿克里警告说，如果叙利亚不遵守该决议将会受到惩罚。① 而俄罗斯外长拉夫罗夫则强调，不能根据决议自动对叙利亚实施制裁。② 其三，美支持叙反对派推翻现政权，导致该问题拖而未决。到头来，美国只能同意政治解决。

三是反恐失当，恐怖主义泛滥。美国在伊拉克、阿富汗、巴基斯坦大搞反恐，使用无人机打击恐怖分子，殃及无辜，引起公愤。更严重的是，三国恐怖势力大增，恶性恐怖事件频仍。如伊拉克，从2013年1月至10月，已造成伤亡约6000人。此外，恐怖活动进一步扩至也门、索马里、利比亚、阿尔及利亚、叙利亚甚至埃及。12月5日，也门"阿拉伯半岛基地组织"武装分子袭击了也门国防部大楼，造成伤亡120余人。③ 另据报道，来自基地组织的大批伊斯兰极端分子正集中在叙利亚同政府军交战。这已引起美西方的警觉。

另外，值得提及的是，美国的重要盟国，如以色列、沙特和埃及也公开表示了对美中东政策的不满。

---

① 法新社联合国，2013年9月28日。
② 美联社联合国，2013年9月28日。
③ 《也门国防部遇袭20人丧生》，《参考消息》，2013年12月6日。

埃及政治过渡趋势及其影响

吴思科①

2013年，埃及政局出现转折性变化。如何从宏观的、历史的、发展的视野审视埃及局势及其走向，成为当今世界关注的重要课题之一。

一、政治进程又轮回

2013年6月底，在埃及首任民选总统穆尔西执政一周年之际，一场巨大的政治风暴再度席卷埃及全国各地。上千万埃及民众走上开罗、亚历山大等各大城市的街头，要求穆尔西下台。这场反对穆尔西的民众浪潮，导致政坛再度发生翻天覆地的变化。埃及武装部队于7月3日宣布：暂停现行宪法；提前举行总统选举，最高宪法法院院长将在总统选举前代行总统职权；成立联合政府；成立专门委员会商讨修改宪法，并派部队控制要害部门。7月4日，最高宪法法院院长阿德利-曼苏尔宣誓就任临时总统，

① 作者系中国国际问题研究基金会名誉理事，中国中东问题特使。

穆尔西被软禁。7月9日，曼苏尔任命哈齐姆-贝卜拉维为总理，临时政府成立。对此，穆兄会和穆尔西表示强烈反对，指责军方的行为是"军事政变"，以捍卫"合法性"为旗帜号召其支持者走上街头，并占据一些广场和清真寺作为反抗军方和临时政府的据点。军方和临时政府在多次警告无效后动用武力清场，双方激烈对抗，导致人员大量伤亡，更加剧了军队与穆兄会之间的对立。随后，临时政府宣布取消穆兄会作为合法组织的存在，逮捕数百名穆兄会领导人，没收穆兄会管辖的一切财产，并在当初审判穆巴拉克的同一地点对穆尔西进行了审判。经历政局动荡、政权更迭后的埃及政治过渡进程又进入了一个新拐点。

要理解埃及为何会发生这样的大转折，还要简单回顾一下埃及半个多世纪的历史。在上个世纪中叶席卷亚非拉的民族民主解放运动中，埃及在西亚北非地区可谓独立潮头，成为阿拉伯世界的一面旗帜。自1952年推翻君主制建立共和国起，军人出身的强势总统纳赛尔成为阿拉伯世界的民族英雄和领袖人物，埃及也成为阿拉伯世界的领头羊。在很长一段时间，埃及是中东地区社会经济发展最稳定的国家之一。在政治上，纳赛尔建立的是一党制，取缔了一切反对党派。继任后的萨达特在1980年进行修宪，规定埃及的政治体制为多党制。同为军人背景的穆巴拉克在萨达特遇刺的危难之际，接任总统职务，在位30年，成为政治强人，甚至被称为"当代法老"。进入新世纪，特别是"9·11"之后，为因应美国和西方在地区推行民主化，穆巴拉克也在2005年进行了埃及第二次修宪，规定总统经全民普选产生。也就是在这一年，在埃及历史上年近八旬的穆巴拉克首次在有多名候选人参加的总统选举中赢得压倒性胜利，第五次当选总统。然而，不过短短几年之后，形势急转直下，一场"倒穆"运动滚滚而来。长期存在的政治经济和社会矛盾就像一堆干柴，一个火星就会引起熊熊烈火。

埃及国内的因素固然是主要因素，但地区因素也是引起这次阿拉伯世界动荡的重要原因。阿拉伯世界是中东地区的主体，在地区事务中理应发挥重大作用，但多年来阿拉伯国家的作用却呈下降之势。在阿拉伯民众所关心的核心问题——巴勒斯坦问题上，谋求和平解决的谈判进程长期停滞，巴勒斯坦人民处于困苦之中。在中东事务上居主导地位的美国长期偏袒以色列，而阿拉伯国家政府显得无能为力。"9·11"事件之后，美国对阿富汗和伊拉克两国发动战争，对伊斯兰世界进行打压，使阿拉伯民众感到极大的屈辱，对美产生了极大的愤懑之情。此外，近年来中东地区的非阿拉伯国家伊朗、土耳其地位上升，地区的力量对比发生着对阿不利的微妙变化。而伊朗自1979年伊斯兰革命以来一直公开与美叫板，美国的战略盟友土耳其近年来也逐步拉大与美的距离，推行东向政策，这更加大了阿拉伯民众对当权者过分依赖美国的不满。冷战结束，国际形势发生深刻变化，和平发展成为时代主题。经济全球化和科技革命带来全球新一轮发展高潮，一批发展中国家乘势而起，成为新兴经济体，国力增强，国际地位提高，国民生活得到改善。然而阿拉伯国家当年的精英们多执政数十年甚至谋求终身制，虽也想有所作为，但往往容易僵化，因而在全球化的浪潮中陷于被边缘化处境。

"要面包，要自由，要社会公正"，这是2011年1月在埃及解放广场上响起的口号。1月25日，以青年人为主体的数十万埃及民众走上首都开罗以及亚历山大、苏伊士等城市的街头举行抗议游行，要求总统穆巴拉克下台。2月11日，执政长达30年、曾经叱咤风云的穆巴拉克宣布辞去总统职务，把权力交给武装部队最高委员会。在短短18天的埃及民众反政府抗议声中，穆巴拉克黯然走下政治舞台。埃及，这个有着9000万人口的阿拉伯世界第一大国出现了历史性转折。

2012年5月和6月，埃及举行两轮总统选举，穆尔西以微弱优势胜出当选。同年6月，埃及军方向穆尔西移交权力，完成权力交接，穆尔西宣誓就职。他曾承诺做"全埃及总统"，但2012年穆尔西主持对宪法的修改使埃及更具宗教色彩，使宗教与世俗力量的对立日趋严重。2013年1月和5月，穆尔西先后两次改组内阁，更加剧了世俗力量反对派对穆尔西及穆兄会的不满，终于导致埃及爆发大规模游行示威，要求穆尔西下台。

二、变革转型成必然

埃及近三年的"革命"，打倒了"威权"，打破了社会僵化，但探索适合自己国情和文化传统的政治和发展道路却艰难曲折，也未能领悟真正民主的理念，在政治斗争中充满着零和博弈。埃及武装部队抓住世俗派民众对穆尔西的不满强势出手，废黜穆尔西成立临时过渡政府之后，提出实现政治过渡的"路线图"，即在6到9个月内完成修改宪法、进行议会和总统选举，从而恢复社会的正常秩序。紧接着成立了以前阿盟秘书长穆萨为主席的50人修宪委员会，克服各种阻力，终于在规定的3个月期限内通过最终修订版的新宪法草案。该草案提交临时总统后，将由临时总统组织在2014年1月进行全民公投。完成修宪是实现政治过渡"路线图"中的一个重要步骤，如何让政治进程重新回归宪法的轨道正考验着埃及各方的政治智慧。埃及各界对宪法草案总体反应积极，萨拉非派的光明党主席已公开号召该党成员对宪法草案投赞成票，认为草案是当前社会情况能达到的最好成果，此举在埃及各界颇有影响。然而不稳定因素还严重存在，比如穆兄会领导人仍被关押，穆兄会的支持者对公投持反对立场，并继续在一些大学组织抗议游行，与警察部队之间时有冲突。在西奈半岛等偏远地区，一些激进武装分子也不断暴力袭击军队哨所。尽管如此，临时政府和武装部队对推进政治过渡路线图的决心很坚定，也显示出较强的控制能力和信心。如何能改变埃及动荡局面、实现稳定，在各派力量间找到一个契合点，如何寻求变革和发展，成为各方关注的焦点。当前，埃及各派政治力量间需要的是一种政治上的智慧和包容。因此，政治包容是关键。

而对于肩负实现政治过渡重任的埃及临时政府而言，应当宽容对待包括支持穆兄会的派别等国内各政治派别，并积极开启包容性政治对话。埃及的未来只能由埃及人民决定，而埃及将通过政治对话解决危机，还是在持续动荡中渐行渐远，将考验着各方政治家的魄力与智慧。不容忽视的是，埃及军方在埃及有固有的影响力。军方承担社会责任在埃及有其历史渊源。1952年埃及革命成功以来，军方一直是埃及权力的主角。备受打压的穆兄会在草根阶层求得生存，在夹缝中寻求发展，与军队的恩恩怨怨世人皆知。穆尔西就任总统的一年间，埃及军方与他及其背后的穆兄会的政治博弈一直没有停歇。

转型变革之路是一个较长时期和充满矛盾和利益较量的过程，不是换一个总统或政府就能解决的。社会各派政治力量需在激烈的碰撞博弈过程中反思自己，理解和尊重社会的多样性，任何一种力量都不能凌驾于他人之上。伊斯兰力量作为埃及社会的重要组成部分，应学会平等参与，共同协商；其他政治力量也应给它磨合的机会，切不可"冤冤相报"。大家都应接受"和而不同"，在新的基础上通过相互妥协达成共识，使"街头政治"导致的流血不白流。

　　埃及局势巨变对近年来地区伊斯兰势力的崛起是一次重大挫折，表明多数民众希望走世俗化道路，伊斯兰势力提出回归伊斯兰化的主张不合时代潮流。实现埃及局势稳定需要各种力量达成某种妥协。目前各种力量还在释放各自的能量，需要一定时间，才能冷静下来，面对现实，用理智找到新的平衡点。笔者同伊斯兰政党精英接触中，深感他们在反思，认识到要以包容的心态与各种世俗力量合作，不能谋求独揽权力，而要共同推动社会进步。

　　埃及政局的变化表明，阿拉伯转型之路是长期、曲折、复杂的，出现反复也是意料中事。当前，埃及民众能否继续以和平方式处理所面临的严重困难，不懈推动埃及政治进程，成为决定今后局势走向的核心问题。

三、几点思考

（一）提振经济是基础

　　转型近三年来埃及低迷的经济形势，渐趋耗尽国家外汇储备、造成高达40%以上的失业率，2012至2013财年埃及贫困率达到26.3%。埃及民众厌倦了暴力、冲突和贫困，期盼新的政治和解路线图能得以实施。"执政为民"是民主政治的魂脉。埃及过渡政府在实施政治路线图的同时，也宣布制定了"经济发展路线图"，提出一些宏伟的发展规划。因此，实实在在地发展经济、积极有效地吸引投资和不断创造就业机会，将成为稳定埃及局势最为积极有效的措施。一是结合埃及发展实际重新审视农业经济在埃及经济发展中的重要作用和地位，大力发展农业经济，以此促进埃及整体的发展。二是埃及可以进行趋向更加公平的收入分配改革，让不同阶层的人从这项改革中受益，使发展惠及全体埃及人民，促进实现社会稳定和经济发展。国际社会则应对埃及谋稳定、促发展的努力提供正面帮助。埃及经济重建离不开国际社会的帮助。自埃及军方提出政治过渡路线图以来，沙特等部分海湾国家迅速力挺，慷慨支助。12月初，埃及与海湾国家在开罗举办投资论坛，埃及临时政府总理和多名部长出席造势，并宣布埃及在实施政治路线图的同时也在制定经济发展路线图，提出吸引投资的宏伟规划。

（二）国际社会应助力埃及促稳定

当前，身处"漩涡"的埃及何去何从，将对整个地区有着深刻影响。其政局突变在阿拉伯世界有重大外溢影响，突尼斯反应尤其明显，也出现新一轮政局动荡。9月，笔者访问突尼斯和摩洛哥时，都感受到埃及变局对伊斯兰势力的震撼性影响。他们在反思如何适应社会的发展及与各政治力量的合作共处。国际社会应正确看待埃及局势和人民的基本意愿，并尊重埃及人民的选择，全方位劝和促谈而不是火上浇油。埃及各方应以实际行动，实实在在地摒弃前嫌，建立基本互信，实现包容和解，开启政治对话。伊拉克、阿富汗、利比亚、叙利亚一个个前车之鉴值得人们深思。不管打着"保护的责任"等什么旗号的外来干涉，都只会加剧动荡，加剧该国人民的苦难，也造成地区的灾难。这是当今国际社会要认真总结和吸取的深刻教训。

（三）中埃合作稳固发展

埃及人民根据自己的国情探寻适合本国发展的道路，中国对此表示充分尊重和坚决支持。中国相信埃及人民有智慧、有能力根据自己的意愿做出恰当的选择。此外，中国积极推动埃及社会实现包容、和解、稳定和发展，并对此提供力所能及的帮助。12月中旬，中国热情接待埃及外长法赫米正式访华，双方就新形势下进一步发展友好合作关系进行了深入探讨并达成很多共识。中国明确表示支持和鼓励中国企业继续关注和参与埃及建设。中埃两国间不仅政治交流较为频繁，在经济、能源、科技、文化等各个领域的合作也在不断深化。2013年，中埃贸易量较2012年相比有明显增长，埃及对中国的出口贸易额占本国出口总额的比重也不断增加。

中国一直重视埃及在地区事务中的地位和作用，在该地区最早与埃及建立战略合作关系。作为联合国常任理事国和负责的大国，中国积极参与中东事务，坚持和平共处五项原则，坚持根据事情本身的是非曲直自主决定立场和政策，积极倡导平等互信、包容互鉴、合作共赢，始终把发展同埃及等阿拉伯国家的友好合作置于中国外交的重要地位。中国的主张和作用日益为各方理解和重视，成为发展双方关系的重要政治基础。

中国改革开放35年来，既把握机遇发展自己，又以自身的发展更好地维护世界和平、促进共同发展，正所谓兴衰相伴、安危与共。中国与埃及等阿拉伯国家有着稳固扎实的发展基础。和平、稳定与发展符合双方人民的共同利益。全面深化改革开放是新的时代条件下中国进行的新的伟大革命，是当代中国最鲜明的特色，也为中埃和中阿合作增添活力。

埃及的变革打破了多年来的僵化模式，正在实现埃及社会新的进步。通过这段时间的调整和变革，埃及能够走向稳定，带来社会和经济发展的活力，探索出一条适合自己的发展道路，在经历风雨之后迎来彩虹。自主、稳定、和平、发展、繁荣，这既是埃及民众对自己国家未来的期望，也将是具有古老文明的埃及在新时期为人类做出的新贡献。

2013年叙利亚局势

王昌义[①]

2013年，叙利亚动荡进一步加剧，成为中东地区乱局的中心。叙利亚不仅是政府军同反政府武装、也是不同政治势力同教派武装之间的厮杀战场，还是大国、特别是美国同俄罗斯之间激烈博弈的舞台。

一、战场较量不分上下

叙利亚武装冲突已进入第三个年头，战火越烧越旺，战场越打越大。战场形势呈现如下特点：

（一）敌对双方互有攻守，未分胜负，总体还是僵持局面

政府军虽然有伤亡，但在人数和装备上仍超过反对派武装。新建"叙利亚国防军"，约5万人，可能扩大到10万人。

---

① 作者系中国国际问题研究基金会名誉理事，中国外交部前部长助理，前驻以色列大使。

反对派武装发展较快，现已达10万人左右，但它们的装备多为轻武器，特别是派别众多，分歧严重，不仅不能协调一致对抗政府军，还互争地盘，发生内斗。9月26日，13个反对派团体脱离"叙利亚反对派和革命力量全国联盟"（简称"全国联盟"），倒向"基地"组织，呼吁以伊斯兰教法团结各派力量。这些因素严重地削弱了美国等西方大国对其军事支持力度。3月12日，美国司法部长霍尔德表示，美国拒绝向叙利亚反对派提供武器，因为"基地"组织成员在叙利亚"自由军"中占多数。目前，政府军基本能控制一些大中城市，反对派武装主要活动于西北沙漠和南部农村，没有同政府军进行持久阵地战的能力，没有稳定的根据地，也没有占领一个大城市作为反叛中心。

（二）反政府武装中，"基地"组织势力扩大，影响上升

据英国和俄罗斯媒体报道，叙反对派武装中约1万人是同"基地"组织有关的圣战分子，有3万至3.5万人是极端伊斯兰分子，其中部分人员来自利比亚、突尼斯、沙特、黎巴嫩、伊拉克、埃及、巴勒斯坦及车臣等地。4月10日，战斗力较强的"救国阵线"组织头目焦兰尼宣布效忠"基地"组织首领扎瓦希里。4月9日，伊拉克"基地"组织分支"伊拉克伊斯兰国"领导人巴格达迪宣布与"救国阵线"合并，成立"伊拉克和黎凡特伊斯兰国"，并将一半资金用于反巴沙尔政权的活动。这些反政府武装组织不仅在明处同政府军作战，还制造爆炸、袭击等恐怖活动，造成重大人员伤亡。巴沙尔总统官邸和哈勒吉总理的车队也曾遭袭。3月21日，在大马士革市中心的一座清真寺自杀袭击中，亲巴沙尔政权的逊尼派宗教领袖布提被炸身亡。

（三）外部因素越来越深地影响叙利亚冲突

俄罗斯一直支持叙政府，不仅给予政治、道义上的支持，还继续提供军火、装备，包括反舰导弹。俄政府一再表示，两国政府过去签署的有关合同仍将执行，强调俄同一个主权国家的军贸往来是正常的，并不违反国际法。伊朗和黎巴嫩真主党也加强了对叙政府的支援。伊朗向叙军队派遣军事教官，输送军事装备。英国媒体曾报道，伊朗还派有1500名军人，但遭伊朗否认。西方也指责伊拉克允许伊朗飞机过境，运军火至叙利亚。7月13日，伊拉克外长兹巴里坦言，伊"既没有警戒措施，也没有空中防御和战机来阻止武器运输"。伊朗还提供40亿美元贷款，用于叙进口石油和日用品。真主党已派武装同叙政府军并肩作战。6月5日，叙政府军在真主党武装的协助下，攻克被反政府武装占领一年多的战略重镇古赛尔。

对叙利亚反对派来说，西方大国以及沙特、卡塔尔和土耳其等继续从各方面给予支持。

政治方面，进一步扩大反对派的国际影响，孤立叙政府，坚持将"全国联盟"作为叙人民的"唯一合法代表"。5月15日，联合国大会通过由卡塔尔等起草、西方支持的决议，谴责叙政府的暴力行为，将"全国联盟"作为叙未来政府政治过渡所需的"有效对话代表"。3月26日，"全国联盟"领导人哈提卜首次参加在卡塔尔举行的阿盟峰会，并在卡塔尔设立了第一个"大使馆"。6月1日，英国还向安理会提交一项声明，谴责叙政府军攻打古赛尔镇，遭到俄罗斯的否决。

军事方面，加大对反对派的援助力度。美国多次增加对防御性装备和人道主义项目的援助，总额达10亿美元以上。6月中，奥巴马第一次批准向叙反对派提供武器。此前，中情局已在约旦秘密训练叙反对派人员。欧盟2月底决定允许成员国向叙反对派提供非致命性军事装备和技术支援。5月27日，欧盟又决定在8月1日以后各成员国可不受对叙反对派提供武器的限制，自行决定是否向叙反对派提供武器。3月26日，阿盟领导人峰会也决定，各成员国可向叙反政府武装提供军事援助。沙特、卡塔尔等地区国家已提供武器。

组织方面，继2012年敦促反对派成立统一的"全国联盟"后，又力逼其组建过渡政府，管理反对派势力控制的地区。3月，美籍叙利亚商人希托曾被选为"总理"，但并未得到一些反对派成员、特别是"自由军"的认可，一直未能组阁，被迫于7月辞职。9月，"全国联盟"又选举律师图迈为新"总理"。由于内部分歧，政府尚未正式组成。

舆论方面，通过各种媒体，夸大、歪曲、捏造或隐瞒事实，偏袒反对派，妖魔化叙政权，掩饰干预叙内政的真正意图。比如，罔顾叙反对派制造暴力恐怖，甚至生啖人体脏器的残暴行径，将流血冲突、导致大量平民伤亡的责任单纯归咎于叙政府，以便为其支持反对派的立场贴金。

二、政治解决交锋激烈

2012年6月30日，第一次日内瓦会议曾就叙利亚"政治过渡"达成原则协议，但美国等西方国家并未遵守，坚持支持反对派、打压叙政府的立场。2013年，随着危机持续发酵，负面效应愈益显现，政治解决危机的呼声更加高涨，成为国际社会的基本共识。美国也更多谈论政治解决的可能性。美国的主要考虑是：1.局势进一步动荡，"基地"组织及伊斯兰极端势力的影响扩大，将损害美国在中东的利益及以色列等地区盟友的安全。2.俄罗斯、中国反对对叙动武的态度坚决，一再遏阻西方大国利用安理会合法名义的图谋。3.反对派成分复杂，又不成气候，既不能很快推翻叙政权，也难以在后巴沙尔时代控制混乱局面。4.美国受国内政治、经济诸多麻烦的牵制，同时吸取伊拉克、利比亚战争教训，知道单靠武力不能解决问题。

2月，克里就任美国国务卿后，同俄方就政治解决叙利亚危机问题加强了互动，美俄双方都希望尽快结束叙利亚冲突，避免局势更大动荡，都不愿"基地"组织等恐怖势力扩大影响，都争取危机得以政治解决。但是，双方也存在原则分歧，在如何落实2012年日内瓦共识问题上展开了激烈斗争。斗争的焦点是巴沙尔在叙利亚未来政权中的去留问题。美国不再将排除巴沙尔作为召开第二次日内瓦和会的先决条件。3月14日，克里曾说希望看到"巴沙尔和叙反对派为建立过渡政府坐到对话桌上来"。但是，美国坚持巴沙尔必须下台，在叙未来过渡政权中没有其地位。俄罗斯则主张巴沙尔的命运应由叙人民决定，并非会议讨论和决定的问题。美俄双方经过双边交谈以及在2月慕尼黑安全会议、6月八国集团首脑会议、9月圣彼得堡20国领导人峰会等多边场合，就上述问题进行了交锋，分歧仍无法弥合。

叙利亚冲突双方对召开和解会议的态度也很复杂。叙政府原则同意参加会议，但坚决反对讨论巴沙尔问题。巴本人多次强调将继续留任，认为"辞职就是逃跑"，个人命运应由叙人民决定。反对派的意见很不一致，国内反对派多主张对话，较有影响的"叙全国民主变革力量民族协调机构"负责人阿齐姆表示对召开会议没有先决条件，呼吁各反对派以统一代表团身份与会。国外反对派声明将有条件地参加日内瓦会议，据报道，其条件包括巴沙尔下台、"国际保证"等。各方在谁代表反对派出席会议的问题上也存在分歧。西方大国和一些地区国家认为"全国联盟"是反对派的主体。俄罗斯主张除恐怖武装组织外，国内外的反对派都应有代表与会。伊朗是否需出席会议，俄罗斯考虑到伊朗在地区的影响以及同叙利亚政府的关系，主张伊朗应出席会议。美国认为，如果伊朗承诺遵守第一次日内瓦会议共识，可以出席会议。伊朗表示，如受邀，将在不设先决条件的情况下出席会议。而叙反对派则反对伊朗与会。

上述分歧、特别是巴沙尔问题反映了有关各方对叙利亚未来的深层次考虑。关于巴沙尔个人的去留，不是问题的实质。美国和部分地区国家以"倒巴"为既定目标，为此可以不择手段。俄罗斯并不介意巴沙尔个人的去留。2012年12月4日，普京就明确表示："我们不是叙利亚现政权的保护者……我们关注的是叙利亚的未来。"2013年1月27日，梅德韦杰夫总理公开表示，巴沙尔继续执政的可能性变得越来越小。俄方其他高官说得更明白。早在2012年6月5日，俄副外长加季洛夫就说过，"俄从未说过叙政治对话进程的结果是让巴沙尔执政。"7月22日，俄驻法大使奥尔洛夫进一步对记者表示，"我认为他会离开，他本人也明白这一点，但必须以'文明'的方式进行。"可见俄方并不反对巴沙尔离职，但应由叙人民自主决定，并选择适当的时机和方式，不应由外力强迫他下台。更重要的是有关各方都着眼于后巴沙尔时代，着眼于在叙未来政权中如何划分权力和谋划主导地位。

三、化武风波带来共赢

叙利亚是中东地区生产和储存化学武器最多的国家。冲突双方是否会使用化学武器，成为国际社会关注的问题。美国对此更为在意。2012年8月20日，奥巴马公开表示，如果叙利亚使用化武，"会改变我的考量"。这是一条红线。美国的意图明显，如果发生那样的事，美国将军事介入。叙反对派对此心领神会，故2013年年初以来，一再扬言叙政府使用了化武，以促使美国军事介入。但美国认为"证据不足"，没有发难。

8月21日，叙利亚反对派再次声称，政府军在大马士革近郊使用化武袭击，导致1300人死亡，呼吁国际社会干预。美、英、法三国立即要求安理会召开紧急会议，讨论此事。同时，俄罗斯和美国要求联合国进行客观调查。同月24日，叙政府同意联合国小组来叙调查，26日，调查小组开始实地调查。

但在开始调查的同一天，美国国务卿克里却迫不及待地表示，使用化武的说法真实可信，"不可原谅"；指责叙政府企图销毁相关证据。美国所谓的真实可信，是基于情报人员的"监听"内容和一些东拼西凑的图像资料。不少专家和媒体提出很多质疑。说化武袭击是政府军所为，但政府军在战场连连取胜，无此必要。而且政府为何事后又同意联合国调查，无此逻辑。再有，死者全为妇女、儿童，为何没有一名反对派武装分子？说反对派没有使用化武的能力，但1月1日，叙"自由军"政治顾问达德曾对媒体说过，该组织已具备使用化武的能力，威胁将对政府军使用化武。说"已公开一些视频片段"，但大多是网络素材，缺乏地理坐标、名称和现场样品。总之，人们对伊拉克战争前的"造假"记忆犹新，很难相信美国这次所说的证据。

8月25日，美国国防部长哈格尔也扬言，奥巴马已经下令国防部，"就一切紧急事态作各种准备"。27日，美国五艘导弹驱逐舰进入叙利亚附近海域。美国媒体还援引"政府官员"的谈话说，计划最早29日小范围地以"战斧"导弹打击叙利亚三天。媒体还就打击目标、方式和规模等话题大肆炒作。一时间，战争阴云密布，似乎万事俱备，只等奥巴马一声令下。而奥巴马却犹豫不决。8月28日，奥巴马公开指认叙政府使用化武，说美方将对叙利亚发动有限军事行动，但又表示还没有作出决定。31日，奥巴马再次讲话，宣布将对叙利亚发起军事打击，择机下令实行，但又表示将寻求国会授权。然而，国会正处于休会期，9月9日才复会。这样，军事行动就从"一触即发"，变成"引而不发"。

奥巴马的表现显示出自身底气不足，主要因为：

1. 美国民众普遍厌战，大多反对动武。8月下旬以来，多次民调表明，多数民众反对军事介入叙利亚。直至9月6日，据权威的盖洛甫调查机构民调，仅有36%的民众支持动武，51%的民众反对动武。国会也有相当多的议员持反对态度。特别在共和党占多数的众院，不少议员不仅质疑动武决定，还质疑奥巴马对叙利亚的总体战略。

2. 盟友很不给力。英国过去紧跟美国，这次议会否决了卡梅伦首相提出的军事干预的动议。法国态度积极，但有心无力，只表示"将与美国一道"采取行动。德国、意大利和西班牙等态度消极。

3. 俄罗斯、中国等众多国家坚决反对动武。8月25日至27日，俄罗斯5次警告美国和其他西方国家不要犯"悲剧性错误"，任何未经联合国授权的军事行动都违反国际法。8月底至9月初，普京又多次讲话，强调军事干预将破坏国际安全，对叙单边动武"只能被定义为侵略"；表示如叙遭军事打击，俄将继续提供武器。为了造势，俄罗斯还派出8艘军舰在地中海活动。中国坚决反对对叙采取军事行动。中国国家主席习近平在出席20国集团峰会期间会见奥巴马时，强调政治解决是唯一正确出路，动武无法从根本上解决问题，希望三思而后行。王毅外长同有关国家外长会面或通话，敦促政治解决危机。

联合国秘书长潘基文也表示，任何军事干预需取得安理会的支持。

在内外受制的情况下，奥巴马骑虎难下：不作为，有失美国和他本人的颜面；有所作为，又担心前景莫测。思量再三，既然得不到安理会的合法授权，只好寻求国会授权，以便共担责任，共渡险滩。

美俄双方在唇枪舌剑的同时，私下也就如何结束这场风波，频频磋商。据9月10日《今日美国报》引内幕消息，8月21日以来，美俄两国外长曾交谈过9次。9月9日，俄外长拉夫罗夫正式建议，希望叙利亚政府交出化学武器，在国际监督下逐步销毁，并加入《禁止化学武器公约》，以避免军事打击。俄方建议无疑给进退两难的奥巴马一个体面台阶。奥巴马本不愿发动战争，正好就坡下驴，在俄方提出建议的当日，立即表示建议是"潜在的积极进展"，可能为危机带来"重大突破"。同日，克里也表示，如叙政府一周内移交所有化武，美可能取消打击计划。10月16日，叙利亚外长穆阿利姆表示，叙欢迎俄建议，同意加入《禁止化学武器公约》。

9月12日，美俄外长在日内瓦会晤，讨论俄方提出的销毁叙化学武器的框架协议，并于14日达成共识。根据协议，叙应在一周内提交有关其化武的明细表，包括名称、类型、数量及储存、制造、研发设施的所在地，联合国核查人员需在11月前赴叙。最终目标是在2014年年中前，全部销毁或转移出境。美俄将同禁止化武组织商定销毁的时间表，并将推动通过一项安理会决议。9月27日，安理会五个常任理事国经过多次磋商，最后由五国外长敲定决议内容。安理会第2118号决议得以通过。

在美俄日内瓦磋商和安理会五个常任理事国谈判过程中，有过激烈的争议。最大的问题是冲突一方如果违反协议怎么办。美国坚持只能由巴沙尔政权承担责任，根据联合国宪章第七条，对其进行惩罚。俄罗斯主张，破坏协议的责任应扩大到反对派身上，坚决反对任何制裁措施自动生效。中国也反对决议含有自动动武的内容。最后通过的决议否定了"自动动武"的内容，代之以"动武需得到授权"。

安理会通过的决议具有重要意义。这是叙利亚危机爆发以来，安理会第一次就危机通过决议，也是冷战结束以来美国的单边军事行动第一次被成功阻止。它避免了一场重大的地区军事冲突，避免了更多平民的伤亡，为政治解决叙危机提供了新的机遇；同时，也有助于恢复安理会的团结，增强联合国在解决地区争端中的积极作用。

叙利亚化武风波的戏剧性变化，给美、俄、叙三国政府带来共赢结局。对美国来说，奥巴马正处于和战两难的困境，如今不战而使叙销毁化武，可宣传其军事压力已奏效，给国内外舆论一个交代。对叙利亚而言，一来化武已构不成对对手的威胁，不仅不是"保命符"，反而成为授人以柄的"紧箍咒"；二来如受美打击，将招致重大损失，减弱对反对派的战斗力；三来使国际组织及有关方面今后一段时期必须同自己打交道，赢得了对反对派斗争的时间和主动权。俄罗斯更是得分较多，化解了一场战争危机，实现了政治解决冲突的主张，增强了同美国在叙利亚乃至地区事务中的角力地位，扩大了在中东地区的影响力，规避了一旦局势失控、化武外流至恐怖分子手中的风险，因此赢得了国际社会的不少溢美评论。

美俄协议和安理会决议引起叙利亚冲突双方的不同反应。

叙利亚政府表示欢迎和遵守。9月12日，叙申请加入《禁止化学武器公约》，并于10月14日正式加入该公约。10月1日，国际化武核查人员赴叙，开始销毁工作。10月31日，国际禁止化武组织宣布，核查人员已对叙申报的1000多吨化武和制剂进行封存，并销毁所有化武生产设施，提前一天完成规定的任务。该组织"对此感到满意"。10月7日，美国国务卿克里对记者表示，"销毁过程已经按照规定时间启动。""巴沙尔政权值得赞扬。这是个良好的开始。"而叙反对派成为这场风波的输家。叙主要反对派组织及支持它们的部分地区国家对决议表示强烈不满。9月14日，"叙自由军"领导人伊德里斯在土耳其声明"无法接受"美俄协议，"将继续抗争，直到叙政权垮台"。10月18日，沙特外交部发表声明，拒绝接受安理会非常任理事国席位，原因之一是安理会在叙利亚问题上"不作为"。

化武销毁工作的初始阶段进展顺利，但完成今后的任务还存在不少不确定因素。政治上，美俄和叙政府估计会相互配合，以便能按时实现既定目标。但"全国联盟"等反对派组织态度消极，可能从中捣乱。安全上，叙境内战火未停，"基地"组织和其他反对派武装不时制造事端。核查工作人员和化武本身的安全能否得到保障，并无把握。具体操作和资金来源也还未完全落实。

四、结束语和展望

（一）叙利亚危机给叙国内安全和周边稳定带来的负面效应进一步扩大。受内战和外部制裁的影响，叙国内安全局势每况愈下，经济不断恶化，民众生活更加艰难。许多人离乡背井，躲避战火。11月25日，联合国秘书长潘基文宣布，叙冲突发生以来，超过10万人丧生，约900万人流离失所。

周边国家的稳定日益受到牵连，黎巴嫩首当其冲。黎境内支持叙政府的阿拉维派和什叶派民众同支持叙反对派的逊尼派穆斯林多次发生冲突，造成200多人伤亡。11月19日，伊朗驻黎使馆周围发生两次针对伊朗和真主党的炸弹袭击事件，造成20多人死亡，近300人受伤。使馆文化参赞被炸伤。"基地"分支阿扎姆旅认领袭击。6月，叙反对派武装还首次在黎境内同真主党武装交火。

此外，叙土（耳其）、叙约（旦）和叙以（色列）边境也不平静。200多万叙难民涌入土、黎、约，带来了严重的人道主义问题，增加了当地社会的不稳定。

（二）叙利亚冲突各方及其支持者之间的博弈将持续发力，都会通过武装斗争和政治谈判两手，来维持或夺取对叙未来事务的主导权。战场和谈判桌上的斗争更为紧密和互动。战场僵持局面还将继续，谁也无力在短期内打垮对方。目前在战场上有多股力量：政府军，西方和部分地区国家支持的"全国联盟"武装，"基地"组织和其他伊斯兰极端势力。这些伊斯兰派别很分散。11月22日，又有7个伊斯兰派别组成"叙利亚伊斯兰阵线"，受沙特等资助。"全国联盟"和其他反对派武装具有推翻巴沙尔政权的共同目标，但它们之间的矛盾也难以调和，甚至有时兵戎相见，有可能形成多足鼎立的态势。这将增加叙危机的复杂性和解决的难度。

危机发展表明，由于多方面的因素，巴沙尔政权具有相当的抗压、抗暴能力。巴沙尔如不发生意外，比如遭遇恐怖袭击，应能坚持到2014年7月任期结束。

（三）2014年将是政治解决能否取得突破的关键一年。政治斗争将围绕举行第二次日内瓦会议而展开。据联合国方面宣布，会议定于2014年1月22日举行。俄罗斯是叙政府的最重要支持者，美国是叙反对派的最大期待者。政治解决方案能否达成，在很大程度上取决于美俄双方能否取得共识，也即是在巴沙尔去留引发的问题上找到各方都基本接受的解决方案。在这方面，如何争取沙特、伊朗等地区国家的配合和合作，也很重要。或许7月巴沙尔任期届满，以及6月叙化武最终销毁可以提供重要契机，迎来叙局势发展的拐点。

（四）销毁化武工作正在进行，较大的可能是如期或基本如期完成目标，这将有利于叙危机的政治解决。但也不排除反对势力，其中包括恐怖极端分子从中阻挠，以拖延政治解决的进程。

（五）如实现政治解决危机，可使叙获得疗伤生息的机会。但有关各方争夺权力和影响力的斗争并未结束，将进入新的较量阶段。局势有可能出现反复。更有甚者，"基地"组织和其他极端势力不会认可任何政治解决方案，将不断挑起事端，制造动荡。

（六）如2014年叙利亚危机不能实现政治解决，武装冲突持续扩大，多方"占地称王"的局面正式形成，叙国家统一和领土完整将受到严重破坏，并将进一步祸及周边国家。这将出现最糟糕的前景。3月18日，德国前外长菲舍尔曾撰文提到，中东"当前最大的威胁是叙利亚内战传达出的国家解体概念，它不仅有可能传播到伊拉克，还有可能传播到黎巴嫩和约旦"。因此，"中东有可能成为21世纪的巴尔干"。

鲁哈尼执政后，
伊朗内外政策和美伊关系的走向

李国富①

　　2013年伊朗政局最引人注目的变化是：在6月大选中，温和派人物鲁哈尼出人意料地击败所有保守强硬派竞选对手，当选伊朗第11届新总统。为兑现大选承诺，摆脱伊朗目前面临的内外困境，鲁哈尼一上台便大刀阔斧地对伊朗内政、尤其是外交政策进行了重大调整。在短短三个多月里，鲁哈尼"新政"已初见成效：对内，稳步推进政治"变革"，营造"宽容"社会氛围，使国内各政治派系的尖锐矛盾有所缓解。对外，缓解伊朗与美欧和地区国家的紧张关系；打破了伊核问题长期僵局，美欧同意部分解除对伊制裁。鲁哈尼"新政"能使美伊关系走多远目前还难以预料，但作为地区大国，伊朗内政外交的重大调整不仅仅会对伊朗国内政治、伊朗与美国关系以及伊核问题谈判产生重大影响，而且还会对地区间长期形成的竞争关系和地缘政治互动形成巨大的冲击。

---

①　作者系中国国际问题研究所研究员。

一、伊朗民众渴望"变革"成就了鲁哈尼

6月14日，伊朗举行第11届总统大选，鲁哈尼在首轮以50.7%的得票，当选为伊朗新总统。这再次表明该大选有其不可测性。大选之初，人们普遍认为，这次大选只是伊朗传统强硬派（"原则主义派"）[①]代表人物之间的争夺。2009年伊朗大选动乱后，改革派的"绿色运动"力量遭到政府严厉镇压，其代表人物穆萨维和卡鲁比被软禁至今；因支持改革派，以拉夫桑贾尼为首的温和（务实）保守派势力受到挤压，被边缘化。在把改革派和务实派挤出政治中心后，伊朗统治集团内部争权夺利的斗争主要体现为以总统内贾德为代表的新强硬派与传统强硬派之间，尤其是内贾德与伊朗最高领导人哈梅内伊的矛盾公开化，双方的斗争日趋激烈，其结果是总统内贾德被架空。2011年3月，议会选举，传统强硬派大获全胜，使伊朗政坛形成了少见的一派"独大"格局。

鲁哈尼在大选中脱颖而出的原因固然很多，但最主要的还是广大民众普遍对现状不满，渴望"变革"。在过去4年里，伊朗经历了严峻的内忧外患。统治集团内部争权夺利趋于白热化，国内各种社会矛盾日益尖锐。美西方越来越严厉的经济制裁导致伊朗经济状况急剧恶化。2012年伊朗石油出口减少了45%，石油收入锐减；货币贬值80%，导致物价飞涨，大量中小企业被迫停工、停产，失业率高达13%之多，平民百姓的生

[①]　在伊朗的政治中，"原则主义派"通常是指那些声称坚决捍卫伊玛目霍梅尼伊斯兰革命原则的政治势力。——作者

活越来越困难，对政府政策不满的情绪日增。争取改变现状、改善民生已成为广大民众普遍诉求。人们将选票投给改革派和温和派唯一代表鲁哈尼，就等于投给了变革。因此，鲁哈尼当选虽出乎人们意料，但也在情理之中。

大选的结果使伊朗政坛各派政治力量格局发生重大变化。鲁哈尼和支持他的温和派和改革派力量成为这次大选的最大赢家。通过大选，以拉夫桑贾尼为首的温和派力量从逐步被边缘化的困境，又重返伊朗政治中心。作为温和派大选"盟友"，改革派的政治地位也得到提高。伊朗民众支持鲁哈尼的"变革"，实际上是对内贾德政府推行的内外政策的否定，在某种程度上也是间接地批评哈梅内伊某些做法，使其处境多少有点儿尴尬。但从实际效果来说，哈梅内伊也是大选的赢家。大选实现了预定的两个主要目标：其一，政权的平稳过渡和高投票率。大选整个过程可以说是"公正、自由"的，连对伊朗百般挑剔的西方国家也不得不承认，这次大选结果代表了伊朗人民的意愿；其次，据伊朗民政部统计，有73%的伊朗选民参加了投票，如此高的投票率不仅大大地提升了伊朗新政权的"合法性"，更重要的是这次大选向世人展现了伊朗体制的"伸缩性"：伊朗民众可以在现行体制内，通过选票将内贾德的强硬政府改变为鲁哈尼的"温和政府"。

鲁哈尼可能并不是哈梅内伊对内贾德之后下一任伊朗总统的首选人物，但绝对是伊朗当前最需要的人选。鲁哈尼早期是伊朗伊玛目霍梅尼的积极追随者，伊斯兰革命胜利后曾在各个部门担任要职，不仅有丰富的从政经验，更重要的是还有广泛的人脉关系。鲁哈尼与拉夫桑贾尼和改革派前总统哈塔米关系密切，也深得哈梅内伊信任，是领袖在国家最高安全委员会的二人代表之一，同时还与其他主要政治派别的领袖人物，如传统强硬保守派代表人物、议长拉里贾尼家族交往密切。作为竞选人中的唯一毛拉，鲁哈尼深得伊朗宗教集团的支持。大选统计结果表明，在伊朗宗教圣地库姆选区，鲁哈尼的得票率是所有参选人中最高的。因此，他的当选对缓解统治集团内部的斗争，恢复伊朗左、中、右各种政治派别力量对比的平衡和争取摆脱目前内外困境都可以发挥积极的作用。鲁哈尼当选后，领袖哈梅内伊罕见地在第一时间向他表示祝贺，其他竞选对手也纷纷地向他表示祝福。因此，从一定意义上说，伊朗人民应是这次大选最大的赢家。

二、鲁哈尼对内政策调整

近几年，内贾德强硬政策和"武断"风格不仅加剧了伊朗政治派系的斗争，造成社会分化，也使伊朗行政与议会和司法矛盾日趋尖锐，因此，作为开创新局面的第一步，鲁哈尼首先努力缓解国内各政治派别争权夺利的紧张关系，淡化各个政治派别在大选中的因素。他多次强调，他并不是某一特定政治派别的总统，而是全体伊朗人民的总统。为避免重蹈以往新政府深深打上某一政治派别烙印的老路，鲁哈尼组阁时特别注意任用各政治派别人物，使新政府充满着"智慧和希望"。其次，密切政府与议会的关系。上届政府与议会关系是"水火不容，相互掣肘"。总统内贾德与议长拉里贾尼甚至公开在议会吵架，竞相揭短，严重地影响了政府和议会的正常运行。因此，鲁哈尼当选后即拜会议长拉里贾尼，寻求支持。拉反应积极，表示将会努力加强议会与政府的合作。府会关系的改善使鲁哈尼政府阁员顺利通过了议会的审议。鲁哈尼政府与议会、司法机构的和谐成为他执政百日的亮点之一。其三，增加执政的透明度。为改变内贾德政府"武断、专横"形象，鲁哈尼通过电视定期向民众介绍政府工作情况。这既可增加政府工作的透明度，争取更多民众的支持，也可相应抑制反对派对其新政的反对。其四，吸取哈塔米执政期间推行"改革"的经验和教训，依据伊朗目前的政治环境，在"法制、社会公正、不走极端和适度宽容"理念的指导下，稳步推进伊朗政治领域的"变革"，试图营造一个较为"和谐、宽松"的政治氛围，如适度放宽对意识形态领域的监控，允许民众享有相对的新闻、言论和行动自由，减少对民众私人生活领域的干预等。9月，鲁哈尼参加联大之前，释放了80多名在押政治犯。但鲁哈尼能否尽早解除对改革派领袖穆萨维和卡鲁比的监禁已成为他在处理国内政治问题时面临的巨大考验。其五，改善民生是政府重建信任的关键。鲁哈尼多次表示，将把解决经济问题和提高民生放在首位。但他在百日政绩中则少有建树。从长远看，鲁哈尼可能逐步增加伊朗的市场经济成分，稳步推进私有化，从而提升经济活力。近期，他将继续执行"补贴"政策，控制物价上涨，稳定货币汇率，增加对生产领域、尤其是中小企业的投入，争取盘活经济，为年轻人创造更多的就业机会。

三、鲁哈尼对外政策调整

鲁哈尼特别强调，他的胜利是"温和思想战胜了极端主义"。因此，他将摒弃前政府的一味"强硬"路线，而是采取"灵活和务实"的外交政策，在相互尊重的基础上与国际社会建立"建设性互动"关系，其中改善与美西方的紧张关系是其外交政策调整的重点，而打破核问题僵局，解除国际社会对伊朗制裁又是重中之重。近几年，伊核问题实际上成了伊朗与美西方外交的全部内容。双方围绕该问题针锋相对，逐步升级，致使双方关系越来越紧张，美西方对伊朗的制裁越来越严厉，战争风险越来越大，伊朗国际处境越来越险恶。因此，破解伊朗与美西方在伊核问题上的僵局是鲁哈尼政府面临的最大外交挑战。

　　鲁哈尼试图破解伊核问题僵局的思路主要有二：一是改善与美国的关系；二是增加伊朗核计划的透明度，采取一些"建立互信"的措施，消除美西方对伊朗核计划的担忧。相比之下，鲁哈尼更看重前者。身为伊朗前核问题谈判首席代表，鲁哈尼十分清楚，伊朗核问题的关键是伊美关系问题。首先，伊朗核计划是在美国的帮助下发展起来的，当时伊美关系友好，后来伊美关系发生了变化，美国也改变了对伊朗核计划的态度。其次，目前全世界像伊朗这样进行和平利用核能的国家有二三十个，美国之所以要专门制裁伊朗，主要是因为伊美长期互为主要敌人。如伊美关系得到改善，反过来就能促进伊核问题的解决。为此，鲁哈尼多次表示，他将努力结束伊美敌对关系。他力排众议任命了美国旧金山大学和丹佛大学博士、知名的"知美派"人物扎里夫为外长并负责伊核问题的谈判，向奥巴马政府传递了伊朗准备改善与美国关系的强烈信息。10月初，伊朗政坛大老、前总统拉夫桑贾尼撰文称，伊斯兰共和国缔造者霍梅尼生前曾多次表示，可以不用再喊"美国去死"这样的口号了。霍梅尼还表示，伊朗可与美国建立"非常正常"的国家关系。最重要的是鲁哈尼对美国政策的调整得到了领袖哈梅内伊的首肯，因此，伊朗国内舆论讨论伊美关系的焦点已从要不要改善与美国的关系转向如何或在什么基础上与美国改善关系了。

奥巴马政府予以积极回应，认为鲁哈尼对美国外交政策的调整是"令人鼓舞的"，美国也希望改善与伊朗的关系。作为示好，美国放宽了对伊朗的医疗和药品制裁限制。奥巴马总统还亲自写信给鲁哈尼对其出任总统表示祝贺，同时希望他采取具体行动来证明"诚意"。伊美间的互动使两国关系显现出积极趋缓的变化，尤其体现在鲁哈尼9月底出席联大会议期间：伊美两国总统实现了伊斯兰革命胜利后第一次直接电话交谈；伊朗外长扎里夫与美国务卿克里第一次举行了正式会谈；伊朗外长还与"国际六方"外长就伊朗核问题举行了会谈。

四、伊核问题达成日内瓦协议

10月15日，伊朗与"国际六方"举行首轮日内瓦伊核问题谈判，展现了与以往有些明显不同之处。首先，双方商定今后伊核问题谈判的地点为日内瓦。其次，伊朗同意，今后谈判直接使用英语，改变了以往谈判须进行波斯语翻译的程序，使谈判更直接和简明。最后，也是最重要的，双方谈判气氛发生了明显变化，特别是美伊两国都显示出了达成协议的强烈愿望。

正式谈判开始后，伊朗外长、伊核问题谈判首席代表扎里夫就解决伊核问题做了题为《终结无谓危机　开启新视野》的陈述，提出伊朗"公正、全面、持久"解决伊核问题新的方案和时间表，以增加伊核问题透明度、消除美西方国家对伊核问题担忧以及伊朗对美西方国家解除制裁的要求。双方就扎里夫提出的新方案进行了"紧张密集"的多边和双边会谈，并于16日发表的"共同声明"表示，第一轮日内瓦核谈是成功的。11

月7日，举行了第二轮日内瓦谈判，原定谈判时间为两天。由于第二天谈判取得了重大进展，双方已基本形成了一个初始协议草案，在此情况下，欧盟外交事务和安全政策高级代表阿什顿紧急邀请"国际六方"外长来日内瓦对协议草案"拍板"。克里中断了正在中东的访问飞往日内瓦，俄罗斯、法国、英国、德国外长和中国副外长也先后飞抵日内瓦。但就在双方谈判接近成功的重要关口，法国外长出人意料地表示，法国不会接受"愚人游戏"，认为现有的协议草案并没有完全消除国际社会对伊朗核问题的担忧，同时要求伊朗做出更多的让步，但遭到伊朗拒绝，结果使初始协议草案流产。虽有西方媒体将法国的做法归咎于法国"哗众取宠"和美欧分歧，但克里却极力为法国袒护，称美法在伊核问题上没有分歧，双方立场是一致的，同时将谈判未果的责任推向了伊朗，而伊朗则指责是法国"搅局"。尽管双方在第二轮谈判中未能达成协议，但谈判的气氛是好的，都认为取得了重大进展，同时商定11月20日举行第三轮日内瓦谈判。

在三轮日内瓦谈判的进程中不难看出，美国也明显地表现出需要与伊朗达成限制其核发展协议的紧迫感。在过去近十年中，美国越来越意识到，严厉的制裁虽然给伊朗经济带来很大的困难，但并不能迫使伊朗在核问题上做出任何实质性的让步。在内贾德执政期间，伊朗在核研发领域无论是规模还是技术方面都有明显的发展和重大突破，已接近跨过能够制造核武器的门槛。奥巴马虽不想再使美国卷入一场新的规模更大的战争，但美国如不能利用鲁哈尼新政与伊朗在核问题达成妥协，限制伊朗进一步核研发的能力，那么在他第二个任期内的某个时间节点，将可能面临或不得不对伊朗进行军事打击、或面对伊朗掌握"核能力"的两难困境。由于伊美双方的共同需要，从11月20日至24日，经过四天艰苦努力，"国际六方"与伊朗的核谈判终于取得了突破，达成第一阶段协议《共同行动计划》。由于该协议可使中东地区避免一场可能的战争，促进了中东地区的和平与稳定，因此，受到国际社会的高度好评，具有重大的历史性意义。

五、前景展望

日内瓦伊核问题初始协议的签署是"国际六方"与伊朗共赢的成果，也是双方展示灵活、务实策略的妥协结果。协议全文不长，共4页纸，分4个部分：总纲、双方在第一阶段各自应承担的义务、最后阶段谈判事宜和注解。根据协议，第一阶段为6个月，经双方同意可延长。在这期间，伊朗将"自愿转化"和稀释现有纯度为20%的浓缩铀；暂停提炼纯度超过5%的浓缩铀；停止增加3.5%纯度的浓缩铀库存；停止兴建新的提炼铀浓缩核设施；停止增添新型的离心机；停止建设阿拉克重水反应堆；接受国际原子能机构更严厉、其中包括不事先通知的核查。

"国际六方"承诺不对伊朗采取新的制裁措施，允许伊朗维持目前的石油出口数量及相关事宜；暂停对伊朗黄金、贵金属交易制裁；放宽对伊朗汽车工业和石油化工产品出口的限制；解冻伊朗约20亿美元的海外资金。

在有关伊朗是否有权提炼浓缩铀这一重大问题上，双方达成妥协。该协议特意避开伊朗"有"或"没有"提炼浓缩铀的权利，而只是说，"伊朗作为《核不扩散条约》成员国在履行其义务后可充分享有成员国的权利"，而《核不扩散条约》明确规定，成员国享有包括提炼低纯度浓缩铀在内的和平利用核能的权利。因此，伊朗将其解读为这实际上承认了其拥有提炼浓缩铀的权利，而美西方也可解读为没有承认伊朗拥有这种权利，因为，伊朗没有完全履行其"义务"。双方在这个问题上的妥协虽为双方在最后阶段谈判增加了困难，但为双方达成目前的协议奠定了基础。

11月24日达成的协议是一个"粗线条"的政治协议，还需等到双方相关专家制定出具体实施细则后才正式实施。12月9日，"国际六方"与伊朗相关专家在日内瓦IAEA总部开始了第一轮谈判，12日结束，双方决定择日再谈。尽管目前双方谈判的具体情况不得而知，但美伊都非常看重该协议，因此，双方在下一轮谈判中形成一个实施细则草案的可能性很大。

伊核问题初步协议为最终全面解决伊核问题和美伊关系进一步改善赢得了一定的时间和空间，但从目前情况来看，在未来半年或更长的时间内，美伊难以就伊核问题达成最终全面协议，美伊关系也难有进一步实质性进展。

鲁哈尼"新政"使美伊关系近期出现一些积极互动，但并没有根本改变两国根深蒂固的敌视和互不信任的现状。两国除了在意识形态和价值观取向对立外，双方在地区战略和安全利益上也仍处于互为主要敌人的零和状态。此外，双方都面临着巨大的阻力，相对而言，奥巴马的内外压力更大，也更复杂。首先来自地区盟国，尤其是以色列和沙特的阻力。自伊斯兰革命胜利后，中东海湾地区的地缘政治与安全战略都是建立在对抗伊朗的框架上的。美伊的互动已对地区地缘战略平衡和安全架构产生了重大冲击，两国更担心，美伊关系的改善会损害他们的安全利益，因此，两国尤其是以色列动员一切手段来阻止美伊走近。其次是来自美国会和犹太院外集团的阻力。美国会内强硬派坚决反对伊核日内瓦协议，他们不断威胁要推动国会通过新一轮对伊朗制裁法案，试图捆绑奥巴马政府与伊朗谈判的手脚。

考虑到伊朗是绝不会放弃包括提炼铀浓缩活动在内的和平利用核能权利的，日内瓦初步协议已触及其底线，伊方在最终谈判中恐难以再做退让。而奥巴马在解除对伊朗制裁问题上也难有大的作为。退一步说，即使伊朗放弃提炼铀浓缩活动，奥巴马也难以完全解除对伊制裁。有鉴于此，今后在相当长的时间内美伊难以就伊核问题达成最终解决协议，伊核问题将会长期拖下去，仍将是美伊关系进一步改善的最大障碍。由于日内瓦初步协议对伊朗核计划的限制和苛刻的严查基本上"截断了伊朗掌握生产核武器能力的途径"，从而大大缓解了奥巴马对解决伊核问题的紧迫感。因此，奥巴马在今后一段时间里就是设法落实日内瓦协议，使其成为奥巴马执政期间在解决伊核问题上遗留下的一份宝贵的政治遗产。

第六章

非洲大陆前景光明
拉美整体稳步发展

非洲政治经济安全形势及前景分析

程　涛　贺红燕^①

进入新世纪以来，非洲大陆的和平与发展势头日趋强劲，政治相对稳定，经济快速增长，引起国际社会的高度关注和重视。十年前小有权威的英国《经济学人》杂志曾哀叹非洲是"没有希望的大陆"，而前两年却开始看好非洲，把非洲誉为"充满希望的大陆"。尽管非洲形势中依然存在脆弱性和动荡面，和平与发展仍面临许多挑战，但非洲正在崛起，前景看好。

一、非洲总体政治形势更加稳定，
但局部地区国家仍陷政治动荡

与上个世纪战争频仍、政变不断、动乱不已的局势相比较，非洲政局的不稳定因素在逐渐减少。非洲国家总体治理水

①　程涛系中国国际问题研究基金会非洲研究中心主任、高级研究员，中国前驻马里、摩洛哥大使。贺红燕系中国国际问题研究基金会研究员，中国人民外交学会研究部副主任。

平不断提高，政府控制局势的能力进一步增强，从而确保了大多数非洲国家的和平稳定局面。"逢选必乱"现象有所改变。2013年，有近二十个国家举行了总统或议会大选，绝大多数都能顺利进行。肯尼亚平静举行新宪法生效后的首次大选，政权更趋稳定。7月28日，马里举行总统大选，选举过程比预期的要平稳得多，尽管有北方分裂势力扬言抵制大选、恐怖势力威胁袭击投票站，但选民仍积极参与，踊跃投票。马里联盟党候选人凯塔以77.61%的高票当选，这对经历军事政变、北方分裂、恐怖主义袭击、人道主义灾难严重的贫穷国家马里来说，开启了回归宪政、维持和平、重建国家、发展经济和改善民生的进程，对维护西非地区和平稳定也具有重要意义。津巴布韦全民公投通过新宪法，并举行总统、议会和地方政府联合选举，穆加贝以61%的得票率当选，非洲民族联盟—爱国阵线（民盟）赢得众议院2/3以上多数。非盟、南部非洲发展共同体积极评价大选，少数西方国家虽有"杂音"，但国际社会普遍认可大选和平有序。津巴布韦人民希望维持和平安定，改朝换代的欲望不强。几内亚比绍成立更具包容性的过渡政府。索马里新政权初步站稳脚跟，国内形势进一步改善，政府工作重心从寻求安全与稳定转向经济重建进程。马达加斯加在历经4年的政治危机后终于迎来大选，虽然原定于7月24日举行的大选因候选人纷争被推迟，但最终于10月25日平静展开，民众渴望结束危机，投票率高达61.85%。12月20日举行了第二轮选举，投票当日基本平静，选举结果将于2014年1月7日公布。军队已明确表态不干预选举结果。马达加斯加有望通过选举走出多年政治危机。上述国家选举结果或政治进程均表明，非洲国家的政治制度化水平逐步提升，政治治理渐趋成熟，各国政府和地区组织维护稳定的意愿和能力进一步加强，"人心思稳"

是社会普遍心态,非洲大陆整体日益和平与稳定。

与此同时,非洲局部仍不时出现问题。北部非洲地区政治形势持续动荡:埃及和平稳定局势严重倒退,民选总统穆尔西执政不到一年即被军方废黜,穆兄会亦遭到军方解散,致使地区伊斯兰势力受到沉重打击,折射出地区世俗与宗教矛盾的集中爆发。突尼斯政局剧烈动荡,民众示威游行不断,原定于12月17日的大选未能举行,甚至有报道预测,突尼斯有可能成为第二个埃及。利比亚在卡扎菲政权被推翻后,一直无法建立稳定的权威性政府,各武装派别仍实际掌控政权,并继续在的黎波里交火,相互争权夺利,致使利比亚民主过渡进程混乱不堪。北非地区动荡局势凸显地区国家实现由乱到治绝非易事,其变革、转型之路将是一个长期、曲折、复杂而艰难的过程。北非地区热点问题的持续爆发对中西部非洲和平与发展造成严重冲击,也为西方国家介入非洲事务提供了借口。马里南北分裂局面一度严峻,为法国以出兵帮助马里政府平定叛乱、收复失地为由扩大自身影响创造了良机。中非博西泽政权被反政府武装推翻,国家机器瘫痪,社会陷入动荡,经济全面下滑。尽管目前中非政权由"国家过渡委员会"掌控,但局势依然高度动荡,法律和秩序不复存在,不同宗教派别间的武装冲突不断加剧,人道主义危机异常严峻。今后一段时期,少数非洲国家政权更迭仍然可能引发局部动荡,但非洲总体和平与稳定的大势不会逆转。

二、非洲安全环境得到较大提升,但传统和非传统安全隐患仍未消除

随着非洲国家和地区组织维护地区和平与安全的意愿和能

力的不断增强，原先处于战乱或冲突的西部、中部和东部非洲国家的安全环境得到明显改善。近期，在非洲国家合力维护和平与安全环境的大背景下，并在刚果（金）政府军和联合国驻刚果（金）维和部队的联合军事打击下，刚果（金）东部反政府组织"M23"宣布放弃叛乱武装活动，寻求政治解决途径，从而使刚果（金）东部长达近20个月的叛乱状态有望宣告结束。

然而，萨赫勒地区国家恐怖主义势力有进一步抬头之势，肯尼亚、索马里、尼日尔、尼日利亚相继发生多起恐怖袭击事件，安全形势有所恶化。阿尔及利亚、喀麦隆、尼日利亚等国还持续发生绑架外国人质事件，尤其是阿尔及利亚人质危机最终导致37名外国人遇难，以及最近两名法国记者在马里基达尔市被恐怖分子绑架并杀害，凸显非洲反恐形势之严峻。尼日利亚伊斯兰极端组织"博科圣地"和"安萨鲁"已被美国列入外国恐怖组织名单。此外，几内亚湾海盗活动仍然猖獗。

在未来相当长的时间内，非洲部分地区还将面临比较严峻的安全形势。首先是因为贫困、部族冲突和宗教矛盾等不安定因素仍然存在。贫困是滋生恐怖主义的最大温床。非洲粮食安全问题突出。联合国粮农组织报告称，由于受局部地区战乱、干旱等因素影响，非洲2005年、2008年和2012年曾三次遭遇粮食危机，至今仍有1100万人处于粮食无保障的状态。其次是非洲国家安全保障机制和自身处理危机的能力仍相对脆弱。第三是索马里、马里北部、刚果（金）东部、尼日利亚北部等地反政府武装仍有较强势力，且活动猖獗，经常通过恐怖手段威胁平民安全，给政府制造麻烦。法国年初出兵平息了马里北方之乱，但极端势力武装并未被消灭。当地民众担心法国撤军后，藏匿于北部沙漠的恐怖主义势力会卷土重来。非洲国家要想实现长期稳定的安全环境还面临漫漫长路。

从整体看，非洲大陆近来安全局势恶化只是局限在少数地区，并无席卷整个非洲大陆之可能，不会扭转非洲稳定大局，非洲仍然在局部动荡中走向一个和平与安全的时代。

三、非洲领导人和青年观念和意识的变化

在相当长的一段时间内，非洲的经济发展缓慢，其中一个重要原因是发展的意识和理念存在一定的问题。随着世界的发展，以及非洲与外界交往的日益频繁和许多从国外学成回归的新一代的影响，加上"中国快速发展"模式的榜样和激励作用，非洲领导人和青年的观念和意识正在发生可喜的变化。非洲互联网和手机的普及，大大地缩短了非洲人和世界各地的距离。非洲的年轻人，特别是新一代的非洲领导人具有强烈的发展愿望和尽快自主选择符合自己发展道路的意识。非洲人"穿衣一块布，吃饭靠大树，发展靠援助"的生活方式已成过去。

四、非洲经济快速发展，内生动力增强，但仍面临诸多制约

国际货币基金组织（IMF）和非洲发展银行最新公布的报告显示，非洲正成为全球经济发展速度最快的大陆，在当今全球经济发展最快的10个国家中，非洲国家占了6个。预计2013年非洲经济平均增长率为4.8%，而撒哈拉以南非洲有望达到5%。在非洲各区域中，西非地区经济发展势头最强劲，西共体是非洲大陆经济发展最快的次区域组织；东部和中部非洲地区

保持稳定增长态势；南部非洲地区经济也得到复苏；只有北部非洲地区因政治持续动荡而陷入低谷。在非洲国家中，塞拉利昂、安哥拉、加纳、莫桑比克、坦桑尼亚等能源矿产资源富集国和战后重建国家表现最为突出。非洲富资源国家，如埃塞俄比亚经济发展势头也相当突出。农产品的出口也为非洲一些国家带来好处，可可价格上涨每年给加纳创造20亿美元的外汇，肯尼亚每年出口的水果、蔬菜、花卉、咖啡和茶叶可获利10多亿美元。

越来越多的非洲国家意识到可持续发展的重要性，开始立足长远，谋求自主发展，致力于经济改革和提高经济管理水平，积极调整经济结构，寻求改变经济增长方式，努力摆脱单纯依靠资源出口的单一依附型经济模式，发展工业和现代化农业，提高出口产品附加值。许多国家推出中长期长远规划，加大对基础设施建设、制造业、农业等领域投入，并建立健全法律法规，加强对自身资源的掌控，推动民族资本发展，努力培养非洲自己的人才，增强发展的自主性。同时，非洲国家积极发挥合力与区域优势，对与外国的经济合作提出更高要求，形式更趋多样化，跨境、跨区域合作项目明显增多，有力推动了区域一体化进程。上述举措极大增强了非洲经济发展的内生动力，促使非洲经济结构逐渐朝着更趋合理的方向转变。

非洲地区在全球经济增长乏力的大背景下，仍然保持较快增长的原因，首先在于其经济基数小，发展水平较低，有充分的上升和增长空间。其次，非洲各国在经济发展过程中，受到中国等发展中国家群体性崛起的榜样力量的激励，自主发展意识增强，积极挖掘内生发展潜力，寻找符合自身国情的发展道路，越来越多地利用能源矿产和旅游资源富集、地理位置重要等优势和其他经济结构特点，努力探索产业多样化、多引擎拉动经济的发展模式，实现自立自强。第三，非洲地区近年来政治环境相对稳定，市场前景向好，"非洲机遇论"在国际上渐成共识，吸引了大量外国直接投资，特别是新兴经济体的投资。最近5年，非洲地区吸引全球外国直接投资的比例从之前的3.2%增长到5.6%，其中，新兴市场经济对非投资增长超过20%，发达经济体对非投资也实现了8%的增幅，特别是除对能源矿产领域的投资外，对制造业、信息技术产业、基础设施建设、服务业等非能源领域的投资也开始明显上升，这些都极大地促进了非洲地区的经济增长。第四，非洲各国近年来在减少贫困、培育内部市场和消费群体方面也取得明显进步，中产阶级队伍不断扩大。目前，消费支出占非洲GDP的60%以上，成为拉动经济发展的重要因素。非洲大陆54个国家中，已有26个达到中等收入国家水平。2013年，赤道几内亚被从联合国"最不发达国家名单"中除名。第五，非洲地区不断加快一体化建设步伐，东非共同体、西非国家经济共同体和南部非洲发展共同体等次区域组织不断加强在区域内的经济与贸易合作，有力推动了非洲经济增长。综上可见，能源矿产出口和外部投资增加，地区内消费需求上升，以及区域一体化，都已成为拉动非洲经济增长的重要因素。目前，非洲国家城市化进程方兴未艾，大量人口从农村转向城市，农业经济逐步向工业和服务业经济转型，市场不断规范，电子商务成为时尚。随着非洲国家对基础设施建设的持续大量投入，非洲大陆有望从原材料产地向成品和半成品制造基地逐步转型。非洲的人口红利使得它发展后势强劲。非洲有近10亿人口的市场，联合国预测劳动力人口将从现在的5亿增加到2040年的11亿，15—24岁的年轻人数量为2亿，2045年会翻一番。与中国、欧洲人口老龄化相比，非洲人口年轻化带来的人口红利将使自己在国际竞争中处于有利地位。

但与此同时，非洲经济发展仍面临诸多挑战：一是发展不平衡问题更趋突出，撒哈拉以南非洲和北部非洲之间，中西部非洲与东南部非洲之间，以及资源富集国与一些资源贫瘠国之间的发展差距依然明显。二是经济基础依旧薄弱，非洲国家基础设施滞后、产业缺乏竞争力、贸易规模较小、科技水平较低、发展资金不足、贸易和经济发展项目主要依靠外援等老问题短期内难有根本改观，尤其是西方殖民时期形成的经济制度阻碍非洲实现更具包容性的发展，导致非洲经济呈现较快增长与严重的贫困化并存、立足自主发展与援助依赖并重的特征，难以如期实现联合国千年发展目标。三是一些地区热点问题仍在持续，一些非洲国家内乱不断，严重阻碍经济发展。加之欧美国家经济低迷，对非援助一减再减等外部因素，使非洲发展面临不小压力。

在可预见的未来，非洲经济将持续发展，但短期内无法改变世界上最贫困落后地区的地位。资源开发仍将是非洲大陆主导产业，以信息产业为代表的多样化战略潜力巨大，互联网将成为促进非洲大陆社会经济转型的一种手段，并以前所未有的速度和规模推进非洲社会和经济发展，但大多数非洲国家要改变产业结构单一、过度依赖资源的不合理格局仍任重道远。《非洲发展新伙伴计划》是实现未来非洲经济振兴的重要战略规划，将继续得到国际社会的支持与配合。世界各主要力量将越来越重视开展与非洲国家的经贸合作，这将有助于非洲在世界贸易中扮演更加重要的角色。世界银行报告预测，未来三年，撒哈拉以南非洲国家的平均经济增长速度将高于5%，远超全球经济平均增速。同时，随着全球经济形势的好转、国际市场各类商品价格的持续上涨，加之非洲区域内外对基础设施建设等方面的持续投入、非洲消费需求的进一步提升和区域一体化水平的不断提高，非洲地区在中长期仍将保持较强的增长预期。

五、泛非主义得到提振，一体化进程在曲折中前行

2013年是非洲联盟前身——非洲统一组织成立50周年，非盟希冀借此契机大力提振泛非主义和非洲复兴共识，进一步凝聚非洲国家，促进团结合作，打造以人的发展、统一和进步为核心的非洲共同价值观。非盟第21届峰会通过《非盟/非统50周年宣言》，强调将继续坚守泛非主义理念，承诺将致力于建设一个一体化的繁荣发展的非洲，一个依靠非洲人民推动前进的非洲，一个能在国际政治舞台上发挥重要作用的非洲。峰会还通过了《非盟委员会2014—2017年战略计划》和《"非盟2063年"远景规划草案》等重要文件，决定加紧实施"非洲发展新伙伴计划"，确定一体化新领域，并积极制定非洲未来50年的新发展规划。东部和南部国家在区域一体化方面取得了长足进步。东非共同体自执行关税同盟后，其成员国之间的贸易额提升了50%。东部和南部非洲共同市场成员国之间的贸易额也从2000年的30亿美元上升至目前的200多亿美元。到2015年，这一地区可望建立一个整合26个国家的自由贸易区，这个大市场将具备近6亿人口和1万亿美元的国内生产总值（GDP）。目前，非洲国家已普遍从区域一体化进程中受益。

区域一体化带来的好处促使非洲国家意识到，区域整合是非洲实现复兴的必然选择，推动区域一体化遂成为非洲国家经济发展自下而上的需求。年内，西非国家经济共同体决定自2015年起实行对外共同关税税则，南部非洲发展共同体出台未

来5年跨国基础设施发展规划。

近年来，非盟和次区域组织解决地区冲突的能力大幅提升。非盟本届峰会还决定建立一支快速反应部队，以更有效应对地区内可能出现的安全威胁，更好地维护非洲地区的和平与稳定。2013年以来，非盟和次区域组织继续积极引导地区热点问题步入和平解决轨道，在处理非洲部分国家违反宪法实现政权更迭、斡旋苏丹和肯尼亚纷争、支持达尔富尔、索马里、马里维和等方面发挥了重要作用。非盟驻索马里特派团已将"青年党"武装从索马里主要城市驱逐，为该国成为正常国家奠定了基础。非盟和西部非洲国家经济共同体对持续半年多的马里危机进行了积极而有效的军事干预。目前，以非盟和平与安全理事会为核心，以非洲大陆安全预警系统、非洲待命部队、智囊团、非洲和平基金以及将要组建的非洲危机应对快速反应部队为主要支撑的非洲集体安全机制日趋完善，并逐步构成非洲大陆有效的"和平与安全架构"，充分体现了非洲国家实现"非洲问题由非洲人解决"这一愿望的勇气和决心。

非洲国家继续在应对全球性问题上努力用一个声音说话，在安理会改革、联合国2015年后发展议程、气候变化等重大问题上协调配合、统一行动。非盟本届峰会决定建立一个由非洲各国国家元首和政府首脑组成的高级别委员会，以确保非洲在联合国2015年后发展议程上采取共同立场。

当然，非洲一体化进展仍较为缓慢，处于全球区域一体化程度的最低水平，其主要制约因素在于：首先，非洲社会经济发展的基础薄弱，综合实力落后，导致一体化进程充满了脆弱性和不确定性。其次，非洲国家虽然取得了政治上的独立，但仍未真正掌控自身经济命脉，对外依赖严重。比如，非盟60%的经费主要依靠外援，导致各国在众多非洲事务的抉择上难以完全摆脱他国的掣肘，实现自主行动和统一立场推进一体化进程的困难较多。第三，非洲经济结构单一，普遍依赖初级产品出口，存在同质竞争问题，地区各国经济发展水平差距较大，促进各国间经济互联、互通、互补、互惠关系的能力不强，使经济一体化的实施动力不足。第四，非盟内部利益冲突也在一定程度上影响一体化进程，2012年非盟委员会选举一度受阻即是例证。此外，美西方打着"人道主义干涉"旗号积极介入非洲事务也是非洲实现联合自强的一大阻力。

然而，非洲一体化进程发展到今天，已不仅仅是非洲社会经济发展的一种选择，而是一条必由之路，是大势所趋。本届非盟峰会通过的一系列重要决议已充分体现了非洲国家领导人和非洲各国人民不断推进一体化进程的坚定意志和决心。非洲一体化进程仍将在曲折中持续推进。

六、世界主要大国竞相加大对非投入，非洲地位和作用在得到加强的同时也面临新的干涉

新兴大国保持对非洲进取态势。印度、巴西、土耳其与非洲国家间互动频繁，在支持非洲发展方面不断推出新举措，成为非洲国家对外合作多样化的重要选择。年内，金砖国家与非洲国家领导人对话会、第三届南美洲—非洲合作论坛峰会、第三届阿拉伯—非洲国家峰会先后举行。在中国新一届领导人对非工作开局良好的势头带动下，中非友好合作关系持续深化，成果丰硕，成为非洲与域外大国开展平等合作、实现互利共赢的典范。

与此同时，西方大国在非洲的影响力、控制力和利益份

额受到挑战，危机感、紧迫感上升，压力加大。他们尤其担心"中国模式"在非洲的影响会挑战西方的价值观和民主制度，对中国在非洲获取利益心存妒忌。为应对新兴大国在非洲不断增强的影响力，美西方对非战略更加注重相互配合，对非干预也更趋务实。奥巴马第二任期进一步增加对非关注，亲自访非并推出160亿美元"点亮非洲"电力计划，加强对非洲国家的制度性安排。同时，借反恐名义，大力推进美在非军事部署，全方位规划非洲。奥巴马在讲话中还几次不指名地影射中国。法国总统奥朗德三次访非，法并与美密切协调，以马里、中非等问题及反恐为抓手，深度参与有关地区国家危机解决进程，多渠道强化对中西部法语非洲国家和萨赫勒地区的控制，努力维护和扩大在非传统影响。英国多次举办索马里问题国际会议，以彰显重视非洲和平与发展问题的积极姿态。日本为达到争取成为联合国安理会常任理事国等目的，在第五届"非洲发展东京国际会议"上推出总额为320亿美元的一揽子对非合作举措，一定程度上赢得了非洲国家好感。这次东京非洲发展会议，非洲51个国家代表出席，其中有39位元首、政府首脑级，给足了日本面子。2013年八国峰会还提出了推动对非贸易翻番的新概念，受到非洲国家一定关注。此外，在中东持续动荡的背景下，非洲作为新的资源库将受到各方越来越多的重视。

但非洲国家清醒地认识到，美西方从未放弃永久控制非洲的欲望，针对最近国际刑事法院起诉肯尼亚领导人事件，非洲联盟专门召开特别会议，经过磋商，达成一致立场，要求国际刑事法院推迟对肯尼亚领导人的审判，以避免对肯尼亚的和平、安全与稳定造成负面影响。非盟轮值主席埃塞俄比亚总理海尔马里亚姆总结发言强调，为了维护宪法秩序，维护成员国的稳定和主权，非盟认为，任何国际司法机构都不应该展开和延续对非盟成员国在职领导人的审判；呼吁国际刑事法院认真对待和听取非洲国家的关切和呼声，遵循国际惯例，不要对在任的政府首脑展开审判。乌干达总统穆塞韦尼则在联大愤怒斥责"老的麻烦制造者"对非洲国家的傲慢与偏见。肯尼亚总统肯雅塔更一针见血地指出："国际刑事法院遵照一些欧美国家政府的暗示行事，侵犯非洲民众与国家主权。从它变成帝国霸权玩物的那天起，它就不再是一个公正的场所。"但近日，有关推迟国际刑事法院审判肯尼亚领导人问题的决议草案，因为美英法等国阻挠而未能获联合国安理会通过，由此折射出西方与非洲国家之间的控制与反控制的斗争将长期存在。

纵向比较和以发展的眼光来审视非洲，非洲的政治、安全和经济形势大有改善，且继续朝和平、稳定与发展方向演变的大趋势不会改变，但仍存在相当的脆弱性和不确定性。国际格局演变及大国对非政策调整也将对非洲形势产生深远影响。非洲的资源和人力优势将会进一步得到发挥，非洲是孕育极大潜力的大陆，是正在崛起的大陆，是充满希望的大陆。

持续平稳发展的拉丁美洲形势

吴长胜[①]

2013年，拉丁美洲和加勒比国家继续保持总体平稳发展、整体稳步崛起的势头，政治版图无大变化，但局部的不确定因素和面临的内外挑战有所增多。形势发展大体有以下特点：

一、各国政局保持基本稳定，但体制性、社会性矛盾有所突出

墨西哥革命制度党东山再起、重掌政权并取得较好开局。培尼亚总统2012年年底就职后，提出要建立一个和平的、包容的、繁荣的、实施高质量教育的、在全球发挥重要作用的墨西哥。为此，在政治上，大力推动改革，积极开展政党合作。通过与各大政党谈判协商，促成执政党同主要在野党签署了"墨西哥协定"。政府提交的教育、劳工、电信等方面的改革法案

---

① 作者系中国国际问题研究基金会拉美研究中心主任、高级研究员，中国前驻玻利维亚、巴哈马和哥伦比亚大使。

已获国会通过。被称为墨70年来最大的能源改革法案也于12月12日为国会通过，该法案决定向国内外投资者开放该国的石油业，以推动墨石油业的发展。经济上，将基础设施建设作为拉动经济发展和提高国家竞争力的重要引擎，力争把墨西哥打造成为高附加值的全球物流中心。安全上，努力推进新政府的公共安全战略，增强社会安全力量，调整部署，加强统一指挥，努力在任期第一年内将凶杀案和绑架案发生率降低50%。外交上，积极参与全球事务，加大对亚太地区的重视，努力改善对华关系，同时保持和加强同美欧的传统合作。在地区层面上，强调墨西哥的"拉美属性"，加大参与地区事务的力度，恢复和巩固在拉美的影响力。以上战略和举措在墨西哥国内获得广泛好评。一年来，虽然下滑的经济趋势没有得到根本扭转，暴力活动也没有得到大幅度减少，但是，培尼亚总统锐意改革的决心得到广泛的认可，其民众支持率虽有所下降，但仍维持在可接受的水平。

委内瑞拉顺利完成政权过渡。2013年3月查韦斯总统病逝，查钦定的接班人马杜罗在4月的大选中以微弱多数险胜反对派候选人卡普里莱斯，反对派组织了大规模抗议活动，质疑其当选地位。委一时出现政治变局风险。但是，马杜罗高举查韦斯的旗帜，努力维护执政党内部团结，全面压制反对派，积极纾解经济困难，加大民生投入，整饬经济秩序和社会治安，争取到广大民众的信任和支持，站稳了脚跟。同时，积极开展多元外交，努力营造有利的外部环境。11月中旬，委内瑞拉国民大会通过了马杜罗提交的总统授权法案，授予其一年"特殊权力"。根据此项特殊权力，可在不经国民大会批准的情况下颁布法令以打击经济领域囤积居奇、投机倒把和哄抬物价的行为。12月初，马杜罗又通过国民大会将已故总统查韦斯于2012年总统大选时提出的"祖国计划"执政纲领正式上升为委内瑞拉国家法律，为其今后全面推行查韦斯主义获得法律依据。随后，马杜罗领导的执政党又在12月8日的全国市政选举中，以在全国获得54%的选票击败反对派，在全国335个市长中取得255个市长席位，进一步巩固和发展了其在地方上的基础力量，为其今后几年的执政铺平了道路。但是，如何克服困难，把岌岌可危的经济搞上去，是马杜罗政府下一步面临的更为严峻考验。

古巴2013年2月选举产生新一届领导集体，劳尔·卡斯特罗顺利连任，52岁的迪亚斯-卡内尔当选第一副主席。古共按照六大确定的"经济模式更新"路线，继续稳步推出发展非公经济、改革税法、允许个人承包土地，放宽出入境限制等新的政策措施。11月1日，古巴第一个经济特区——马列尔经济特区管理办公室开始在马列尔港办公，受理外国投资者的项目申请。古巴政府希望，马列尔经济特区能够成为推动古巴经济的引擎。上述改革取得了初步成效，古巴经济结构和社会生活正在发生历史性的变化。目前，古巴改革已经进入"深水区"，开始更为复杂艰难的攻坚阶段。尽管存在诸多困难和挑战，古巴改革已经不可逆转，将继续向前。

巴西总体保持良好的发展态势，国际和地区影响力稳中有升。虽发生大规模民众抗议示威活动，罗塞芙总统的支持率一度下降，但政府应对得当，局势趋于平稳。2014年巴西将举行大选，目前罗塞芙总统和执政党仍处于相对的优势地位。

哥伦比亚政府和国内最大的反政府游击队"革命武装力量"于2012年底正式开始的和平进程谈判继续进行，虽然进展缓慢，但已在农村和土地问题、政治反对派和公民的政治参与两个问题上达成协议，现正在就非法毒品的交易及相关冲突的解决途径、结束武装冲突、受害者权利和赔偿、协议的实现方式及其保障等其他四个问题进行谈判。哥伦比亚是拉美地区唯一没有结束武装冲突的国家。这场冲突已使哥伦比亚20万人丧生，是哥伦比亚社会经济发展的最大障碍，也对拉美地区的安全形势构成巨大威胁。如果这一和平进程取得成功，将使哥伦比亚进入一个新的发展时期，也有利于拉美地区的和平和稳定。

年内，除委内瑞拉外，还有四个国家举行了大选，选举都进行得比较顺利，没有造成这些国家政局上大的动荡。厄瓜多尔总统科雷亚在2013年2月的总统选举中轻取连任，继续推进其"21世纪的社会主义"。在4月21日举行的大选中，巴拉圭右翼政党红党候选人以45.8％的得票率胜出，当选巴拉圭新一任总统并于8月15日顺利就职。11月24日，洪都拉斯最高选举委员会宣布，执政党国民党总统候选人胡安·埃尔南德斯以36.8％的得票率赢得选战，当选新一届总统。洪都拉斯自由与重建党党首、前总统曼努埃尔·塞拉亚6日以"贿选"为由，指称选举结果无效，要求洪最高选举委员会废除当前选举结果。但是，美洲国家组织和欧盟派遣的国际观察团日前均表示，洪都拉斯选举和计票"过程透明"，并未发现"抵制者指责的违规行为"。年底，智利的总统选举了无悬念，社会党候选人、前总统巴切莱特虽未像此前多数人预计的那样，在11月17日的第一轮投票中胜出，但在12月15日的第二轮选举中以较高的得票率当选。在上述四国的大选中，左派政治力量和右翼政治力量平分秋色，拉美的政治版图没有发生大的变化。

加勒比诸国积极保经济增长，促民生，形势发展也总体平稳。

值得关注的是，年内巴西、智利、哥伦比亚、墨西哥等国都爆发了大规模游行示威和群体性事件，尤其是巴西2013年6月发生20年来最大规模的抗议活动，遍及全国几乎主要城市，持续时间长达一月有余。这次大规模的民众抗议活动具有新的特点，在没有单一的政党和组织的领导和协调下，通过互联网动员了民众的广泛参与，中产阶级参与其中是最显著的特点之一。这次抗议活动的起因是由于公共交通费的上涨，反映出随着巴西中产阶级数量的增加，在由金字塔形社会向橄榄形社会转型过程中，中产阶级在政治和经济方面的诉求与政府的实际作为之间的差距逐渐扩大，不满情绪不断增加，他们对政治家和政府官员腐败不满，对政府效率低下不满，对教育经费投入不足、教育质量不佳不满，对医疗设施不足、医疗质量不佳不满，对公共交通设施不足和质量欠佳不满，对滥用公共开支不满，对巴西日益猖獗的暴力活动和公共安全缺乏保障不满。这种不满的长久积累，通过一个小的导火索就爆发出来，形成燎原之势。使得一场原本单一的、局部的反对公交票价上涨的群众性街头抗议活动，最终演变成了全国性的、具有深刻的政治、经济和社会内涵的规模宏大的民众抗议活动，使得不同社会阶层都能从中产生共鸣，推动了抗议活动的规模不断扩大。其他几个国家的群体性事件虽然起因各不相同，但性质都是类似的，反映出拉美国家在取得经济增长后，体制性、社会性的矛盾正在逐步突出。

二、地区经济下行压力增大，增速普遍下滑，但基本面仍保持稳定

受全球经济复苏乏力、特别是欧洲经济衰退，加之包括中国在内的新兴经济体增速集体放缓等因素的影响，拉美地区经济表现低于预期，预计全年增长3%左右，与2012年增长率持

平，略高于2013年世界预期增长率（2.3%），低于发展中国家的平均增速。

一是各国经济普遍下滑。巴西、墨西哥等地区大国预计全年增长2%左右，智利、秘鲁、厄瓜多尔、哥伦比亚等拉美中等经济体预计增速回落至4%—5%之间，加勒比国家预计增长2%。

二是对外出口减少和贸易失衡加剧。因外部需求萎靡，拉美一些初级产品出口减少、价格下降，致使上半年拉美国家对美国贸易顺差下降41.5%，对中国等新兴经济体的贸易额和贸易顺差"双下降"，中拉贸易额1至7月同比下降1.6%。墨西哥、巴西、秘鲁等国由长期保持外贸顺差转为逆差。阿根廷、智利等国的贸易顺差大幅减少。

三是金融市场波动性增大，外来投资减少。美酝酿退出量化宽松政策导致拉美资本市场剧烈波动，引发拉美国家货币贬值，外资纷纷抽逃。巴西货币雷亚尔一度贬值超过10%，汇率跌到四年来最低点。智利、秘鲁、哥伦比亚等地区开放性经济体吸纳外资显著下降。

四是通货膨胀压力加大。巴西、阿根廷、委内瑞拉、乌拉圭等实施反周期性措施的国家通胀压力上升，其中阿根廷通胀率超过10%，委内瑞拉高达40%以上。除墨西哥、秘鲁等少数国家外，大多数国家财政收入出现下降。

为应对严峻的形势，拉美各国政府根据各自的情况出台一系列政策措施：一是调整结构，培育新的增长点。巴西、阿根廷、墨西哥等国推进产业升级计划，努力振兴制造业，大力发展科技和促进创新。二是控制通胀，保持金融稳定。巴西央行4月以来三次上调基准利率，通过货币互换协议防范货币贬值。三是减少税负，鼓励投资和消费。四是促进基础设施建设，提升经济竞争力。

总的看，2013年拉美经济发展确实面临一些困难，但大多数国家财政收支状况总体良好，公共债务水平相对较低（平均占GDP的16%左右），债务结构风险较小（短期外债平均占总外债的15%左右），预算总体平衡，外汇储备较为充裕，通胀保持在可控水平，经济基本面相对稳定。随着有关应对举措的效果显现，三、四季度，一些国家的经济开始出现小幅回升。看来，拉美经济可能将步入一个调整期，如果能克服经济内在的一些问题，有望在短暂调整期后进入一个新的相对快速增长周期。

三、地区一体化进程续有发展，但碎片化状况依旧存在

拉美和加勒比国家共同体成立近两年来，稳步推进机制化建设，成功举行了首届峰会，"三驾马车"增加了加勒比国家的代表性，成为"扩大的三驾马车"，积极以"拉共体"名义对外开展活动，国际影响力有所上升。南方共同市场加快扩张步伐，继接纳委内瑞拉和玻利维亚为正式成员后，又收到厄瓜多尔的加入申请。巴拉圭通过大选结束了政治危机，恢复了成员资格。南共市在南美一体化进程中的主导地位进一步得到巩固。以墨西哥、哥伦比亚、秘鲁和智利四国组成的"拉美太平洋联盟"异军突起，内联外扩不断取得新进展。哥斯达黎加和巴拿马入盟在即，还接纳中国、美国、日本、法国等18国为观察员国，影响力已超越拉美区域范畴，成为最抢眼的拉美一体化组织。"美洲玻利瓦尔联盟"在查韦斯逝世后仍继续发展，2013年7月召开第12届首脑会议，就落实联盟内部的贸易协定、加强联盟内部的制度化建设、扩大区域货币补偿统一体系、建立共同外汇基金等方面进行了讨论并达成共识。在12月

17日举行的"美洲玻利瓦尔联盟"和"加勒比石油计划"特别峰会上，成员国一致决定成立一个新的经济区，以作为南方共同市场和加勒比共同体的补充。加勒比共同体等次区域组织也取得稳步发展。

2013年以来，拉美地区一体化组织在支持委内瑞拉政局平稳过渡、玻利维亚总统专机途经欧洲受阻和美国对地区国家实施网络监控等问题上采取一致立场，共同发声，进一步彰显了拉美地区国家联合自强的姿态，在解决地区内的矛盾、维护地区民主安全、促进经济社会发展等方面发挥了重要作用。但是，各类一体化组织交叉存在，既相互补充，又相互排斥的"碎片化"格局没有发生大的变化。经过重组，大体上形成了"南方共同市场"、"拉美太平洋联盟"和"美洲玻利瓦尔联盟"三足鼎立的局面。这些次地区组织在发展理念及发展战略上的不同以及地区大国间对地区一体化主导权的博弈，客观上削弱了地区一体化发展的整体水平。一个统一的地区一体化合作平台的最终形成仍有较长的路要走。

四、美拉关系酝酿新变化，
合作与斗争并存的格局继续延续

奥巴马第二任期以来，从服务美全球战略和自身经济发展出发，对拉美的关注和投入有所增加。奥巴马总统、拜登副总统、克里国务卿等美国领导人密集访问拉美和加勒比国家。智利、秘鲁、哥伦比亚等拉美国家领导人也相继访美，美拉关系上半年有所升温。另一方面，美国"监控门"事件对美拉关系造成强烈冲击，局面急转直下。2013年7月，美国家安全局前雇员斯诺登向外界披露，拉美是美国"监控门"计划的重要对象，涉及巴西、委内瑞拉、墨西哥、哥伦比亚等多个国家，引发拉美国家的强烈抗议。接着，玻利维亚总统专机因被怀疑带走斯诺登而被迫降奥地利维也纳国际机场。玻利维亚及许多拉美国家认为美国是迫降事件的背后黑手。他们把此事件提交到联合国、美洲国家组织、南共市首脑峰会、南美国家联盟等机构讨论，以示抗议和不满。正当事态趋于平息之际，9月初媒体又爆出美监控巴西、墨西哥总统个人电邮、电话及巴西石油公司，对美拉关系形成新一轮冲击。巴西总统罗塞芙决定推迟原定10月对美国进行的国事访问并在联合国大会上对美做法表示谴责。墨西哥外交部也发表公报，谴责美国国家安全局监控墨前总统个人邮件的非法行为。岁末，美国又向拉美示好，先是，国务卿克里11月18日在华盛顿表示，门罗主义的时代已经终结，今天的美洲国家间关系建立在平等伙伴关系和共同责任基础上，美国不再致力于干预其他美洲国家事务。其后，奥巴马总统在南非前总统曼德拉的追悼会上同古巴领导人劳尔·卡斯特罗握手致意。

　　2013年以来一波三折的美拉关系表明，一方面，美拉之间的分歧和矛盾根深蒂固，时而凸显，时而平和，但难以调和；美国掌控美拉关系的局面已成过去；美拉关系处于"后美国时代"的调整时期。另一方面，美国和拉美都认识到，在全球化日益发展的今天，双方更加你中有我，我中有你，相互依存，互有需要。特别是对拉美而言，无论政治上、安全上还是经济上，美国仍是无可替代的合作对象。拉美既会继续同美的控制和霸权主义进行抗争，同时又有意通过外交渠道化解纠纷，保持合作。

第七章

各类安全问题交织
中国积极妥善应对

2013年我国海上安全形势综述

中国国际问题研究基金会海洋研究中心

2013年，我国海上安全形势极其复杂，热点频出，挑战严峻。以周边海上岛礁主权为主要内容的传统安全问题空前凸显，国际舆论多元，大国博弈激烈，力量格局变动。中国政府的国家海权意识增强，维护海洋权益的战略定力显现，统筹国内国际、陆地海洋的战略举措不断出台，努力争取主动，控制风险，赢得了周边海上安全形势的基本稳定、可控。

一、中日钓鱼岛问题持续升温，
东海方向海上安全风险增大

2013年，是安倍重新出任首相后其所谓"突破危机内阁"竭力作为的一年，日本借钓鱼岛事件、以中国为主要对象，在防务与安全政策方面进行了大幅调整。

2月，安倍出席了旨在修改宪法解释的首次专家会议，重点讨论"允许日本自卫队在公海护卫美国舰船时行使集体自卫权"问题，将修宪分解开来进行。4月，安倍发表"侵略未定

义论"，以旧金山和约签署日为"主权恢复日"举行活动，公然对日本天皇高呼"天皇陛下万岁"，明示其否定二战秩序、为侵略历史张目的立场。7月，日本先后公布2013年度国防白皮书和《防卫计划大纲》中期论证报告，大肆渲染中国威胁论，提出在强化日美同盟的基础上，提高日本自身的防卫能力，强化以西南地区为主的防卫态势，增强岛屿攻防能力，发展海军陆战队等进攻性力量。8月30日，日本防卫省公布了2014年度预算申请书，总额为48928亿日元（约合人民币3050亿元），比2013年度原始预算增加了2.9%。12月，安倍政府操纵国会启动国家安全保障会议，强行通过"特定秘密保护法案"，为扩大执政权力、进一步为所欲为奠定基础。

安倍政府在钓鱼岛问题上继续采取强硬态度，屡屡挑起新的事端。2月，日本炮制了所谓的"雷达照射事件"，污蔑中国海军军舰使用火控雷达瞄准并锁定了日本海上自卫队的舰载直升机和导弹驱逐舰。安倍公开妄称，"中日冲突是中国根深蒂固的需求"，污蔑中国刻意扩大与日对抗是为国内政治寻求支撑。6月，日内阁官房长官菅义伟、外相岸田文雄罔顾历史真相，发表言论坚称钓鱼岛不存在搁置争议问题。7月，又炒作我Y–8警戒机突破岛链事件。10月，日自卫队舰机进入我在西太平洋海域进行"机动5号"联演公布的演习区内长时间滞留并监视干扰我正常训练演习，并持续对我航渡编队实施高强度跟踪、侦察和监视。11月23日，中国政府按照国际通行做法，划设了东海防空识别区并进行空中巡逻，日本表示抗议并蛮横要求中方予以撤销，同时要求其民航不向中国通报提供飞行计划，并派其军用飞机在不通报的情况下进入中国防空识别区实施挑衅。

日本海上保安厅不断强化对钓鱼岛海域的警备，公务执法船密集巡航，海上保安厅计划于2014年度新招600—700人，补充新造的10艘大型巡逻船，以解决警备力量不足的问题。日海上航空自卫队不断派遣P-3C、EP-3和OP-3C等型飞机到钓鱼岛附近的东海争议海区，对我实施不间断的巡逻、侦察、电子战数据收集和图像数据收集，对我方飞机实施干扰和警戒活动。6月，日本自民党拟定了钓鱼岛12海里警备保全法，重点授权自卫队在钓鱼岛12海里进行警备，加强钓鱼岛周边海域的防卫力度，并允许自卫队和海上保安厅使用武器进行强制驱离，为以武执法提供了法律依据。

日本的这一系列做法，严重损害了东海的和平与稳定，使中日海上公务船之间、中日海空军之间发生海上意外事件的风险骤增，也使中日关系降至建交以来的最低点。

二、中国明示周边外交政策，南海岛礁争端相对缓和

2013年上半年，南海岛礁争端一度成为地区热点。1月，菲律宾发表"有关提请《联合国海洋法公约》仲裁程序反对中国"的外长声明，就菲与中国的黄岩岛主权争端正式启动了国际仲裁程序。4月，国际海洋法法庭庭长柳井俊二任命5名"仲裁员"并完成"仲裁团"组建。对此，中国外交部重申有关原则立场，对菲律宾滥用国际司法程序的做法进行了揭露。菲方在力推国际仲裁的同时，竭力争取美国支持，鼓动国际舆论同情，不惜恶化与中国的关系，在攫取、固化南海岛礁争议中充当了急先锋。5月，菲出动3艘军舰赴仁爱礁，计划打桩加固自1999年起就"坐滩"仁爱礁的破旧登陆舰，企图进一步扩大在该礁的军事存在，再次毒化了南海局势。

　　本年度,《越南海洋法》正式生效,成为其进一步采取实际手段强化在南海的既得利益的国内法依据。1月,越南政府发布关于"落实2013年经济社会发展计划及国家财政预算计划的中央政府指导措施"的第01/NQ-CP号决议,进一步明确南海斗争的重点,将"各重点地区、边境地区、海岛上修建军营"列为优先安排资金项目,突出强调"捍卫越南的海洋主权和管辖权",继续申明将"国际法"和"地区行为准则"作为解决同相关国家的陆地及海洋边界争端的基础。年初,越南新设立了渔政局,配备公务船在"越南海域"执行海上任务。3月,越南组织渔船在我西沙群岛进行侵渔活动,被我警示驱离后对我提出了外交抗议,重申其"主权"立场。5月,越南工商部完成油气集团组织运作规章的议定草拟,进一步加强了对海洋油气资源开发的管理和实施。

　　从2013年年初开始,中国采取灵活态度积极推动《南海行为准则》(以下简称《准则》)的谈判进程。8月,王毅部长代表中国政府详细阐述了对《准则》的基本立场:"合理预期",反对"速成论";"协商一致",寻求最广泛共识;"排除干扰",努力为推进"准则"进程创造必要的条件与环境;"循序渐进",协商确定制定"准则"的路线图,逐步推进。此后,地区有关方互动增多,区内外联动加强,推动《准则》谈判进程呈现出积极的势头。

　　10月,习近平主席和李克强总理先后访问东南亚,全面阐述了中国睦邻友好的周边政策,强调坚持与邻为善、以邻为伴,坚持睦邻、安邻、富邻,突出体现亲、诚、惠、容的理念,本着互惠互利的原则同周边国家开展合作,编织更加紧密的共同利益网络和命运共同体。本年度,中越两党两国高层频繁接触,李克强总理正式访问越南,双方发表《新时期深化中越全面战略合作的联合声明》。11月，在台风"海燕"袭击菲律宾中部多个地区后，中国在向菲律宾提供物质援助的同时，派出政府应急医疗队、红十字会国际救援队和海军"和平方舟"号医院船赶赴台风重灾区从事医疗救援工作，受到当地民众和政府的热烈欢迎和高度肯定。

中国的这些外交努力，使南海岛礁争端逐步有所缓和。但是应当看到，中国政府致力于稳定周边，但绝不会以牺牲主权和海洋权益为代价。中国与周边有关国家的立场仍存在巨大差异，解决南海争端问题仍有很长的路要走。

三、朝核问题先紧后缓，黄海方向安全形势仍不确定

1月，联合国安理会针对2012年12月朝鲜射星事件通过第2087号决议，要求朝鲜以彻底、可核查、不可逆的方式放弃所有核武器及现有核项目。朝方反应异常强硬，表示六方会谈和"9.19共同声明"不复存在，《朝鲜半岛无核化共同宣言》正式失效。2月，朝鲜在北部地下核试验场进行了第三次核试验。3月，韩美高调进行"关键决心·鹞鹰"联合军演，动用了驻韩、驻日基地及关岛和本土的兵力，包括具有核打击力的B-52型战略轰炸机、B-2A型隐形战略轰炸机、攻击型核潜艇及F-22型隐形战斗机等先进装备。联合国也进一步通过第2094号决议，对朝实施更严厉的第四轮制裁。朝鲜亦不示弱，采取了废止《朝鲜战争停战协定》，废除朝韩互不侵犯协议，金正恩连续数日高调视察部队，指挥针对延坪岛与白翎岛的实弹射击演练、向日本海方向发射导弹和"大规模国家级联合军演"等应对行动，数万军民举行大会宣示已做好决战的一切准备，半岛

紧张局势上升到冷战后最高强度。

5月下旬，半岛局势出现缓和迹象。朝鲜领导人特使访华，多次明确表示朝方愿接受中方建议，与各方展开对话，通过六方会谈等多种对话协商形式妥善解决相关问题。朝方提议朝韩政府在开城或金刚山地区共同举办《南北共同宣言》签署13周年纪念活动。随后重新开通板门店红十字会联络渠道，朝韩双方良性互动加快，表现出相当的灵活性。朝鲜处理国际事务的方式也发生明显改变，主动开展外交公关活动，与六方会谈的各方进行积极接触，努力寻求改善国际环境和国内经济困难局面的机会。

值得关注的是，随着半岛局势持续紧张恶化，促使韩美以应对朝核威胁为共同目标，军事同盟关系获得了新的发展。两国在《共同应对挑衅计划》、导弹防御系统建设与部署以及作战指挥权移交等军事合作问题上达成了更多一致。8月，韩美2013"乙支·自由卫士"联合军演将首次模拟实施对朝越境打击，韩方和美方各有5万和3万多名官兵参演，瑞士、瑞典、澳大利亚、加拿大、丹麦、法国等国军事人员将观摩演习，驻关岛美军2架B-52H核战略轰炸机两次飞临韩国上空进行"反朝核打击训练"。韩美舰、机密集地在朝鲜半岛及附近海空域进行常态化联合军演，对黄海方向安全形势的影响无疑在增加。

此外，黄海海域表现为渔业纠纷的海洋权益争端不断发生。2013年1月，韩国农林水产部宣布，将对在韩国海域"非法捕捞"的中国渔船实施"全方位对策"，在渔汛期加大海上执法力量和装备，以16艘韩国国家渔业指导船（渔政船）实施重点部署，采取提高罚金上限等措施。近年来，韩国每年都扣押数百艘中国渔船，2011年为534艘，2012年为467艘，2013

年扣押中国渔船、索要巨额罚金的事件不断，如10月7日韩国海警在拦截中国两艘渔船时发生冲突，双方都有受伤者。这些事件，对中韩关系造成负面影响。

四、地区有关国家持续加大军费投入，突出海空力量建设

2013年，地区有关国家大力加强海空装备的现代化发展，一批新装备列装。

日本新型22DDH直升机驱逐舰首舰"初云"号下水，满载排水量为2.7万吨，可搭载14架直升机、MV-22"鱼鹰"倾转翼飞机，并具有起降F-35B的潜力；第2艘"秋月"级导弹驱逐舰"照月"号、2架"P-1"型喷气式反潜巡逻机和"瑞龙"号AIP潜艇等新型武器也先后服役。这些新型舰艇进一步提高了日本的远洋反潜、远程投送以及海上综合作战能力。为应对岛屿主权争端，日本突出加强"离岛"控制能力和两栖作战能力建设，加快建造登陆舰艇。为应对所谓的中国潜艇威胁，日本突出加强反潜能力建设，目前有P-3C反潜巡逻机77架、P-1反潜巡逻机4架，还有86架舰载反潜直升机。

越南在2013年正式组建了海军189潜艇旅，向俄罗斯购买6艘"基洛"级潜艇中已交付1艘。同时新组建954海航旅，大幅扩充海空作战力量。为维护南沙既得利益，越海军从俄罗斯订购2艘"猎豹"级导弹护卫舰、12架苏-30MK2多用途战斗机，向印度购4艘大型巡逻船，向荷兰购2艘"西格玛"级护卫舰，加快落实从俄引进技术自行生产10艘"闪电"级导弹艇项目等；越空军则先后接收了8架俄制苏-30战机、3架以色列制"盘旋者-2A"型无人机，首架西班牙制C-212型海上巡逻机，以加

强在南沙的海空巡逻。

菲律宾宣布了18亿美元的强军计划,除已经接收的2艘美制"汉密尔顿"级巡逻舰外,还将在未来5年采购包括2艘"西北风"级护卫舰、2架反潜直升机、3艘海岸巡逻快艇和8艘两栖攻击舰在内的舰机装备,并加强通讯、情报和侦察系统。菲律宾2013年国防预算增幅为12.5%,达29亿美元。

印尼海军也编制了10余亿美元的预算,计划从英国采购3艘护卫舰,从荷兰采购1艘导弹护卫舰,向澳购买5架C-130H"大力神"运输机,向俄购买10艘柴电潜艇。其空军从巴西、俄罗斯、美国、澳大利亚引进30多架高性能攻击型战斗机和大型运输机,海空力量发展十分迅速。2013年印尼国防预算增幅为18%,达81亿美元。

五、美国稳步推行亚太"再平衡"战略,继续深度影响我周边海上安全形势

2013年,奥巴马政府开始其第二任期。尽管国务卿克里和国防部长哈格尔多次重申美"再平衡"战略不针对中国,但"选边站"、制衡中国的举动仍旧很明显。在钓鱼岛问题上,美国不断做出强化美日军事同盟的动作,与日本举行以登岛和夺岛作战为假想背景的大规模联合军事演习。在中国划设东海防空识别区后,美国在第一时间与日本站在一起宣布"不承认",实际上起到纵容、鼓励日本向我挑衅、发难的作用。在南海问题上,美国国务卿克里4月会见菲外长时,公开表示支持菲律宾将南海争端提交国际仲裁,美、菲军方高层借联演之机就有关组建专门的防御部队进行意向性沟通协调。此外,美还派出

贸易代表赴越，加大与越南TPP谈判力度。奥巴马与访美的缅甸总统吴登盛举行会晤，显示出美与越、缅等地区国家关系均出现不同程度的提升和发展。

在2013年的香格里拉对话中，美国防部长哈格尔透露了美国在亚太全面增兵的计划，明确表示在2020年前不仅要将60%的军舰部署到亚太，而且要将本土之外的60%的空军力量部署到亚太，并部署最新的武器装备，同时还公布了亚太陆上作战力量的调整计划。4月，美海军"自由"号濒海战斗舰进驻新加坡樟宜港，开始执行为期8个月的部署任务。7月，美追加部署的12架"鱼鹰"偏转翼飞机抵达冲绳普天间机场，美驻日"鱼鹰"总数达到24架，针对钓鱼岛争端的意图更加明显。8月，美菲就扩大美在菲律宾军事存在的框架协议举行首轮正式谈判，讨论增加美在菲驻军规模以及延长舰艇、飞机在菲停留期限等问题，并希望尽快达成最终协议。在陆上方向，美国将海军陆战队第1和第3远征军以及陆军第25师重新部署回其在太平洋战区的基地，增加在亚太的地面部队数量。

总之，美国一方面传达认识到与中国关系重要性的信息，另一方面仍旧在利用中国周边海上争端问题制衡、防范中国，在我周边海上安全形势中扮演着关键性的角色。

南海争端中的美国因素及其影响

刘新生①

　　2013年，南海形势总体上呈现出"缓和"与"紧张"并存的局面。一方面，中国和东盟国家就《南海行为准则》的磋商稳步推进，并产生了积极的影响；另一方面，美国出于"重返亚太"战略的需要，不断强化对南海问题的介入，给南海形势带来了极为消极的影响。总的来看，南海将步入一个相对平衡的发展时期，但南海形势中不确定性因素很多，突发事件也难以避免。

一、美国强化介入

　　近年来，中国与东盟国家的双边贸易额逐年攀升，中国与东盟自由贸易区初步建成后，双方的经贸合作迎来了一个新的高峰，引起了美国的高度担忧。美国担心中国会影响其推行全球战略，尤其是会影响到其在东南亚的战略利益。为了确保美

---

　　① 作者系中国国际问题研究基金会研究员，中国前驻文莱大使。

国在东南亚地区的总体战略利益不受地区主义和地区大国力量的挑战，美国重点加强向亚太地区扩展，恣意干预南海争端，一年来采取种种手段防范中国的崛起。

（一）渲染"中国威胁"。5月6日，美国防部发表了2013年度《涉华军事与安全发展报告》，再次散布"中国军事威胁论"。这份报告老调重弹，在罗列了中国近来军力发展的一些情况后，质疑中国的和平发展战略，声称中国的军力提升"缺乏透明度"，导致本地区对中国意图的"疑虑增加"。扬言中国周边海域呈现的紧张局势有所升级，并强调西太平洋海域的航行自由"涉及美国国家利益"。[①] 与其2012年的《中国军力报告》相比，2013年《中国军力报告》用了更多的篇幅阐述中国与周边国家的领土争议问题。在文章末尾，报告首次特别绘制了中国与周边国家的领土争议示意图。报告还称，在黄岩岛问题上，中国政府以南海"九段线"作为维护自身在南海权益的边界和依据。2012年11月，中国颁布了包含"九段线"的地图，这一行为引起了亚太地区其他国家的"消极反应"。报告同时声称，直到目前为止，中国"九段线"的准确含义仍模糊不清，中国还没有明确解释"九段线"的含义并提供法律依据等。美方之所以跳出来以官方文件的方式挑战中国的合理合法行为，对中国南海"九段线"提出质疑，就是要搅浑水，搬弄是非，给菲律宾等国发出错误信号，借此扰乱中国的和平发展环境。

无独有偶。2012年8月3日，美国务院代理副发言人温特利尔在就南海问题的声明中，强调的是美国"在南海地区保持和平与稳定，尊重国际法，航行自由和不受阻碍的合法贸易方

---

① 贾秀东：《美国又搬是非搅浑水》，《人民日报》海外版，2013年5月8日。

面拥有国家利益"。[①] 当时就有评论指出，美国国家利益在南海争端中任意扩张是为今后深度介入南海问题埋下伏笔。2013年7月29日，美国参议院果然通过了一项名为"支持和平解决亚太海域争端"的决议案。这项没有法律约束力的决议案由外交委员会主席罗伯特·梅内德斯等6名两党议员发起。决议案首先强调，参议院坚决支持以和平手段解决亚太海域的领土争议、主权争议和管辖权争议，重申在亚太海域航行和飞越的自由是美国的国家利益，符合国际法原则。决议案在提到中国与菲律宾的领海争端时偏袒说，菲律宾表示"为和平解决跟中国的领海争端，几乎用尽所有政治和外交手段"后，决定诉诸国际法庭。[②] 并声称，美国对争端解决的方式和各方的行为一直高度关注，支持以合作、外交方式解决争端，反对强迫、恐吓、威胁和使用武力。此份决议案对中国，美国可以无中生有加以指责，而对菲律宾侵占中国领土、破坏地区和平稳定的言行却避而不谈，明里暗里给予支持。不难看出，美国参议院处心积虑炮制的决议案表明：美国再次以发号施令者自居，打着支持和平解决争端的旗号，大干拉帮结派、强化美菲军事同盟、牵制中国、谋取称霸私利的勾当。

（二）提升作战能力。从2013年3月1日起，美海军"自由"号濒海战斗舰已正式在新加坡展开为期8个月的首次部署。美海军冠冕堂皇地对外宣称，此次部署主要是为了检验濒海战斗舰的作战能力，同时也为评估该舰的舰员轮换制度和维修保养计划。美"一口气"部署4艘濒海战斗舰，有其战略考量。尽

---

① 吴祖荣：《晒晒美参议院有关亚太海域决议文》，国际网，2013年8年5日。

② 《环球时报》，2013年8月3日。

管南海海域面积颇大，周边国家也不少，近些年来也颇有些国家常随着美指挥棒翩翩起舞，不过其"真正铁杆"并不多，真能为美提供靠泊使用的港口基地也数量有限。作为美多年的坚定盟友，新加坡既是美在亚太前沿部署的关键性棋子，更是美安全岛链中的重要角色。不仅如此，美的新加坡樟宜海军基地还可为航空母舰提供停靠及全面的后勤保障，而且几乎每年都有一百多艘美舰在新加坡港停靠休整。"自由"号濒海战斗舰的部署，不仅可依托樟宜基地强有力的保障，提升美海军在南海周边的作战能力，还可以把濒海战斗舰作为封锁马六甲海峡的最有效的"利器杀手"，是美"太平洋支点战略"的一部分。

（三）**竭力安抚盟友**。2012年，时任美国防部长帕内塔在新加坡的香格里拉会议上高调宣扬"亚太再平衡"战略。2013年6月，现任美国防部长哈格尔利用"美国的地区安全政策"这一主题，再次对其进行阐释，明确表示，美的"战略再平衡"计划不会因为国内财政机制变化而改变。即使在缩减开支的情况下，美政府仍将向亚太地区增加7%的额外投入。[1] 有学者指出，这是安抚盟友的"定心丸"。与先前的版本相比，2013年的"亚太再平衡战略"更加明确地提出了许多"看得见的"行动方案，内容涉及空中、地面力量部署和高科技武器投入等各个方面。海空力量方面，哈格尔除了重申继续坚持2020年前将60%的海军军舰部署到太平洋地区外，还宣布将其本土以外60%的空军力量部署到亚太地区。哈格尔认为，此举将有助于提升美空军的机动性、作战范围和灵活性。不仅如此，美国国务卿克里利用10月出席在文莱举行的东亚系列峰会之机，敦促东盟领导人根据国际法原则解决同中国的海上纠纷，而不要像

---

[1] 《中国青年报》，2013年6月7日。

中国所希望的那样一对一跟中国打交道。

美国负责东亚和太平洋事务助理国务卿拉塞尔甚至扬言，拥有南海岛屿主权的各国必须厘清模糊之处，不应以国民情绪和历史作为解决问题的依据，[①]以此煽动东盟国家与中国较劲。

（四）扩大在菲军事存在。 8月14日，菲律宾与美国就扩大美军在菲"轮换存在"事宜在马尼拉开始谈判。菲曾是美的殖民地，长期保持着军事同盟关系。1991年，菲参议院废除了菲美军事基地协定，结束了美在菲93年的驻军历史。但1998年，两国签订《访问部队协议》，美军得以重返菲律宾，两国每年定期在菲举行联合军事演习，美战舰也经常在菲港口停靠访问。不仅如此，美军还以"反恐"名义向菲南部棉兰老地区长期派驻数百名军人。过去十几年间，菲美之间的军事合作一直在《访问部队协议》框架下进行。这虽是一个意在让美军短期在菲停留的协议，但在驻菲美军的活动范围、停留期限，以及参加何种作战行动等方面表述不清，实际上为美军无限期驻军和参与各种军事活动开了"绿灯"。时至今日，美菲不仅不满足于这一本已十分宽松的协议，而且力求在此基础上寻求更大程度的美军在菲存在。美急需在亚太建立"立足点"，菲希望拉美当靠山，以便在南海争端中对抗中国。菲军方透露，双方的谈判将涉及菲在北部苏比克湾将要兴建的海军和空军基地对美军开放、美预先把武器装备部署在菲、增加菲美军演的次数和美军舰访问的频率等议题，并在探讨将南沙群岛附近菲律宾西南的巴拉望岛设为其前沿基地之一，届时双方将共同使用位于巴拉望岛的菲军基地。[②]从目前情况看，美菲试图以不新设

---

① 环球网，2013年9月29日。
② 人民网，2013年8月16日。

基地而以"轮换存在"方式，大幅扩大在菲的军事存在，对美而言花费少，对菲而言争议小，但它终究掩盖不了执意在南海联手制衡中国的祸心。

二、增添安全隐患

在"重返亚太"的大背景下，美国强化介入南海争端，无疑带来了多种负面影响：

首先，美军事影响不断深化。长期以来，美保持在南海地区的军事存在以维护地区的稳定、航行的自由及在南海水域开展正当商业活动的权利。美采取这些行动的直接原因是南海安全形势与地区内美的既得海外利益关系紧密。一是美企业在地区内有着重要的商业利益；二是美的海外贸易利益与南海航线安全有着密切的联系。因此，"重返亚太"后，美国势必将以维护在该地区的重大海外利益为首要目标，并努力寻求在参与地区合作过程中进一步扩大美的地区利益。另外，改革开放以来，特别是近十年来，中国的经济力量得到了迅速发展。基于此以及多年来一直奉行的"睦邻"友好政策，近年来中国在东南亚地区的影响不断扩大。美以随心所欲的态度来看待中国的日渐崛起及不断扩大的影响，在与中国直接展开"战略与经济对话"的同时，又以在东南亚地区强大的军事存在对抗中国的所谓"军力膨胀"，并时而无端指责中国对南海海域主权的要求。可以看出，南海安全形势已被美视为与中国博弈的又一颗重要"棋子"。美国"重返亚太"后，势必也将继续发挥并加强南海地区这一战略场的作用，深化其军事影响。尽管未来的南海局势存在着未知的变数，但是其中可以肯定的是"美国因素"已经并将继续是构成南海形势影响因素的重要一部分。

其次，东盟国家进一步被美牵制。"9·11"事件后，美更是将东南亚地区作为反恐地缘政治的"心脏地带"，并努力扩大军事影响。时至今日，美联合东南亚国家在南海地区举行的军事演习不断从双边走向多边，持续时间渐长并日益机制化。对东盟而言，"大国平衡战略"是把双刃剑，东盟虽有意利用美"遏制"中国在地区的崛起，但同时也无疑使其自身被美的军事引导力量所牵制。美在南海地区军事方面的作为已经对这些国家产生明显的影响。虽然"卡拉特集团"与"卡拉特海上力量集团舰队"的真实性令人生疑，但其充分表明了东南亚各国已经为美的军力所操控。近年来，东南亚一些国家在加强与美等国的军事交流、培养高素质军事人才的同时，还不断从美购置先进武器装备、引进先进军事技术以推动军力的发展。东南亚地区已经成为"全球军演最频繁的地区"，可以说"逆裁军"现象在东南亚地区已然成为事实。美在南海问题上的"偏袒"态度势将进一步"鼓舞"菲律宾等声索国在南海主权争端上的"野心"。此外，美视东南亚地区为反恐战争的"第二条战线"。凭借着在该地区强大的军事存在，美成为参与地区合作以打击海盗等跨国犯罪与打击海上恐怖主义的先锋力量。美在该地区军事渗透力度的不断加深，必将使东南亚国家进一步受制于美。

第三，日本深受刺激与鼓舞。日对中国在该地区内的崛起与影响的日益扩大多年来怀有"嫉妒"与不安的心理，日的南海政策及加强在地区的军事渗透方面与美的政策日益走向一致。美深度介入南海争端对日进一步加强对南海地区军事渗透产生巨大的引导作用。为打破"和平宪法"的限制，日通过"美日"军事同盟在保持地区力量平衡方面，特别因钓鱼岛争端中日关系持续恶化之时，南海地区成为抗衡中国的主要战略场之一。2013年6月下旬，日本防卫相小野寺五典与菲律宾国防部长加斯明在马尼拉举行会谈后对媒体记者表示，南中国海情况类似于东海，南中国海局势的变化可能连带影响东海和日本，因此，日非常关切菲在南中国海的处境。并声称，菲日双方在这次会谈时"同意进一步加强对偏远岛屿的防卫进行合作，并加强对领土、领海及海事利益的保护"。他还表示美在亚太地区的军事存在，"是东亚地区宝贵的共同财产"。日菲两国为了共同抗衡尝试在东海和南中国海扩大权益的中国，应该以美为后盾牵制中国，并强调日、美、菲三国为此进行联合的必要性。[①] 不难看出，日本正在与美菲加强互动，争取在未来与中国发生岛礁争端时能够声应气求，互相呼应。今后日本和菲律宾会在东海、南海一起对中国发难，这一动向值得注意。

第四、中国东盟关系受到冲击。南中国海周边国家、美日等国家认为，自2012年中菲黄岩岛争端激化以后，中国明显地逐步加大在这一海域的巡航执法的力度，中国舰船频繁出现在黄岩岛和仁爱礁周边海域，对华盛顿制定的"亚太再平衡"的战略构成了"严重挑战"。与此同时，因受"中国威胁论"的影响，一些东盟国家借助美日等其他大国力量制约中国的战略企图对中国与东盟关系产生了负面影响。作为一个由10个相对弱小的国家组成的区域合作组织，东盟多年来一直通过大国平衡外交来增强自身在亚太区域的影响力。东盟与中国一起对90年代美在亚太区域的霸权活动起到了一定的制约作用。进入21世纪，随着中国综合国力的提高，东盟国家对日益强大的中国产生了复杂的情绪。一方面，试图搭乘中国快速发展的便车实

---

① 环球网，2013年7月18日。

现自身的发展；另一方面，对崛起后中国的发展战略产生疑虑，试图联合其他亚太大国平衡中国的影响力。而美国的新亚太战略，特别是奥巴马执政后美高调"重返亚太"的战略，与东盟一些国家一拍即合，导致他们在南海问题上相互利用。美高调介入南海争端无疑给中国与东盟关系产生了冲击，2013年初，菲律宾在中日钓鱼岛高度紧张之际，将中菲南海争端提交国际海洋法庭仲裁，即是例证。

三、中国多管齐下

美国因素对中国解决南海争端带来巨大影响。美的南海战略布局一方面加强了与东南亚当事国的政治、军事和经济联系，另一方面积极引入日本、印度、澳大利亚等国介入南海问题，使得中国在解决南海争端中不得不兼顾多方面考量，同时也增加了中国贯彻自己意愿解决南海问题的难度。面对南海问题日益大国化、国际化和复杂化形势，中国采取了多项措施，沉着应对。

一是坚定地表达维护国家领土主权的决心和意志，并采取切实措施维护中国的领海主权。中国海洋权益主张涉及300多万平方公里海域，其中超过一半与周边国家有争议，海洋维权执法任务极为艰巨复杂。为加强海洋资源保护和合理利用、维护国家海洋权益，2013年3月，我国重新组建了"国家海洋局"，并设立多层次议事协调机构"国家海洋委员会"，负责研究制定国家海洋发展战略，统筹协调海洋重大事项，从而终结了我国海洋维权"九龙治海"分散局面。① 与此同时，我们还采取了一系列措施，以维护中国的领土主权：继 2012 年底中国海事系统最先进海上执法巡逻船 ——"海巡 21"正式列编海南海事局后，新建造的中国海监 76、77、86、87 艇于 2013 年初正式加入中国海监南海总队序列。为切实保障我国赴南沙作业渔民的正当权益，确定 2013 年维权护渔工作的重心是：看好黄岩岛，守好美济礁，加强西沙和北部湾监管以及开展南沙常态化护渔。其中，扎实推进南沙群岛海域常态化护渔工作，成为整体工作的重中之重。另有传闻称，解放军高层决定从北海、东海和南海舰队各抽调一批新式舰船、潜艇组成三支特混舰队赴南海警戒巡逻，其阵容之强、舰型之全，前所未见。② 2013 年 5 月，中国海军在南海举行多兵种、立体大型规模联合演习。演习期间，三大舰队一齐上阵，中国海军中的水面舰艇、潜艇、航空兵、岸防部队和陆战队等五大兵种，编组成了"红""蓝"对抗两军，在复杂电磁环境下展开实兵演习。此外，中国海军还向海监部门输送大批退役军舰，使中国海监队伍的实力大增，执行任务的能力大为提升，为完成海洋维权任务提供了基本保证。如今，军地联动已经成为中国海洋维权的固定形式，与过去相比显示出明显强势。

二是坚持"以邻为善，以邻为伴"的周边外交政策，加强与东盟的战略沟通和战略互信。2013 年是中国和东盟建立战略伙伴关系 10 周年，双方关系正站在承前启后、继往开来的历史新起点上。过去 10 年，中国—东盟关系实现了跨越式发展，开创了双方合作的"黄金十年"。毋庸讳言，双方也存在一些不

---

① 《京华时报》，2013 年 3 月 11 日。

② 大公网，2013 年 9 月 16 日。

利于稳定与发展的干扰因素，但这不是主流。未来10年，中国—东盟关系如何再建构、再开拓、再升华是一个迫切需要解答的方向性问题。中国新一届政府高度重视东盟，坚持把东盟作为中国周边外交的优先方向，坚持巩固和深化与东盟的战略伙伴关系，并通过积极主动的外交充分展现出推动双方关系全面深入发展的信心、决心、诚心。10月3日，习近平主席在印尼国会发表演讲，全面阐述中国对东盟的睦邻友好政策，提出携手建设中国—东盟命运共同体的战略构想，为双方共同建设21世纪"海上丝绸之路"指明了方向。10月9日，李克强总理在中国—东盟（10+1）领导人会议上发表讲话，进而具体阐述了"两条政治共识"和"七个领域的合作"设想。这是中国政府对未来中国—东盟关系发展的政策宣示，其要义是增进中国与东盟的战略互信，深化全方位合作，实现共同发展与繁荣，续写中国—东盟战略合作的新篇章，让中国—东盟关系的发展不仅造福于双方人民，也将为地区乃至世界的和平、稳定与繁荣作出更大贡献。

三是直面应对南海争端，主动致力于化解矛盾与维护南海和平稳定。习近平主席和李克强总理访问东盟国家期间多次就南海问题发表了意见，提出了新的合作倡议，对外传递积极稳妥处理南海问题的信息，体现了以创新思维破解南海问题的精神。概括起来，中方提出处理南沙岛礁争议的"三管齐下"方针。一是坚持由直接当事方通过协商谈判达成解决方案；二是继续落实《南海各方行为宣言》，并在此过程中逐步推进《南海行为准则》的磋商；三是积极探索"共同开发"。"共同开发"的意义不仅在于经济利益，更是向外界发出明确信号，中国愿意以合作的方式稳妥处理彼此之间的分歧。特别值得一提的是，此次李克强总理访问文莱和越南，在"共同开发"方面取得突破性进展。如中越两国正式成立海上共同开发磋商工作组；中国与文莱签署关于海上合作的谅解备忘录等。"共同开发"将成为中国与东南亚国家关系长治久安的"奠基石"。当然，南海问题是长期累积形成的，解决起来需要一个过程。俗话说，"不怕慢，就怕站。"只要南海有关各方与中方一道，以合作的方式积极稳妥地处理南海问题，南海就能真正成为"和平之海、友谊之海、合作之海"。

四、结束语

南海争端主要是因南沙群岛的主权归属问题而引起的包括岛屿主权、海域划分和资源分配等方面的争端，涉及政治、经济、法律等诸多领域。南海争端首先反映在各当事国对于岛屿的主权归属持不同立场。

南海的问题对于美国而言，更多像是一个"抓手"。换句话说，它是美国利用的一个工具，而不是在南海问题上真的要跟中国正面对抗。其实南海的争执由来已久，美国国会二三十年前就讨论过这个事情。但是突然之间把这个事儿炒作成一个特别大的问题，其中一个原因就是东南亚国家和中国的政治经济联系越来越密切，中国的地区影响力大幅提升，而美国在这一区域的影响力相对在下降。美国实际上有意想利用南海问题在中国和东南亚各国之间制造矛盾，试图加剧东南亚国家对中国的猜忌。从本质上看，介入南海问题是美国调整亚太战略、影响中国战略走向的一种手段，而不可能将这一手段运用到超越目标利益的程度。在美国经济尚未完全复苏，中东、北非局势并不稳定的状态下，与中国发生严重对峙不仅不符合奥巴马政府南海政策的初衷，也不符合其执政团队的政治利益。因此，在目前和可预见的未来，美国在南海问题上与中国发生严重对峙的可能性并不大。基于此，作为制衡中国和拉近与东南亚国家关系的重要手段，美国的南海政策必将限定在一个合理的调整范围。既不危及中美关系的可协调性，又能有效地影响中国的地缘战略，无疑是决定其政策调整的两大标尺。

就东南亚国家而言，让美国重返东南亚地区，乃是东盟以往所实行的大国平衡外交路线的继续。诚然，东南亚国家众多，每个国家所处的环境和各国的具体国情并不相同，各国与美国的关系也有亲疏厚薄之分，所以，它们对美国重返东南亚，其心境和态度也并不一致，有的兴高采烈，积极主动；有的疑虑重重，消极应付；有的心情复杂，不置可否，皆因各国有着不同的国家利益和需求。东盟赞赏中国和平发展战略，也基本认同中国在南海问题上提出的"搁置争议、共同开发"方针；东盟部分成员国民族主义情绪上升，担心中国军力迅速增强，将来会以武力或武力威胁的方式来解决南海问题。由于东盟国家对中国政策缺乏了解，尤其是当前还很不适应中国的加速崛起等，致使"中国机遇论"与"中国威胁论"成为双方合作的一体两面，但合作仍是中国—东盟关系的主流，东盟能够以比较积极的姿态应对中国崛起。南海问题只是中国与部分周边国家关系中的很小一部分，不应该、也不可能影响中国与相关国家之间的合作大局，更不会成为中国和东盟共谋发展的"绊脚石"。总的来看，南海剑拔弩张的紧张阶段已经过去，接下来将进入平衡发展时期，但南海形势中不确定性因素很多，突发事件也难以避免。

2013年国际能源形势及
中国能源外交回顾

李建民[①]

2013年，国际能源格局经历深刻调整。以美国页岩油气革命为代表的非常规能源开发对全球能源供需关系和价格走势产生重大影响，成为世界油气地缘政治格局发生结构性调整的催化剂。中国作为经济增长最快的新兴经济体和全球最大的能源消费国，既影响着世界能源消费安全格局和生产格局的变化，也面临着新的能源安全挑战和压力。为了确保国家能源安全，并通过能源外交的运筹实现国家其他战略利益，中国需要以大国的魄力进一步加强多方位、多层次能源外交。

一、2013年的国际能源形势

（一）国际油价先抑后扬，运行区间收窄。供应基本面、

---

① 作者系中国国际问题研究基金会能源外交研究中心执行主任，中国社会科学院欧亚所俄罗斯经济研究室研究员。

欧佩克产量政策、地缘政治冲突、自然灾害、美元走势等诸多因素的强弱对比是影响国际油价的关键因素。年内，全球经济增长反复、发达国家对原油的需求量持续萎缩，导致供需基本面宽松，抑制了国际油价的大幅上涨。欧佩克产量调节，对维持油价基本平稳亦起到积极作用。与此同时，世界主要产油地中东地区地缘政治动荡为油价上涨提供了动力，伊朗核问题、叙利亚内战等地缘政治压力多次将油价推高。在上述因素共同作用下，全年国际油价波动幅度由上年的40%缩小至20%，纽约与布伦特两大原油市场期价平均约为98美元/桶与108美元/桶，较上年分别上涨3.5%与下降3.0%。从全年油价走势看，先抑后扬特点明显，上半年在相对低位窄幅波动，7月之后出现大幅上涨态势。但是，总体看全年油价波动幅度相对较小，波动区间保持在20美元/桶之内。

（二）**北美正在成为新的油气生产中心**。中东以外地区的石油探明储量和产量明显增长。俄罗斯和中亚地区常规油气、巴西和西非几内亚湾深海石油、加拿大油砂、委内瑞拉重油的开发加速，推动国际油气生产格局走向"多中心时代"。美国原油产量的增加和伊拉克石油产业的重塑成为影响国际油气生产格局变动的突出因素。作为传统的原油进口第一大国，美国一直把"能源独立"作为能源发展的战略目标。随着近海油气田的开采，特别是以页岩气、页岩油为代表的非常规油气的成功开发，美国"能源独立"取得重大进展，油气对外依存度出现重要拐点。2013年7月，美国超过俄罗斯和沙特成为全球最大油气生产国，[①] 美国的石油及其他能源的自给率大幅上升。美

---

① 《2013年美国有望成为全球最大油气生产国》，中新网，2013年10月5日，http://www.chinanews.com/gj/2013/10-05/5345225.shtml。

国"能源独立"弱化了其对中东地区油气供给的依赖，美国对中东地区油气的控制已从满足自身需要转变为对他国施加政治影响。尽管中东作为全球最大产油区的战略地位短期内不会改变，但是北美地区在全球油气供给中的地位将会不断上升。

（三）**全球石油贸易和消费重心加快向亚洲转移。**2013年，在美国油气进口逐渐降低和以中国、印度为代表的新兴大国油气进口迅速上升的双重作用下，世界油气向东流动的趋势日趋明显，引起国际能源消费格局的重大变化。新兴经济体成为稳定的能源需求增长源，其中中国和印度占到需求总增量的近90%，导致中东、西非、拉美等产油地区与中、印等消费大国的原油贸易量增加，亚洲方向成为原油贸易最活跃的地区。2013年，中国已超过美国成为世界第一大石油进口国。国际能源署《2013年世界能源展望》报告指出，全球能源需求的重心正在向新兴经济体转移，尤其是中国、印度和中东地区。[①]

（四）**全球能源市场出现供大于求的局面。**美国、加拿大加速开发页岩油气，不仅刺激和带动了全球非常规油气的开发，而且改变了人们对世界能源市场的预期。据英国石油公司世界能源统计数据，在过去的20年里，全球石油消费量增长了30%，而探明储量增长高达60%。按照目前的石油消费速度计算，已探明石油储量足以满足世界50多年的市场需求。从中长期看，原油供给完全可以跟上原油消费的步伐，甚至可能出现供大于求的局面。正是在此情况下，曾经甚嚣尘上的"石油峰值论"、"石油枯竭论"悄然消失。但是，由于新兴市场的快速发展和能源需求的大幅增加以及地缘政治因素的不确定性，全

---

① 国际能源署:《2013年世界能源展望报告》(World Energy Outlook 2013)，http://www.worldenergyoutlook.org/publications/weo-2013/。

球油价将会在高位振荡。

（五）**全球油气供需区域化格局更加清晰。**页岩油气的开发不仅为美国找到了一条可持续发展的能源安全路径，而且可能改绘全球能源、经济乃至地缘政治版图。非常规能源的崛起导致西半球国家几乎完全实现能源自给自足，并且形成了以中东、中亚、俄罗斯、北美为主的四大能源供应板块及以欧洲、东亚、南亚为主的三大能源需求板块。新的能源供需格局的形成、多个油气生产中心的兴起，促使各大消费中心就近寻找新的油源，油气生产区积极对接新的消费中心。在此背景下，以美国为中心的"大西洋供需区"、以欧洲为中心的"环欧供需区"和以东亚为中心的"环亚供需区"并立的国际能源供需格局加速形成。

（六）**俄罗斯等传统油气出口国的压力增大。**俄罗斯高度依赖能源出口支持其脆弱的经济，并将其作为对能源消费国施加影响的政治杠杆。在非常规能源快速崛起的形势下，欧盟作为俄罗斯最大天然气出口市场有望通过进口较为廉价的美国LNG来减少对昂贵的俄罗斯天然气的依赖，俄天然气的国际市场份额受到挤压，价格优势逐渐消失。[①] 页岩气革命不仅使俄打造天然气OPEC的计划落空、维持天然气价格与原油价格挂钩的定价机制的计划难以为继，而且使俄通过能源出口获取超额利润变得更加困难。俄科学院能源研究所认为，"俄罗斯可能会成为全球能源市场的主要输家。"除俄罗斯外，沙特、伊朗、委内瑞拉也会因页岩油气革命而受到新的地缘政治挑战。

---

① 国际在线专稿:《俄罗斯天然气出口遭遇严冬　能源市场格局或重新洗牌》, 2013 年 5 月 13 日, http://gb.cri.cn/42071/2013/05/13/6611s4113082.htm。

二、2013年中国能源外交的新进展

经济的快速增长提升了中国的国际影响力和能源外交运筹能力。2013年，中国能源外交把握机遇、化解挑战，在实施"走出去"战略、参与国际能源合作方面取得了一系列重要进展。

（一）对中亚能源合作水平全面提升。实现能源出口多元化是中亚能源资源国实现经济独立的重要依托，这与中国能源进口多元化战略恰好形成优势互补。中国与中亚五国关系全面提升至战略伙伴关系，为深化能源合作提供了良好的政治关系基础。年内，中国对中亚国家能源合作取得多项重要进展。中国与土库曼斯坦成为最大天然气合作伙伴，中国取代俄罗斯成为土最大的天然气销售市场（占土天然气出口的2/3以上），土也成为中国最主要的天然气进口来源（占中国天然气进口总量的一半左右）。中土双方还签署了开发建设土加尔金内什气田协议和土对华增供250亿立方米天然气购销协议，并且决定在已有的A、B线管道基础上加快推进中国—中亚天然气管道C、D线建设。土对华供气量将从每年400亿立方米提高到650亿立方米。在石油合作领域，中石油出资50亿美元购买哈萨克斯坦卡莎甘油田8.33%股份，中国将帮助哈修建一座炼油厂，并且提供30亿美元贷款作为哈国有石油公司完成卡莎甘油田二期开发的资金。

（二）对俄能源合作进入上下游一体化新阶段。能源合作是中俄务实合作的重中之重。2013年6月，中俄签署俄对华增供原油长期合同，规定俄将在目前中俄原油管道（东线）1500万吨/年输油量的基础上逐年增供，到2018年供油量达到3000

万吨/年，合同期25年，可延长5年。双方还商定，自2014年1月1日开始，俄方将通过中哈原油管道（西线）对华增供原油700万吨/年，合同期5年，可延长5年。未来俄对华原油出口量将达到4610万吨/年，合同总价2700亿美元。该合同不仅是中国对外原油贸易中最大单笔合同，也是全球石油工业史上最大交易之一。10月，中国石油天然气集团公司与俄罗斯诺瓦泰克公司签署亚马尔公司LNG购销框架协议，根据协议，中石油将收购亚马尔LNG股份公司20%的股份，从而迈出了进入俄上游气田开发领域、参与俄天然气产业全链条合作的重要一步。中石油还与俄石油签署了关于天津炼油厂投产进度和供油条件的文件，俄方承诺在中俄合资天津炼油厂建成投运后每年向其供应910万吨原油，中国政府则承诺赋予天津炼油厂原油进口权、成品油出口权和产品销售权。

（三）**中国与缅甸天然气管道全面贯通。**2013年7月，历时三年建成的中缅天然气管道缅甸段进入试运行阶段。这条新管道的建成开辟了中国能源运输的新途径，不仅对于中国能源运输减少对马六甲海峡的过度依赖，节省能源运输成本，而且对于改善中国西部地区能源供应均具有重大战略意义。

（四）**撬开了英国和中东欧民用核能市场。**2013年，中国与英国签署《关于加强民用核能领域合作的谅解备忘录》，与罗马尼亚签署核电、火电、风电等领域合作项目，实现了中国能源企业进入英国和中东欧核能市场的重大突破。中国两大核电巨头中核集团和中广核获准参与英国西南部欣克利角核电机组建设，英国成为第一个向中国开放核能市场的发达国家，有望对其他欧洲国家产生示范效应。中东欧核电市场对华开放，标志着核电将成为中国与中东欧全方位、宽领域、多层次互利合作的重要组成部分。

（五）中国与加拿大能源合作迎来"第二春"。2013年2月，中海油完成了收购加拿大尼克森公司的交易，交易总价151亿美元，是中国企业成功完成的最大一笔海外并购，也是加拿大自2008年全球经济危机以来最大金额的外资收购案。该交易拓展了中海油在加拿大、尼日利亚和墨西哥湾的业务，并得以进入资源丰富的英国北海地区，从而为其进军世界能源中下游炼化、销售领域奠定了重要基础。

三、中国能源外交面临的机遇与挑战

世界能源生产格局和消费格局的重大变化，中国综合实力的快速增强及能源消费的持续增长，给中国能源安全带来多重复杂影响，中国能源外交面临的机遇与挑战同时增大。

（一）中国能源外交的最大机遇在于，能源进口的渠道增多、参与国际能源合作的机会增大。美国非常规油气开发的成功及"能源独立"的进展为全球油气生产提供了增量贡献，新兴大国与美国陷入石油冲突的风险降低。作为全球最大的战略买家，中国在国际能源市场的地位大大提高。在国际能源格局发生大变化的背景下，为获得更高利润，美国企业积极商讨对华出口页岩气。加拿大为向中国出口能源，主动改善对华关系。俄罗斯、中亚、拉美等传统油气生产国受到来自美国页岩气、页岩油的竞争压力，加紧寻找能源资源潜在买家，冀望中国成为其稳定的出口市场。上述变化对中国保障国家能源安全及能源企业"走出去"带来重要机遇。

与此同时，随着能源消耗的持续增长及美日对华战略围堵战略的推进，中国能源外交面对的挑战日趋严峻。

（二）**能源资源约束成为中国面临的长期矛盾**。中国已取代美国成为全球最大能源消费国，能源可持续供应面临巨大压力：能源资源禀赋不高，煤炭、石油、天然气资源人均拥有量较低；石油对外依存度增速过快，供应安全形势严峻；能源消费结构不合理，清洁能源开发进展缓慢；能源利用效率较低，环境污染和生态安全问题严峻；能源危机管理和安全预警应急机制缺失；应对能源危机的能力不足；"中国能源威胁论"不时泛起，"走出去"战略面临多重挑战。总体看，中国对外能源依赖变得日益严重，能源资源约束成为长期矛盾。

（三）**中国周边能源安全环境不容乐观**。美国"重返亚洲"进行"再平衡"，主要矛头指向中国，主要活动集中在中国周边。美国惯于以能源为手段遏制对手的发展，美日在中国周边制造事端存在破坏中国能源安全的考虑。中国与周边国家潜在和现实的矛盾和冲突，背后亦不乏能源利益的驱动。如何防范美日干扰我国能源供给和能源运输、妥善处理与周边国家的领土争端和贸易争端、稳定周边安全形势，对于维护我国能源安全具有重要意义。

（四）**资源民族主义和贸易保护主义抬头**。受地缘政治事件和金融炒作的影响，国际市场能源价格不断攀升，能源资源国对能源资源的保护意识不断增强，一些能源资源国资源民族主义明显抬头。其突出表现是：加强国家对能源资源的控制，赋予本国国有公司开发特权；通过修改法律法规、调整税收政策、设置新的环保标准，限制外资对本国能源资源的并购和控股；对外资参与本国能源资源开发提出越来越多的社会经济要求，抬高准入门槛；能源关系"政治化"，以能源关系谋求政治与安全利益等，这种情况使中国能源企业"走出去"开展国际合作面临更多棘手问题。

（五）中国境外油气资产和运输管道面临安全风险。中国境外能源资源开发取得新的进展，西北、东北、西南和海上四大能源进口战略通道格局初步形成。[①]与此同时，受制于传统的不干涉内政、不向海外派兵政策的影响，中国海外油气资产和油气管道的安全保障能力明显缺失。2014年以美国为首的北约部队将从阿富汗撤军，中亚地区局势将发生重大变化。国际局势的任何不稳都会对中国境外油气资产和跨境油气管道运营带来安全风险。

（六）中国在国际能源秩序中的话语权有限。中国是本轮全球能源格局调整中最大的利益攸关方。中国与近30个国家建立了双边能源合作机制，参与了20多个国际能源合作组织和国际会议机制，在全球33个国家执行着100多个国际油气合作项目，海外油气当量超过1亿吨。身为快速崛起的能源消费大国和能源生产大国，中国在国际能源市场上的地位举足轻重。但是，中国在发达国家营造和主导的现行供给能源秩序中的话语权严重缺失，对全球油气定价权的影响权重仅为0.1%。中国参与多边能源合作的经验尚不足，目前仍停留在能源贸易、直接投资与技术服务上，建立本地区能源市场等深层次的合作尚未正式启动。

四、关于新一年能源外交运筹的建议

（一）加强周边能源外交，打造同俄罗斯和中亚的国际能源合作示范区。欧亚地区历来是大国博弈的重要舞台，开展与欧

---

① 中国《能源发展"十二五"规划》，国务院文件，国发〔2013〕2号，2013年1月24日。

亚国家的能源合作对于保证中国的能源安全和地缘政治安全、实施西部开发战略均具有重要意义。能源合作是建设"丝绸之路经济带"的"重头戏"。从建设和谐周边、确保能源供给的战略需要看,中国必须更加重视与周边国家的能源合作,特别是与俄罗斯和中亚国家的能源合作。要利用好中国与俄罗斯和中亚国家能源领域的互补优势和国家关系优势,抓住俄罗斯和中亚国家期望同中国扩大能源合作的机遇,以积极进取、务实灵活的姿态参与该地区的双边能源合作及上合组织框架下的多边能源合作,努力实现能源供应多元化,加快提升石油战略储备水平。合作方式应超越单一的资源和原材料贸易局限,向着一体化和综合化方向拓展。要切实践行互利共赢原则,贯彻新的义利观,在确保我国投资安全的同时,让资源国感受到实实在在的好处。国际能源格局的变化提高了中国对俄能源议价的能力,中方应抓住这一机遇,在天然气谈判中争取最有利的结果。在重点打造俄罗斯和中亚国际能源合作示范区的同时,还应以积极稳妥的姿态深化与其他地区能源资源国的多领域能源合作,避免形成对俄及中亚国家的过度依赖。必须认识到,在可预见的未来,中东地区仍将是中国能源进口的主要来源地。

（二）积极发展为能源安全保驾护航的军事力量。目前中国是对外能源投资最多的发展中国家,资源类行业的对外直接投资额占到中国对外直接投资总额的71%。但是,中国海外能源利益的增长点多位于矛盾和风险高发地区,中国的能源安全与国际环境以及地区局势之间的关联度日趋紧密。因此,中国必须把维护海外投资利益作为构建新的国际关系的重要考量。美国逐步弱化对中东能源的依赖、中东地区地缘形势趋于复杂,中国可能会被要求承担起更多的国际责任。中国需要在全球能源利益格局变动中展现出更多的大国作为。这就要求尽快加强手段和机制建设，其中包括为能源安全保驾护航的军事力量建设，特别要尽快提升海军远洋投放能力、能源安全危机预警能力、战略能源设施防护能力和能源安全突发事件应急能力。中国军队迈出国门承担能源领域的非战争军事行动任务、为能源安全保驾护航势在必行。

（三）以积极姿态参与全球能源治理。中国已成为全球第四大石油生产国、第二大石油消费国、第一大石油进口国、第一大能源消费国和第一大碳排放国。中国在国家能源安全压力增大的同时，在国际能源格局中的地位也在上升。中国经济持续高速发展、能源需求大幅攀升、对外依存度逐年递增，能源安全成为经济社会安全的核心问题。中国是现行国际能源秩序的后到者，从借鉴发达国家经验、推进能源效率提高、深化国际能源市场改革考虑，中国也必须发挥综合优势和比较优势，在更大范围、更广领域、更高层次上参与双边和多边的国际合作与竞争。无论是双边合作还是多边合作，无论是公司层面的合作还是国家层面的合作，都触及国际商业规则、运输和投资规则、竞争秩序等全球油气治理问题。形势与任务的变化，要求中国的能源安全观必须从消费国的单一能源安全观转变为兼顾生产、消费与运输的综合能源安全观。这在客观上提出了我国深度参与全球能源治理并"发挥负责任大国作用"的要求，既维护国家能源安全，又提升国际影响力。在多边合作层面，可重点推动上合组织和金砖国家能源合作机制的建设。上合组织成员国已签署建立上合能源俱乐部备忘录，中国应着力推动上合组织能源合作朝着紧密型伙伴关系的方向发展，逐步形成统一的能源空间和具有强大影响力的新型国际能源政治中心，进而将上合组织所在地区连接成和谐型能源地缘战略板块，造福于各个成员国。金砖国家既有重要能源生产国也有重要能源消费国，在能源需求管理、能源利用和全球能源治理等方面有广阔的合作空间，是中国参与全球能源治理的重要载体。金砖国家在国际能源领域的地位举足轻重，金砖国家间的能源合作是影响未来全球能源治理的关键因素。中国有必要大力推动金砖国家间的能源合作，并借以对国际能源秩序的改造施加积极影响。

（四）推进金融制度创新，提高能源安全保证度。中国经济的快速发展特别是金融实力的增强，提升了其在国际能源金融秩序中的影响力。世界金融危机的发生，增大了中国对资源性商品进口的议价能力。上海国际金融中心和国际航运中心定位的确立，为中国推出具有区域影响力的原油期货创造了必要的条件。中国应抓住有利时机，推进国际石油市场体系的完善和金融制度的创新，争取在亚太地区逐步形成具有影响力的基准价格，使我国成为新的重要能源定价中心，在提升国家能源安全保障水平的同时，促进国际能源金融秩序的调整。

第八章
中国外交举世瞩目
机遇挑战都在上升

新时期中国外交：成就与挑战

尹承德[①]

2013 年是中国政府换届之年。新的中央领导集体稳妥地应对复杂多变的国际形势，总揽外交全局，在全面继承前几代中央外交政策的基础上，开拓创新，锐意进取，开辟了中国外交新天地。当前中国在国际领域还面临挑战，有的还很严峻，但利多利好的主流面更加突出，机遇明显大于挑战。

一、辉煌成就

一年来，我国以习近平主席四次重大出访活动为中心，着力强化对外战略，取得了开创性的丰硕成果。

（一）中国国际地位显著提升，跻身世界舞台主角之列

其一，高频度顶层外交结硕果。这一年中国顶层外交空前活跃，习近平主席和李克强总理先后出访了 21 个国家，出席了

---

① 作者系中国国际问题研究基金会研究员。

10场国际组织与机构峰会，数以十计的外国元首和政府首脑访华。如此频密的顶层外交活动在当代中国和世界外交史上都是罕见的。这是中国在国际舞台上特殊重要地位和作用的生动体现。特别是习主席四次出访，足迹遍及五大洲，访问了13个国家，出席了四次重要区域和国际组织峰会，都取得极大成功，在全球引起轰动效应，成为整个国际社会一时关注的中心和焦点。习主席在访问和参会过程中提出了一系列既高瞻远瞩又客观务实、既符合时代潮流又符合各国根本利益的新理念、新构想、新倡议、新主张，受到有关国家的高度赞赏与肯定。这为中国与有关国家双边关系的深入发展和有关区域与国际合作组织峰会的成功召开及其后续发展奠定了基调，发挥了引领与规划作用。习主席这些重大外交行动为新时期中国外交辉煌开局，并为实行有中国特色的"大国大外交"和为中国进入国际中心舞台打下了坚实基础。

其二，中国站在维护《联合国宪章》原则与宗旨的最前列，为世界热点的降温与走向和平解决发挥了举足轻重的作用。

中国遵循联合国宪章，致力于和平解决一切国际争端，对缓解当前最突出的热点问题及促进其和平解决作出了突出贡献。在叙利亚问题上，我国大力促和止暴，力主叙内战各方通过政治途径解决纷争；连续多次在联合国否决西方列强提出的包含有动武后果的决议草案，重挫其在叙复制利比亚模式、以武力对叙实行改朝换代的图谋，为缓和剑拔弩张的叙危机并使之出现政治解决的希望发挥了独特作用。在中俄推动下，最近伊朗核问题出现了朝积极方向变化的迹象。朝鲜核问题一度几至朝与美韩爆发冲突的临界点。经中国坚持不懈与卓有成效的努力，促成朝鲜宣布愿重返"六方会谈"，最终化解了一场爆炸性危机，使朝韩重现改善关系的势头。南海、东海有关岛屿争端是当前世界主要热点之一，其实质是有些国家强占属于中国的岛礁，造成了危机事态。中国在坚决维护主权的同时，采取理性克制态度，致力于通过和平谈判解决争端，同一些争端国家达成了搁置争议、共同开发的协议，促使争端降温，危机趋缓。

其三，中国在世界经济格局中越来越占据突出地位。几年来，中国经济总量居世界第二。2013年，中国经济对世界经济增长的贡献将达30%，成为推动世界经济增长的主要引擎。强大的经济实力和对全球经济发展的巨大贡献是中国在国际舞台上发挥主角之一作用的基础和支撑。

（二）大国关系新气象

除日本外，中国同所有大国的关系都取得重要进展，同有些大国的关系还实现了历史性突破。

中俄全面战略协作伙伴关系空前深化。习主席访俄是中俄关系史上的重要里程碑。习主席和普京总统达成广泛共识，签署了《中俄关于合作共赢，深化全面战略协作伙伴关系的联合声明》和批准了《中俄睦邻友好合作条约》的《实施纲要（2013—2017）》。双方积极落实元首共识，推动16个领域近50项合作取得重大成果。现在两国在政治上、经济上和军事战略领域的合作都达到历史最高水平。习主席指出，中俄关系是世界上最重要的一组双边关系，更是最好的一组大国双边关系。

中美关系新提升。2013年6月7日至8日，习近平主席同美国总统奥巴马在美国安纳伯格庄园举行了历史性会晤，就中美构建不冲突、不对抗、互相尊重、合作共赢的新型大国关系达成重要共识，开启了中美"跨越太平洋合作"新篇章。年内，美国务卿、总统国家安全事务助理、美联储主席等高层政要接踵访华，中国外长和军方高层先后访美，都取得积极成效，推动了中美关系全面深入发展。其中经贸关系是突出亮点。中美贸易额在前三个季度达3791亿美元，全年预计将超过5000亿美元，增速近7%，约为全球贸易增幅的2.5倍。中美还启动了双边投资协定谈判，如谈判完成，将为扩大双边投资及双方经贸关系的进一步强劲发展开辟广阔前景。

中欧关系进入快车道。 2013年是中欧建立全面战略伙伴关系的十周年，双方关系发展势头强劲，中欧全面战略伙伴关系取得重大新进展。11月下旬，在北京举行的第十六次中国欧盟领导人会晤取得历史性重大成果，包括双方决定启动并推进中欧投资谈判，积极探讨开展建立自贸区可行性研究，力争到2020年双边贸易额达到1万亿美元等。此次中欧领导人会晤及其取得的积极成果具有里程碑意义，将打造中欧全面战略伙伴关系的"升级版"，开创中欧关系更加辉煌的新十年。中国与欧盟成员国的双边关系也有实质性发展。习近平主席在有关场合会见了多位欧盟国家领导人，李克强总理访问了德国、瑞士，法国总统、英国首相等多位欧盟国家领导人先后访华，都取得丰硕成果，有力地促进了相互关系的深入发展。

中印关系迈上新台阶。 中印两国总理自1954年以来首次实现年内互访，双方达成了诸多重要共识，签署了9个重要的合作文件，将中印面向和平与繁荣的战略合作伙伴关系向前推进了一大步。政治上增强了互尊互信，在战略安全领域加强了防务合作和军事交流，特别是签署了《中印边防合作协议》，建立指挥官热线，以政治法律形式和明确措施维护和保障两国边境的和平、安宁及稳定。在经济领域，同意扩大贸易和投资规模，加快商定关于中国在印建立产业园区的框架协议，提出了到2015年两国贸易额达到1000亿美元的目标。双方还同意启动区域贸易安排谈判，共同倡议并采取行动建设孟中印缅经济走廊，推动中印两个大市场更加紧密连接，并推动区域四国实现优势互补，合作共赢。

（三）突出周边外交活动，睦邻友好更上一层楼

党的十八大以来，中央新的领导集体进一步突出了周边在中国外交布局中的首要地位，开展了一系列有重大影响的周边外交活动。习近平主席和李克强总理先后共出访了12个周边国家，参加了五场有关周边地区区域合作机制峰会。有十多位周边国家的领导人访华或来华出席有关国际会议，同中国领导人举行富有成果的会谈或会见。高层互动基本上实现了对周边地区的全覆盖，签订了五百多个各类政府间重要的合作协议与文件。这在中国与周边国家关系史上是空前的，将中国同绝大多数国家的睦邻友好关系提升到历史高水平．

这一年中国周边外交全面开花，全面丰收，有如下主要成果和突出亮点：

其一，除日、菲外，同所有周边国家的全方位睦邻友好合作关系得到新的提升。由高层引领，中国与它们在政治、安全和人文合作上都出现新气象。经贸是中国同这些国家关系的重心和发展的主动力，取得了实质性成果。双方一致反对贸易和投资保护主义，决定进一步扩大相互贸易和投资，并确立了未来几年应达到的目标，如中国与东盟国家到2020年贸易达到1万亿美元，中韩到2015年达到3000亿美元，中俄到2015年提前达到1000亿美元，中印到2015年达到1000亿美元，中国与哈萨克斯坦到2017年达到300亿美元等。中国同不少国家还就建设战略性大项目达成共识。当这些共识得到落实，有关项目建成后，中国与相关国家的经济关系将呈飞越式发展势头。中

国还先后同土库曼斯坦、塔吉克斯坦以及印度尼西亚、马来西亚建立了战略伙伴关系或全面战略伙伴关系，这样，同中国建立这类重要战略关系的基本上涵盖了整个周边国家。所有这些显著提升了周边地区在中国外交和国际关系中的地位和作用。

其二，积极参与区域多边合作机制，进一步促进了睦邻友好关系的发展。

10月9日于文莱举行的第十六次"10+1"领导人会议取得丰硕成果。习主席提出的构建《中国—东盟命运共同体》、缔结中国与东盟睦邻友好条约，和李总理提出的发展中国—东盟关系"2+7"框架建议与打造中国与东盟自贸区"升级版"和全面战略伙伴关系"钻石十年"的构想，受到东盟国家高度赞赏和欢迎。双方就进一步深化全面战略伙伴关系达成广泛共识，包括共同强调大力维护南海的和平稳定和自由航行，将南海建成"和平之海"、"友谊之海"，并同意在全面落实《南海各方行为宣言》的基础上，根据协商一致、循序渐进原则，积极稳妥地推进《南海行为准则》的磋商。这次"10+1"领导人会议是中国—东盟合作上的里程碑，将两方合作关系推上宽领域、深层次、高水平发展的新阶段。

9月中旬在吉尔吉斯斯坦举行的上海合作组织成员国元首理事会第十三次会议，同样取得重大成果。习近平主席提出构建上合"命运共同体和利益共同体"及打造"丝绸之路经济带"等重大战略构想和弘扬"上海精神"等重要建议，深受各国元首的赞同与欢迎，其中不少已成为会议成果。这将在更高层面上推进上合组织的建设，为上合及其成员国的合作开辟广阔前景。

其三，南海问题取得突破性进展。该问题是中国周边面临的最大挑战之一，也是一棘手的难题。由于我国政策和处置得

当，东盟和有关国家顾及利益大局，南海争端出现十分难得的
积极变化。中国和东盟达成了有关争议应由直接当事方通过协
商和谈判解决的重要共识，还首次与一些国家达成了搁置争
议、共同开发的协议。如中国同文莱签署了《关于海上合作的
谅解备忘录》和《中国海油和文莱国油关于成立油田服务领域
合作公司的协议》，同越南决定成立海上共同开发磋商工作组
和加强北部湾湾口外海域工作组的工作，力争湾口外海域开发
取得实质性进展。

**（四）同以金砖国家为代表的发展中国家的团结合作进一
步增强**

　　金砖国家合作机制基本上由发展中国家主要新兴经济体组
成，是发展中国家一个重要的跨地区国际组织。它的成就与活
动是中国同发展中国家关系发展的有机组成部分，也同发展中
国家的利益息息相关。这一届金砖国家峰会同发展中国家特
别是同非洲国家更加紧密相连。峰会在南非德班召开及其主
题"金砖国家与非洲：致力于发展、一体化和工业化的伙伴关
系"，其本身就是金砖国家组织走进非洲的标志。同时，峰会
直接面对整个发展中世界。在中方大力推动下，峰会取得历史
性成果，决定建立"金砖银行"，并就建立1000亿美元的金砖
国家应急储备达成共识。这些金融机构不但为金砖五国、还将
为其他发展中国家提供融资服务。峰会还强调要加快推进国际
金融机构改革进程，增加发展中国家在其中的发言权和代表
性，提升整个发展中国家在世界经济和政治体系中的地位与作
用。鉴于中国在金砖机制中的独特地位与作用，其与发展中国
家关系的发展和利益融合，是中国与发展中国家关系发展的重
要体现。

这一年，中国加强同发展中国家关系的最重要举措是习近平主席出访13国，除俄罗斯是转型国家外，所有其他国家都是亚非拉发展中国家。习主席出席在南非举行的金砖国家峰会和访问特立尼达和多巴哥、哥斯达黎加期间，分别会见众多非洲国家领导人和6个加勒比国家领导人，同他们进行深入友好的交谈。这传达了一个重要信息，即中国是发展中国家最可信赖的真诚朋友，加强同发展中国家的团结合作始终是中国对外政策的基石。所有这些访问都取得圆满成功和丰硕成果，增进了中国同发展中国家的相互了解与传统友谊，扩大和深化了同它们的全面合作，将中国和亚非拉发展中国家的关系提升到新高度。

二、理念创新开新局

以习近平为总书记的党中央因应时代与世界大势的新特点、新变化，提出了诸多外交新思想、新理念，进一步丰富完善了中国的外交政策思想和国际关系理论体系。这是新时期中国外交的突出亮点。

其一，将中国梦同国际接轨，即把实现中国梦同维护与促进地区与世界的和平与稳定密切相连，同与各国友好相处和互利合作密切相连，同各国谋求本国发展繁荣、人民幸福的梦密切相连。

中国梦的本质是国家富强、民族振兴、人民幸福，核心是实现"两个百年"的宏伟目标，实现中华民族的伟大复兴。实现中国梦离不开维护和平稳定的周边与国际和平环境，离不开同各国扩大经济、科技、文化交流与合作，离不开同国际社会共同应对攸关各国生存和发展的各种全球性挑战，也同各国的安全稳定、发展繁荣息息相关。因此，习主席强调中国梦同世界和平与发展密不可分，同各国人民的美好梦相通，指出中国梦"不仅造福中国人民，而且造福世界人民"。中国梦的提出因而更坚定和强化了中国坚持和平发展道路、和平外交政策、合作共赢开放战略和睦邻友好政策的信念、决心与努力。这对于打破西方反华势力炮制的各种"中国威胁论"、消除有些国家对中国的疑虑和误解十分有益，必将实质性地提升中国的国际威望与影响，开拓中国外交和对外关系向更高层次发展的新时期。

其二，提出各国是"命运共同体"的具有时代意义的新论断。习主席在出席 APEC 峰会、上合组织峰会和访问东盟国家期间，分别提出构建各国"命运共同体"、上合"命运共同体和利益共同体"及"中国—东盟命运共同体"的重要倡议，这体现了习主席关于世界日渐成为"地球村"和各国相互依存与利益融合空前深化的思想。他访俄期间在莫斯科国际关系学院演讲中深刻指出，"这个世界，相互联系、相互依存的程度空前加深，人类生活在同一地球村里，生活在历史和现实交汇的同一时空里，越来越成为你中有我、我中有你的命运共同体。"这是习主席对当今世界大势和各国利益关系格局深刻演变的科学阐释与精辟概括。在习主席各国"命运共同体"思想指引下，中国在新时期确立并力行与各国互尊互信、平等互利、包容互鉴、合作共赢的外交方针，致力于推动国际形势与国际关系的健康发展。习主席的这一重要思想受到周边国家与国际社会的普遍赞赏和认同，为构建以合作共赢为核心的新型国际关系注入了强大正能量。

其三，提出内涵精当而又积极务实的中美新型大国关系新构想。中美分别作为全球最大的发展中国家和发达国家、第二大经济体和第一大经济体，相互关系攸关两国安全与发展大局，也是影响世界形势及其走向的关键因素。搞好中美关系既是对两国和两国人民负责，也是对国际社会和世界人民负责。为此，习主席在应邀同奥巴马总统举行历史性的安纳伯格庄园会晤时，正式提出构建符合时代潮流的中美新型大国关系，并首次明确赋予其三点核心内涵：一是不冲突，不对抗。即增信释疑，客观理性看待对方的发展战略，坚持做伙伴，不做对手，坚持以对话合作而非对抗冲突的方式，妥善处理矛盾和分歧。二是相互尊重。即要尊重各自选择的社会制度和发展道路，尊重彼此核心利益和重大关切，和而不同，求同存异，包容互鉴，共同进步。三是合作共赢。即要摒弃零和思维，在追求自身利益时兼顾对方利益，在寻求自身发展时促进共同发展，不断深化利益交融格局。与此同时，习主席还提出了构建中美新型大国关系目标的实施途径，即提升对话互信新水平，开创务实合作新局面，建立政治战略互动新模式和探索管控分歧新办法。习主席关于建构中美新型大国关系的完整思想和主张为中美关系健康稳定向前向上发展确立了准绳、指明了方向。两国元首就此达成了重要共识，从而将中美关系提高到一个新的发展阶段。

其四，深化同周边国家关系的新理念。习主席和李总理分别出访中亚和东南亚及出席有关区域组织领导人会议期间，在提出促进区域一体化的宏大构想的同时，还提出指导上合成员国和中国—东盟国家提升相互关系的新的政策理念，即"新丝路精神"和"东亚精神"。习主席将上合"新丝路精神"精辟概括为团结合信，平等互利，包容互鉴，合作共赢，使不同种族、不同文明、不同文化的国家共享和平，共同发展。李总理将"东亚精神"精辟概括为坚持东盟主导，协商一致，照顾各方舒适度，开放包容，相互补充。特别是习主席在10月下旬召开的周边外交工作座谈会上提出周边外交要突出体现"亲，诚，惠，容"的新理念，进一步丰富和完善了我国周边外交的政策思想。所有这些新理念集中体现了中国和平外交政策的精髓，也符合周边国家的愿望和利益诉求，受到它们的普遍赞同和欢迎，必将引领相互合作关系不断向深层次开掘，向高层次拓展，并将像习主席所说的，推动中国和周边国家成为和睦相处的好邻居、休戚与共的好朋友、同舟共济的好伙伴。

三、面临的困难与挑战

新时期中国外交也存在不少困难和严峻挑战，其中主要有：

（一）日本安倍政府顽固坚持对华敌视立场，东海局势险峻

安倍是中日建交以来历届日本首相中推行强硬遏华战略的第一人。他及其内阁一再公开宣扬"中国威胁论"，公然声称要"抗衡中国"，要"压制"中国"军事上崛起"，并采取全面对抗中国的政策方略。安倍政府否认侵略历史，加紧修宪强军，在很大程度上是针对中国的；在钓鱼岛问题上，坚持超强硬鹰派立场，不仅继续把属于中国的该岛定为日本的"固有领土"，还矢口否认存在争议，蛮横关闭谈判之门，不断强化针对钓鱼岛的军事部署，暴露其为了强夺中国的钓鱼岛不惜"玩火"一逞之心；派舰机跟踪监视西进太平洋进行正常训练和演习的中国海军，更为严重的是，在中国海军必经的国际水道附

近小岛上部署地对舰导弹部队，企图在"必要时"封锁该水道，截断中国海军西出太平洋之路；肆意攻击中国划定东海防空识别区的合法正当之举是"极其危险的行动"，是"单方面改变现状"，除自己对中国提出"严重抗议"外，还企图拉拢挑唆其他国家同它一起反对，抵制中国这一正当决定。安倍还频频发起对华"外交攻势"，遍访中国周边邻国和其他地区重要国家，极尽挑拨离间之能事，企图利用其炮制的"中国威胁论"和所谓价值观外交，孤立中国，进而构筑对华包围圈。所有这一切无不表明安倍政府坚持对华敌视立场，加紧推行全面遏制中国的整体战略，从而严重损害和恶化了中日关系，加剧了东海地区紧张局势，甚至潜伏着擦枪走火的危险。这对中国的主权、安全构成了严重威胁和挑战。

（二）美国在亚太推行"再平衡"战略，实际上是进一步增强其在亚太的军事优势，在很大程度上是将中国作为主要针对国

美国虽然表示要同中国建立新型大国关系，却不改变冷战思维，不时重弹"中国威胁论"，实际上仍把中国视为主要战略对手。美国防部发表2013年《涉华军事与安全发展报告》继续攻击中国军事"不透明"，散布"中国军事威胁论"。美太平洋空军司令卡莱尔上将则渲染"亚太威胁论"，说美国为了应对"崛起的新兴国家"（实指中国）对美国主导的亚太安全的挑战，将在太平洋第一岛链附近扩大部署尖端军器。这就不难看出美将其全球战略重心东移亚太的主要矛头指向。在美强化在亚太前沿军力部署的同时，在三个重要方面坚持乃至加大对华战略遏制：一是继续对台售武，严重干涉中国内政。二是美舰机加强对中国近海的抵近战略侦察。从空中、海面、水下三管齐下，侦察频率不断增加，范围不断扩大，距离不断靠近，以获取大量中国的政治、军事战略情报，严重损害了中国的安全，也是引发中美海上冲突的一个根源。三是在中国与存在岛礁争议的国家之间"拉偏架"，甚至支持其侵犯中国主权的行为。美国的所作所为表明它坚持推行旨在分化西化弱化中国的对华遏制战略。这始终是对中国主权、安全和发展全局的主要威胁。

（三）西方国家在政治上加强协调配合，其中有些国家在一些涉华问题上举止不端，对我造成不利影响

西方列强为挽回实力地位和世界影响节节下降的颓势，趁世界力量格局西强东弱态势未发生实质性改变之机，以攻为守，加强战略协调和攻势。一年来，它们仍以中东为主攻方向，以推动叙利亚改朝换代为主要目标，以巩固和扩大中东剧变成果。西方列强的新干涉主义不但是中东的祸源，也为整个国际形势频添负面不测因素。与此同时，一些西方国家对中国也有不利举动。由于美、日及欧盟内部一些国家联手反对，欧盟迄未解除对华武器禁运。美国和北约一起反对土耳其购买中国武器装备，致使中土之间一次正当的武器买卖合同无法履行。对中国发布东海防空识别区，除日本无理纠缠反对外，美国和澳大利亚也说三道四。美、日、澳外长举行第五次三边战略对话部长级会议，发表含涉东海南海问题的联合声明，显示美、澳有支持日本和企图介入该两处领土争端的意向。在经济关系领域，至今没有一个重要西方国家承认中国的市场经济地位。可见西方国家在一定程度上仍以意识形态视觉处理对华关系，对中国的利益构成有形或无形的损害与挑战。

（四）全球经济复苏缓慢，增大中国经济下行压力

受金融危机后遗症综合影响，世界经济增速持续下滑，尤其是欧美仍未完全走出债务危机或财政悬崖阴影，经济仍陷低迷。据IMF发布的最新一期《世界经济展望》预测，2013年全球经济增长平均为2.9%，美国和欧盟仅为1.5%和零增长，发展中国家为4.25%，普遍低于上一年。这使各国经济普遍内向，压缩进口，贸易保护主义上升。近年来各国贸易摩擦呈常态化，中国作为世界第一大出口国更是首当其冲，目前国际贸易反补贴措施中一半以上针对中国，美国的反补贴措施70%针对中国。近两年中国出口增长呈较低位数，2013年中国出口约增8%，比2011年回落14多个百分点。国际经济环境的不利变化对作为外向型经济的中国产生明显负面影响。

尽管我国外交上面临不少挑战因素，但其利多利好的一面是基本的，是主流，且这个基本面在不断扩展之中。政治上，新的党中央坚持并弘扬和平发展道路，确保中国走出国强必霸的历史宿命，成为维护世界和平稳定的中坚力量，为中国外交不断开拓新局面奠定了坚实的政治基础。经济上，中国坚持并扩大互利共赢的全方位对外开放政策，同世界各国建立了密切的经济关系，成了多数国家主要经贸伙伴或主要经贸伙伴之一。中国还是推动世界经济增长的主要贡献者，从而为中国外交不断开创新局面奠定了坚实的经济基础。由于中国坚持与人为善，从不损人利己，政策符合历史潮流和各国共同利益，现在同世界各国包括同西方国家、周边国家、发展中国家的关系普遍得到全面提升。即使同中国矛盾突出的美国，接触交流、对话合作仍是其对华政策的主导面，同中国的利益交融与合作远多于矛盾与摩擦，特别在经济上，双方已成为全球最大的经

贸伙伴国，你中有我，我中有你，谁也离不开谁，两国都致力于避免新兴大国同守成大国发生冲突的历史定律重演，而走上一条相互尊重、合作共赢的历史新路。日本政府逆潮流而动，否认侵略历史和战后国际秩序的行径已在国际上陷于被动和孤立，其推行同中国对抗的政策是没有出路的。总体看，中国和平稳定的周边和国际大环境是有保障的。只要集中力量把国内事情办好，中国就可以得以保持以至延长有利的战略机遇期。

中俄关系在深化中发展

俞　邃[①]

冷战结束22年来，鉴于世界多极化、经济全球化和国际关系民主化的强劲推动，所有大国之间的关系都以不同方式、不同特点取得发展。如果说中美关系在曲折中发展，中日关系在纠结中发展，中印关系在磨合中发展，中欧关系在平实中发展，那么，中俄关系则是在深化中发展。

一、中俄关系深化发展的标志

稳定发展，平衡发展，持续发展，深化发展，是中俄关系的总趋势。

中俄关系发展的历程，是促进两国和两国人民睦邻友好、互利合作的历程，是维护地区稳定与世界和平的历程。中俄全面战略协作伙伴关系的形成和发展，是冷战结束后不同社会制

---

① 作者系中国国际问题研究基金会高级研究员，国际自然和社会科学院院士。

度国家间求同存异从而建立共同安全、互利合作关系的成功实
践。在两国领导人的共同努力下，中俄之间不断增强互信，深
化合作，排除干扰，开拓进取，2013年两国关系又得到进一步
提升。

政治互信愈益弥坚。其一，体现在行为选择上。习近平担
任国家主席之后，于2013年3月下旬首访俄罗斯。普京3月22
日在会晤时表示，习近平主席出访的第一个国家选择俄罗斯，
显示了双方对发展俄中关系的高度重视以及这一关系的特殊性
和战略性。习近平则强调，中俄互为最主要、最重要的战略协
作伙伴，深化中俄全面战略协作伙伴关系，在两国外交全局和
对外关系中都占据优先的战略地位。这一年习近平主席与普京
总统还曾在金砖国家峰会、20国峰会、上海合作组织峰会、亚
太经合组织领导人非正式会议等不同场合多次会晤，将两国关
系全面深化发展的基础进一步拓展。

其二，体现在理论政策上。共识是，一方面，相互尊重国
家主权、安全和领土完整，相互尊重各自选择的国家发展道
路，支持对方致力于保持稳定、繁荣经济、改善民生的努力。
另一方面，双方密切在国际和地区事务中协调配合，坚决维护
两国共同战略安全，坚决维护联合国宪章宗旨和原则及国际关
系基本准则，维护二战成果和战后国际秩序，维护国际公平正
义，促进世界和平、稳定、繁荣。

其三，体现在物质共享上。全面扩大务实合作，把两国高
水平的政治关系优势转化为实际成果，实现共同发展。

经济互补稳中图进。其一，经贸合作务实发展。根据两国
领导人2011年的规划，2015年中俄双边贸易额将提升至1000
亿美元，2020年将达到2000亿美元。在抵制国际金融危机影响
的情况下，两国贸易额2012年又创历史新纪录，达到881.6亿

美元，较上一年增长11.2%。根据中国海关统计，2013年前三季度达到661亿美元，与上一年基本持平，其中出口356.5亿美元，同比增长9.4%，进口为304.7亿美元，同比下降9.4%。预计全年两国贸易额会超过882亿美元，再创历史新高。增长幅度受到一定限制，主要由于中国进行结构调整，转型升级，以往从俄罗斯进口的传统产品如木材、纸浆、矿砂、化肥等进口量减少。这是双边贸易进入低速增长调整期的暂时现象。

其二，能源合作取得突破性进展。2013年10月，俄罗斯石油公司与中石化签署了价值850亿美元的石油合同，未来10年内每年将向中国增供原油1000万吨。两国还将联合建立天津炼油厂，年加工量达1600万吨，将于2019年至2020年投产。俄罗斯天然气工业公司与中石油已就对华供气的价格公式基本达成一致，预计通过东线管道年供气量可达380亿立方米，如顺利，2018年至2020年可实现供气。

其三，两国核能合作势头良好。双方同步推进核电站、空间堆、浮动堆、快堆以及在第三国建设核电站等一揽子合作。还支持两国企业在互利共赢的基础上，继续推动电力、煤炭、能效与可再生能源、铝业等领域的长期合作。

军事互动强势体现。2013年7月5日至12日，在日本海彼得大帝湾举行"海上联合—2013"中俄海上联合军演。演习课目包括联合防空、联合解救被劫持船舶、打击海上目标、实际使用武器等。随着这类演习步入常态化、机制化，中国海军的能力会不断增强。除大规模海上联合军演外，2013年8月上中旬还在车里雅宾斯克州举行联合反恐军事演习，双方分别派出600人参加。这是两国迄今最大规模的陆地联合反恐军演。中俄官兵还于2013年夏秋季节在西伯利亚及乌拉尔地区举行摩托化步兵、坦克编队等联合战术演练。

人文互通节节攀升。继中俄成功互办"国家年"、"语言年"后，2012年在中国"俄罗斯旅游年"框架内，双方共同举办了200多项活动，中国赴俄游客数量达到34.3万人次，同比增长47%。2013年俄罗斯举办"中国旅游年"，两国赴对方旅游人数再创新高。这不仅有助于两国民众加深了解与友谊，也巩固了中俄关系的社会基础。双方还达成协议，重视青年交流，鼓励两国高校交往，增加互派留学生名额，决定2014年和2015年互办中俄青年友好交流年。双方还要加强卫生医药领域合作。中方感谢俄方对修复和保护中共六大会址给予的支持。中方支持俄罗斯叶卡捷琳堡申办2020年世博会。

外交互商融洽默契。在国际舞台上，面对错综复杂的国际地区形势，双方不断加强战略协作，在涉及彼此核心利益问题上相互给予坚定支持，在应对国际危机和地区热点问题上保持密切沟通。这不仅有效维护了两国利益，也为促进世界和平、稳定与繁荣发挥了重要作用。最近的一个重要实例，就是在解决叙利亚化学武器问题上密切协调。

当然，中俄关系也不是尽善尽美，其发展仍有深厚的潜力和广阔的空间。例如，长期以来两国以贸易合作为主，生产、投资合作不足。中俄经贸合作正从商品和资源贸易向技术和服务贸易转型。双方应秉持互利共赢的理念，使两国经贸合作向更为多样和多元的方向发展，办法是突出重点领域的合作，培育新的合作亮点，扩大地方合作交流。

二、中俄关系深化发展的动因

中俄关系之所以不断得到深化，原因是多方面的。

　　其一，中俄两国都在致力于国家富强、民族振兴、人民幸福。中国称作"中国梦"，俄罗斯未尝不可称作"俄国梦"。中国自改革开放以来虽然经济发展比较迅速，但毕竟是一个人口多、底子薄的发展中国家。俄罗斯作为原先既成大国苏联的主要继承者，起点虽曾较高，但在经受多年周折之后，如今却不得不承担着某些类似发展中国家的复兴任务。从一定意义上讲，中俄都属于转型国家，改革的着眼点都是以扩大同国际社会的联系为方向，力求提高经济效益和科技水平，并在此基础上发展生产力，增强综合国力，提高人民的生活质量。普京总统现行的基本路线与内外政策——以维护政局稳定、保持社会和谐为基本目标的"可控民主"，以注重效率、兼顾公平为基本特征的社会市场经济，以"平衡性"为基本指导原则的全方位外交，与中国的治国方略与外交理念颇有相似之处。两国毗邻，真切地需要相互理解、同情和支持。

　　其二，中俄两国都认真记取历史教训。双方深深懂得摆正意识形态位置的重要性，尊重各自的历史传统、价值观念和道路选择，不让意识形态因素影响国家关系的正常发展。两大邻国唯有和睦相处、加强合作，方能彼此得益、共同发展。鉴此，两国也就不存在根本的利害冲突。

　　其三，中俄两国都坚持奉行和平共处五项原则。60年来（1953年12月31日，周恩来总理在同印度政府代表团谈话时，首次提出了国家之间和平共处的五项原则），和平共处五项原则以其鲜明的科学性、广泛的兼容性和坚实的稳定性，经久不衰，影响日益深远。中俄双方还不断赋予和平共处五项原则以新意，包括在此基础上提出的新安全观、互信、互利、平等、协商、尊重多样文明、谋求共同发展的"上海精神"、世界多极化与国际关系民主化论、维护联合国权威地位的主张、建立和平、稳定、公正、合理的国际政治经济新秩序的构想，等等。

其四，面对复杂多变的世界局势和依然严峻的国际经济环境，面对外部霸权主义、恐怖主义等恶势力的骚扰打压，中俄需要更加紧密地加强全方位战略合作。

其五，领导人富有高超的政治智慧。两国历届领导人都重视发展彼此之间的关系，决心把两国关系不断推向更高的水平，更好地造福两国人民。他们都为建立和发展中俄平等互信、睦邻友好的全面战略协作伙伴关系而殚精竭虑。中俄之间有时也难免出现（尤其在经济领域）某种利益上的矛盾或差异，对之正视而不是回避，设法弥补而不是听之任之，这正是两国领导人严肃负责的态度。这不但没有造成国家关系的扭曲，相反，经过双方认真对待、平等磋商、及时磨合，两国关系依然一往无前地朝着共同追求的目标不断攀升。

中俄两个大国之间的合作，既有共性问题，也有个性问题。在协作过程中发扬共性，尊重个性，尽量将个性融入共性之中，是两国共同积累的宝贵经验。所以，中俄关系能做到在坚实基础上奠定关系，在互补基础上增强合作，在共识基础上应对世界，在互信基础上排除干扰，在成就基础上持续跨越。

三、中俄关系深化发展的影响

当今世界许多国家之间号称建立了战略伙伴关系或曰战略互惠关系，其中名副其实的中俄战略协作伙伴关系基础最为坚实，发展最为顺利，处于现阶段所能达到的最佳状态。当我国的东边和南边彤云密布的时候，我们更会觉得北边晴空万里之弥足珍贵。

中俄之间的良好关系，将带动独联体其他国家与中国的关系，反过来，中国与独联体其他国家（尤其是中亚国家）之间关系的发展，也会激励俄罗斯为谋求主导作用与中国的合作更望高处走。有人提出问题，中国在中亚究竟图的什么？中亚对于我国，一是安全需要，二是发展需要。安全方面我应更多尊重俄罗斯的特殊作用。对俄罗斯在上合组织内维护安全方面的主导意识和刻意追求，我们能够理解。经济方面中国更多付出在所难免，义不容辞。俄罗斯有人对于构建丝绸之路经济带的构想存有某种疑虑，并不奇怪，也不难化解。

这里涉及普京提出构建欧亚联盟的问题。这一构想是在独联体难有作为的背景下，试图将原先俄罗斯与中亚几国的经济联盟扩大化。这当然并非朝夕就能做到的事情。欧亚联盟与上海合作组织会发生交叉现象，这是当今世界经济共同体普遍遇到的现象。处理得当，可以互补；处理失当，会引发摩擦。普京构建欧亚联盟的用意主要是、或者更大程度上是为了应对美国和欧盟扩张的压力，这是不言而喻的道理。

人们在谈及中俄关系时，往往会联想到中美俄大三角关系。中俄关系、中美关系和俄美关系，三者之间客观上存在既相互促进又彼此制约的作用。良好的中俄关系将推动中美关系，反之，中美关系的进展也会推动俄罗斯更加重视与中国的关系。普京知道中国和美国想从对方得到什么，又能得到什么，明白中美关系"不会坏到哪里去也不会好到哪里去"，中国更不至于因美国而舍弃、牺牲俄罗斯，所以对中国比较放心。同样，美国人心里也明白，中国希望与美国构建新型大国关系是坦诚的，中国不存在"联俄反美"的政治需要与战略构想。中俄关系或中美关系并不取决于美俄关系的状况。但冷战结束二十多年来，苏美两个超级大国一死一伤，以及反复无常的俄美关系，确实给中国提供了难得的战略机遇。我们要珍惜与俄罗斯形成的上升到安全战略高度的全面战略协作伙伴关系，通过深化双边关系，借重上海合作组织，在同是联合国安理会常任理事国的阵地上，扩大与增强与俄罗斯的精诚合作。我们同样要在与美国构建新型大国关系方面做出持续不懈的努力。我们还乐见俄美关系能够得到切实的改善。

中美俄大三角关系在中亚表现尤其明显。客观上存在主导作用之争。争，靠的是硬实力、软实力和巧实力。其实质性差别在于，俄罗斯要维系在中亚的传统地位和利益，美国觊觎冷战时期难以触及的欧亚大陆战略要地，中国则希望和中亚国家在平等互惠的基础上发展双边关系。不要随意接受西方媒体惯用的中国与俄美在中亚"博弈"的概念，否则似乎中国也同美国一样，蓄意损害俄罗斯的传统利益并谋求势力范围。

四、深化中俄关系引发的思考

当今世界的新型大国关系，是中俄两国领导人率先付诸实践的。最近一段时间国内学界与媒体关于什么是新型大国关系的讨论，非常之热烈。有的说"新型大国关系以合作共赢为核心"，有的说"新型大国关系是国家间的平等关系"，有的说"要倡导新型大国关系中的良性互动"，有的说"新型大国关系体现世界财富平衡原则"；等等。① 这些议论都有一定的道理。可是，中俄新型大国关系可不是停留在口头议论上的，而是有

———————

① 参见《中国社会科学报》，2013年9月30日。

目共睹、有口皆碑的。不结盟而能真正搞战略协作，关系密切而不存在依附性，维护各自的利益而不怀损害甚至颠覆对方之心，根据是非曲直处理国际事务而不搞双重标准，遇有矛盾分歧能通过平等协商解决，都要与美国发展关系而同时又反对单边主义，主张和推进世界多极化而不谋求世界霸权，凡此中俄关系的诸多特色，成为被双方领导人公开赞誉为大国关系典范的重要依据。

值得关注的是，我国不同时期许多外交新理念的提出，都与中俄关系发展的成果密切相关。就近期来说，中共十八大报告中提出的"平等互信、包容互鉴、合作共赢"的主张，一定程度上得益于中俄关系的经验总结。例如，当初叶利钦并没有因为1991年5月江泽民访苏时未与之见面而耿耿于怀，中国领导人也没有被普京上台之初于2001年11月访问美国与小布什发表高调《联合声明》所激愤。如今倡导周边关系时的"亲、诚、惠、容"四字方针，构建"命运共同体"，也可以从中俄关系中看到先例。

中俄关系之所以稳定发展，的确与双方领导人都能采取包容的态度有关。"包容"较之几乎成为人们共识的"求同存异"一说，内涵有升华。如今不只是"存异"将"异"搁置起来，还要从"异"中得到借鉴。

还值得一提的是，我们常说发展国家关系（包括中俄关系）应超越意识形态差异，这并非轻视意识形态因素，而是不因意识形态问题与对方较劲从而损害国家利益。孟子说"大而化之谓之圣"。郑板桥有句名言叫做"难得糊涂"。在处理国家关系时，意识形态因素往往就得淡化一点，或者叫做糊涂一点。对于俄罗斯媒体上有时出现的对我不友好言论，要区分究竟是个别的、偶然的、还是普遍的现象；究竟是民间的、学界的、还是决策层的声音。不要把一般性的议论都看成是决策层的授意，从而动摇我们与俄罗斯全面战略协作的根本原则。

人们经常把普京的总统任期与中俄关系的前景联系起来。普京两届总统和一届总理12年任期加之现时第三任总统期间的所作所为，表现为两个"有利于"，一是有利于俄罗斯的振兴、俄罗斯人民的福祉，二是有利于俄中关系的健康稳定可持续发展。至于2018年他还会不会连任，那是俄罗斯人民自己的事情，我们无需猜测，尽管不难做出判断。至少有一点可以肯定，他在台上对俄中关系的发展是大有裨益的。

人们还经常议论中俄关系将来会不会变坏。中俄关系归根结底取决于各自的国家利益。如今两国正在平行轨道上奋力实现各自的目标，彼此没有大的碰撞，各种内外因素使得双方比较合拍。我方曾表示希望见到一个强盛的俄罗斯，对方也曾表示希望看到一个强大的稳定的中国。有人问，一旦俄罗斯强盛之后，会不会重蹈霸权主义覆辙，使得两国关系倒退？俄罗斯方面也有人针对中国的和平崛起发出类似的疑问。抛开心怀叵测者、兴风作浪者不谈，这涉及政治互信的耐力和韧劲，取决于两国领导人的政治智慧和战略决策。可以断言的是，在可预见的今后相当长一段时间内，不会形成这种消极局面。

中美关系——历史新起点

陈永龙[①]

2013年6月，中国国家主席习近平与美国总统奥巴马在美国加利福尼亚州安纳伯格庄园举行会晤。形式上，中美两国新一届领导人首次长时间非正式交流；内容上，不仅就国际和地区广泛议题深入探讨，还就两国各自发展交换了有益看法；实质上，就双边关系的未来——构建中美新型大国关系进一步形成了共识。这是一个划时代的共识，勾画了两国关系的远景目标，拉开了中美关系进入新阶段的序幕。

一、中美新型大国关系的要义

习近平主席就中美构建新型大国关系的目标和内涵作了精辟的概括：一是不冲突、不对抗。就是要客观理性地看待彼此战略意图，坚持做伙伴、不做对手；通过对话合作而非对抗冲

---

① 作者系中国国际问题研究基金会美国研究中心主任、高级研究员。

突的方式，妥善处理矛盾和分歧。二是相互尊重。就是要尊重各自选择的社会制度和发展道路，尊重彼此核心利益和重大关切，求同存异，包容互鉴，共同进步。三是合作共赢。就是要摒弃零和思维，在追求自身利益时兼顾对方利益，在寻求自身发展时促进共同发展，不断深化利益交融格局。

这一构想的要义旨在解决两个核心问题，也是相对于旧型大国关系的本质区别。一是避免历史上多数情况下发生的崛起大国与守成大国新老互斗、以战争论输赢的历史悲剧，中美双方都不愿意承担相互冲突的灾难性后果和责任。中美双方都认为有必要并采取积极措施管控好分歧和可能的战略对抗。二是明确中美之间不存在和平交棒情况下的王车易位问题。中国无论发展到什么程度，都没有取美国而代之的想法，有的只是把合作的蛋糕做大做好。这是用共存共赢制约战略竞争苗头的最佳路径。事实上，中美新型大国关系是在探索世界上最大的发展中国家和最强的发达国家如何成为在政治上相互包容、经济上相互依存、安全上相互确保、发展上相互促进的新时代的大国关系，探索两国如何在符合时代潮流的义利观基础上共同向前走的关系。

二、中美新型大国关系是双方长远发展的战略需要

中国改革开放30多年来，经济快速发展，并在2010年超过日本成为经济总量意义上的世界第二大经济体。但要实现两个百年愿景的宏伟目标，需要破解"中等收入陷阱"等诸多难题，唯进一步深化改革开放，优化经济结构，向创新型经济体转变，寻求可持续发展的内外环境。美国经历了两场战争和一

场百年一遇的"毁灭性经济危机"（美国财政部长雅各布·卢语），引发了自大萧条以来最严重的衰退。美国综合国力及其世界影响力受到冲击，美国需要重振发展活力，才能维护世界领导地位。中美两国正是相逢在这样一个新老大国都需要谋求进一步发展的重要历史节点上。在全球化深度发展和大国博弈加剧的今天，政治家和历史学家们都在议论，中国的发展会不会挑战美国的世界地位？守成大国美国会不会遏制中国？中美能够避免战略对抗吗？这关乎双方的前途和命运，中美都必须做出回答。历史上，但凡新兴大国崛起，必然会对守成大国形成挑战，守成大国也必然从政治上打压、经济上遏制、安全上威胁和在更多的情况下兵戎相见、大动干戈。历史告诉我们，中美需要走出一条相互关系的新路，新型大国关系恰逢其时。

三、中美新型大国关系是世界大势下的必然选择

构建新型大国关系，是中美两国领导人审时度势、顺应时代潮流的创举。世界进入21世纪以后，经济形势和结构出现了巨大变化和动态性调整。新兴经济体群体性崛起，使世界经济增长出现了南北双引擎。两个引擎有时交替发挥作用，有时同时发挥作用。世界政治格局虽未发生颠覆性变化，但也表现出罕见的动荡。世界经济秩序不时显得混乱无序，原有的国际治理机制难以驾驭。国际形势严重的不确定性使世界面临调整和变革的重大时代课题。美国认为，世界格局形成了多个力量中心，中国认为，世界多极化在加速发展。中美双方的判断其实有相通之处，那就是，在这个多元化或多样化的世界，只能引领，不能统治。中美作为当代世界两个最大的经济体，共同承

载着推动历史和社会进步的重任。

四、中美新型大国关系是
亚太地区长治久安、共同繁荣的保障

人们仍记忆犹新，亚太地区曾是一派繁荣景象，一个有地缘政治热点仍能保持总体和平环境、有领土领海争议仍能维护互利共赢经贸合作的地区，令各方羡慕。不知从什么时候开始，繁荣尚未褪色，争端却丛生四起，合作的大市场向着炫耀军力的角力场危险方向演化，令各方关注。今天的亚太，是一个经济最具活力、安全最具脆弱、竞争最具激烈、大小国家较量、关系极具复杂的地区。一个时期以来，安全上依靠美国、经济上合作中国被炒得沸沸扬扬。亚太是中国安身立命之所，是中国走向世界的出发点；美国在亚太利益重大，奥巴马政府亚太再平衡战略说明了一切。中国不可能也不会把美国挤出亚太，美国无论怎样再平衡亚太，也阻挡不了中国的发展。稳定、发展和繁荣日益成为中美义不容辞的责任。构建中美新型大国关系将是21世纪成为亚太世纪的有力保障。

多做实事，务实合作，共同推进中美关系世纪性工程。构建新型大国关系是中美两国的共同愿景，如果一味强调两国完全不同的制度和价值观，那么双方就会无休止地纠缠于难以调和的基本矛盾或结构性矛盾之中，中美关系就会停滞不前，甚至不进则退，这是万万要不得的。中美应当共同梳理、明确共同目标，做好务实推进的工作。

五、加强顶层设计，商签新时期双边关系文件

确保两国共同前行的正确方向，这是中美两国政府的第一要务。中美建交后的各个时期，两国领导人根据当时国内国际形势需要，都曾对中美关系做出过不同而总体积极的表态，克林顿总统任期形成过建设性战略伙伴关系认知，奥巴马总统就职后不久，双方达成过"积极、合作、全面"关系的共识。两国政府在各个阶段和重大问题上签署了不少相互关系文件，最突出的是三个联合公报，对指导中美关系在各个阶段各个领域具有全局性指导意义。中美关系现在已经进入新的历史起点。世界最大的发展中国家和最大的发达国家正在上升为崛起中的大国与守成大国的关系，实际上正在形成一种集利益型、责任型、竞争型和合作型为一体的复合型伙伴关系。在进入新阶段、有了新目标的新形势下，中美商签第四个联合公报应当提上议事日程，其主题当属构建新型大国关系的宗旨、内涵、意义、指导原则和目标规划。这将成为新时期中美关系发展的路线图。

六、培育和扩大互信，筑牢中美新型大国关系的战略基础

很长时间以来，战略互疑论在中美及世界被热炒。互疑论者根据中美社会制度不同和价值观差异大，认为中美之间缺乏基本信任；未来世界将由中美互相竞逐；中美难免一战等等。笔者认为，这是极其严重而危险的误判。看过去、现在和未来

的中美关系，必须换一种思维和思路，那就是在新的义利观和安全观基础上的伙伴关系思维。根据这一思维，首先，承认中美关系存在严重的互信赤字和在许多问题上的分歧，但互疑并非双方制定相互关系政策的主流，否则中美关系难有今天这样巨大的发展。其次，互疑和互信是可以互换的，根据美国前不久解密的尼克松录音档案，尼克松总统在打开中美关系大门时认为"中美关系是世界和平的关键"。尼克松总统能从反共领袖一下转变为中美良性互动关系的开拓者，要害是转换了思维方式。第三，尊重彼此核心利益和重大关切是建立互信的基础。每当中美关系出现问题时，忽视和侵害对方核心利益是主要原因。第四，增强相互对话、沟通和了解的渠道。中美之间应当把问题放在桌面上，相互解释各自政策的背景和目的，而不是相互猜忌，或听凭媒体的任意放大和曲解。第五，在增加互信的目标下多做实事，在做实事的基础上增进互信。

七、强化经济关系的压舱石作用，加快双边合作的机制性建设

全球化强化了世界经济链的作用，作为第一和第二大经济体的美国和中国更是如此。进一步加强经济、贸易、投融资领域的合作是双方长期要坚持的工作。不论在具体问题上有多少不同的看法和矛盾，中美经济关系相互依存度增大是事实，合作是主流，双赢是看得见、摸得着的结果。经济关系始终是中美关系总体保持前行的压舱石。这个作用只会越来越大。1979年中美建交时，双边贸易仅区区几十亿美元，2012年已接近5000亿美元，35年增长200多倍；中美相互投资从无到有，现

已达到800亿美元，规模日新月异；中美金融投资更是异军突起，今天中国持有的美国债券，已居其他国家之首。展望未来，根据中美交流基金会组织的由双方前政要和专家学者共同研究做出的预测，10年后中美将成为彼此最大的贸易伙伴，届时美国对中国出口将达4500多亿美元，为美国创造250多万个就业机会。为使这一目标顺利实现，中美双方应拿出诚意和决心，努力排除各种障碍，加快双边投资协定谈判进程，致力于探讨双边自由贸易协定。中方已同意与美方以准入前国民待遇和负面清单为基础开展双边投资协定实质性谈判，美方也应适时放宽对华高技术产品出口限制，公平对待中国企业赴美投资。中美若能签订投资保护协定，进一步实现自由贸易，既有利于消除或克服在跨太平洋伙伴关系协议（TPP）与区域全面经济伙伴关系（RECP）之间双方可能产生的误解，更可增强两国合作共赢的紧密关系和机制性保障。

八、加强安全支柱建设，为构建新型大国关系保驾护航

中美关系好比一座宏伟的大厦，有了两国领导人的精心设计，有了厚实的经济基础，还需要相互确保安全的牢固支柱。建立中美安全领域的互信、扩大两军交流和合作是这一支柱的直接体现。而要做到这些，首先要树立公正、公平、合作、共赢的新安全观，双方的安全战略不以对方为假想和现实对手。其次，都要警惕被第三方拖入安全问题的纷争。中美两国虽没有直接发生过战争，但却因第三方经历过军事上的对抗。美国在中国周围，尤其在太平洋、印度洋地区与多国举行名目繁多的军事演习，其隐含用意世人都心知肚明。双方都要谨防被他

人的一己之利所绑架。第三，尊重彼此核心利益和重大关切是安全上相互确保的基本要求。在这方面美国是对中国欠了债的，在涉台、涉藏、涉疆等问题上，美国的行为损害了中国的核心利益。

我们高兴地看到，一段时间以来，中美两军交往出现了不少积极的现象，军事领导人互访增多，体现作战层面的实兵演习已经开始打破相互封闭的局面，这些都有利于朝着两国新型军事关系的方向发展。为进一步推动两国各领域关系的平行发展，中美应提升战略安全领域对话的层级，探讨透明性的保障机制，稳步、务实加强两军交流。

九、呼唤媒体社会责任，创造良好舆论环境

媒体是公民社会最活跃的因子，渗透于社会领域的方方面面。媒体的力量不可估量。舆论环境好了，双边关系就会向好的方向发展；舆论环境差了，双边关系就会受到严重干扰。媒体的独立性、批评性、警示性和引导性不容置疑，中美双方媒体从不同角度对双边关系发展发挥着不可或缺的作用。然而，也不可否认，中美之间缺乏客观公正的舆论环境。长期以来，总有那么一些媒体或媒体人不顾客观事实，或听凭主观臆断，鼓吹中国威胁论、美国衰落论、中美战略互疑论、中美对抗论，等等。更有一些美国媒体，采用双重标准，在一些个案问题上颠倒黑白，抹黑中国，冲淡中美关系主流，影响中美关系健康发展。中美媒体之间，无论是官方、半官方，还是民间，需要对话和交流。媒体环境也需要净化。媒体虽没有国界，但媒体人具有极强的民族国家烙印。媒体人要有良知，也要有社

会责任感。归根结蒂，媒体终究是要为主权国家利益服务。中美新型大国关系无先例可循，媒体创造性的正能量十分需要。

中美之间要做和能做的事情很多，但对于不能做的事或需防止的倾向，双方应形成默契，并尽最大努力避免之。

第一是既不能高抬中国的实力，也不能夸大美国的削弱。中国这些年的巨大发展是不争的事实。虽面临许多困难，但中国将继续以中高速度发展不应该受到怀疑。然而一个不应忽视的另类事实是，舆论夸大中国的实际力量，这一情况将造成中国的成长代价，也包括责任透支。同样，美国近几年遭到百年一遇的金融危机，甚至也可以说重挫了美国的实力，然而，舆论也同样夸大了美国的弱势，有害于美国重振的信心。美国有条件修复发展，实际上美国已走上再复兴之路。正确对待中美力量之比，或许更有利于构建中美新型大国关系。中美力量对比，中国是一个实力差距很大的"老二"，而且是一个在各个领域发展很不均衡的国家，尤其在科技和军力方面与美差距十分明显。如按人均GDP计算，中国更难望美项背。中国不可能对美国形成战略挑战。中国要克服成长烦恼，美国要消除战略焦虑。

第二要力避自身的问题纠缠对方的责任。历史上，但凡守成大国与崛起大国发生碰撞，不是守成方遏制在先，就是崛起方发动挑战。然而，中美双方都应当看到，中美关系中有许多与以往新老大国关系中所不同的要素，如经济上的高度依存，都是联合国安理会常任理事国，都是G20等重要国际集团的成员，都很难不再是世界性大国等等，这些因素制约着双方的对抗因素。同时，中美都有自家难念的经。中国有中国的问题，美国有美国的问题。虽然许多问题具有关联性，一方发展时要兼顾另一方的利益，但中美各自最大的挑战均主要来自自身，来自各自的理念、各自的政策和各自的发展活力。中美应当包容互鉴，而不是一味就自身的问题在对方身上找原因，并以此为由打压对方。

第三要力避损害对方主权、安全和干涉对方内政。美国对中国进行日益频繁的海空抵近侦察。一些美国人堂而皇之地宣称，中国可以派舰机对美国进行侦察。这是极不负责任的借口，是赤裸裸的强权逻辑，是对中国主权和安全的不尊重。美国国会经常就中国事务举办听证会，特别是在涉台、涉藏、涉疆等事关中国核心利益的问题上说三道四，无端指责。这种干涉内政的事严重伤害了中国人民的感情，很不利于双边关系的健康发展。

第四件不能做的事是，双方发展与对方邻里关系时，都不应以损害对方利益为代价。双方都应提高政策透明度。在这方面，美国做的过了头，为了美国的亚太利益和全球地位，一会儿高调"重返亚太"，一会儿要对亚太实行"再平衡"政策，一会儿强调提升在亚太的军力部署，一会儿又突出强化亚太的同盟关系，等等。美不惜对中国周边国家挑拨离间，兜售中国威胁论，甚至煽动个别国家向中国发出无理挑衅。中美都要尽力避免被某些国家为一己私利所绑架。

第五，不要在平等相待与平起平坐间划等号。虽然两者之间有一定关联性，但毕竟是两个不同的概念。平起平坐指二者的地位状态，双方不分高低主次，等权均利，共同主导某事乃至主宰世界。前些年出现的"两国论"和"中美国"等口号就是在这一概念下产生的。中国明确表示了反对。平等相待是相互认知的态度和标准，即相互尊重，不歧视，不搞双重标准。中国一向主张大小国家一律平等，尊重对方的社会制度和发展道路选择，对国际事务主张公正、公平和透明，享有应有的话语权。美国是战后世界秩序的设计者和主导者，中方无意否认其积极作用的一面。但一些美国政治精英自视为世界的领导者并以此自居，担心中国发展后要与美国平起平坐，分享美国自赋的所谓领导权利。中国无意也无能力与美国分享或争夺世界领导者的地位，所求的是公正、平等和发挥力所能及的建设性作用。

十、构建新型大国关系，中美间业已存在有益的
政治基础、经济基础、社会和人文基础

首先，中美建交后的35年，双方积累了不同社会制度国家相互打交道的成功经验，保证了两国关系总体上的相向而行。这些都是在中美三个联合公报的政治基础上实现的。现在，两国都认识到新型大国关系的必要性和重要性，两国领导人新达成的共识正在成为双边关系可持续发展的又一重要政治基础。只要两国认定共同目标，化共识为政策，政治基础还会越来越大。

其次，两国经济往来从无到有，关系日益紧密。如今，中美互为主要贸易伙伴和投融资市场，两国同为世界经济的主要增长引擎。奥巴马总统未来五年美国出口倍增计划中，中国是第一大目标国。如此相互依存的经济关系事实上已经突破了历史上崛起大国与守成大国零和博弈的魔咒，已经或继续成为双方构建新型大国关系的经济基础。

第三，美国是老牌大国，但不是一个安于现状的国家；中国是新兴国家，唯开拓创新才是中国发展的永动力。几乎在中美建交的同时，中国开始了改革、开放的历史性进程。有人甚

至评论，现在的中国在许多方面比美国还要开放。虽然中美之间有这样和那样的不同和差异，但两国均为当今世界开放度较高的国家。君子和而不同，因不同而欣赏，因欣赏而宽容，因宽容而合作。两个开放的社会是相互共存共荣的重要条件，也是构建新型大国关系的社会基础。

第四，历史和人文基础支持两国构建新型大国关系。国之亲在于民相交。历史上，中美共同谱写了抗击法西斯侵略的不朽篇章，美国飞虎队的英雄事迹在中国家喻户晓；中国数十万劳工参与了美国早期贯穿东西部铁路的建设，中国人不辞辛劳令美国人难以忘怀。建交后，相互关心的人文精神每每得以体现，一遇自然灾害，双方都会伸出援助之手。中美人员往来逐年上升，现在每年都高达300多万，远超"旅游收入"意义。中国在美留学生已连续数年高居各国之首，美国"10万人留学中国计划"正在实施。双方莘莘学子相互学习，相互感悟对方的文化精髓，他们承载着中美关系未来的重任。

目标已经确定，风帆正在扬起。智慧的中美两国人民正在开创一项前无古人、后启来者的伟大事业。中美新型大国关系一定要建立，也一定能够建立。

气势恢宏的周边外交

张铁根[①]

2013年，我国周边外交空前活跃。中国新一届领导集体积极运筹外交全局，突出周边在我国发展大局和外交全局中的重要作用，开展了一系列重大外交活动，并充分展示了新一届领导集体的外交新理念、新思维、新风格，中国同周边国家的睦邻互信和合作共赢关系呈现生机勃勃的新气象。

一、积极运筹周边大国关系

2013年3月22日—24日，习近平主席访问俄罗斯。习近平担任国家主席后，把俄罗斯作为首次出访第一站，充分体现了中国新一届中央领导集体高度重视发展中俄关系，也显示了中俄关系的高水平和特殊性。习近平主席同普京总统举行了会谈，就加强中俄全方位战略合作达成重要共识。双方签署了经贸、能源、投资、地方、人文、环保等领域的合作文件，加深了中

---

① 作者系中国国际问题研究基金会研究员。

俄全面战略协作伙伴关系的基础。4月，习主席出席博鳌亚洲2013年年会，面对与会的各国政要和工商企业界巨子，集中阐述了我国内外政策新理念，令人有春风扑面之感。5月，李克强担任总理后的首次出访选择了印度。印度是南亚大国，是中国的重要邻邦。李总理表示，此访是增加互信之旅、深化合作之旅、面对未来之旅。中印进行了双方区域贸易安排，打造中印缅孟经济走廊，发展工业园区等经济务实合作。辛格总理10月对我国进行回访，这是自1954年以来首次实现中印总理年内互访，中方给予辛格总理热情亲切的接待。两国总理签署了交通、能源、文化、教育、地方交往等9项合作文件，其中包括"中印两国政府边防合作协议"，有助于共同维护中印边境地区的和平安宁。6月，习近平主席赴洛杉矶安纳伯格庄园同奥巴马总统会晤，中美双方同意共同努力构建相互尊重、合作共赢的新型大国关系。美国不属于周边国家，但我周边许多问题的产生根源均有深刻的美国背景和美国因素。中美构建新型大国关系，对亚太地区的繁荣稳定具有极其重要的意义。12月4日—5日，美国副总统拜登应中国国家副主席李源潮的邀请访华，这是中美之间又一重要交往。习近平主席、李克强总理分别同拜登副总统会谈和会见。习近平在会谈时指出，中美加强对话与合作是两国唯一正确的选择，双方要牢牢把握两国关系正确方向不动摇，尊重彼此的核心利益和重大关切，积极拓展务实合作，妥善处理敏感问题和分歧，确保中美关系持续健康稳定向前发展。习主席重申了中方在台湾问题、涉藏问题及划设东海防空识别区等问题的原则立场。拜登表示，美中关系是21世纪最重要的双边关系。美致力于同中方一道，在相互尊重、相互信任、平等相待的基础上建设美中新型大国关系，避免守成大国和新兴大国之间发生冲突的历史定律重演。拜登还表达了美方对中方划设东海防空识别区的"严重关切"。李克强在会见拜登时表示，中美经济将长期保持很强的互补性，合作远大于竞争。中美要以双边投资协定为突破口，开展更广范围、更高水平的合作。共同努力推动在亚太形成一个开放、包容、充满活力的经济合作架构。拜登表示，中国的发展不仅有利于世界，而且给本地区带来稳定。美国的增长与中国紧密相连。

二、提升同中亚国家的关系，西向构筑丝绸之路经济带

2013年9月3日至13日，习近平主席对土库曼斯坦、哈萨克斯坦、乌兹别克斯坦、吉尔吉斯斯坦进行国事访问并出席上海合作组织比什凯克峰会。中亚四国总统同习主席进行多次长谈，彼此建立了高度信任和亲密友谊。通过这次访问，中国同土库曼斯坦、吉尔吉斯斯坦分别建立战略伙伴关系，同哈萨克斯坦进一步深化全面战略伙伴关系，同乌兹别克斯坦签署了《中乌友好合作条约》，实现了中国与中亚国家双边关系的全面战略升级。

习近平主席以高瞻远瞩的眼光，向中亚国家提出共同建设新时代"丝绸之路经济带"的战略构想。习近平还提出，构建"丝绸之路经济带"要创新合作模式，加强"五通"，即政策沟通、道路联通、贸易畅通、货币流通和民心相通，以点带面，从线到片，逐步形成区域大合作格局。四国领导人对此高度赞赏、积极支持。

习近平同四国领导人一致同意建立长期稳定的能源合作关系。土库曼斯坦决定增加对华天然气供应，与中方就尽快启动中国—中亚天然气第四条管线即D线建设达成协议。哈萨克斯

坦确认争取第三条管线哈境内段年内竣工，2014年初运营。乌兹别克斯坦、吉尔吉斯斯坦和塔吉克斯坦分别同中方签署了第四条管线过境协议，同意将这条管线建设成安全可靠、惠及各方的能源大通道。

习近平在上海合作组织峰会上阐述了中方一系列重要倡议，引导各方进一步弘扬"上海精神"，建立命运共同体和利益共同体。呼吁各成员国在重大核心利益问题上坚定相互支持，共同维护地区安全稳定，全面推进务实合作，加强人文交流和民间友好。各方积极响应习近平的上述主张，决定加强对话协调，巩固睦邻友好，强化安全合作，合力打击"三股势力"、毒品走私及跨国有组织犯罪。会议发表的《比什凯克宣言》，充分吸收了中方的政策主张。11月29日，李克强总理出席在乌兹别克斯坦首都塔什干举行的上海合作组织成员国总理第十二次会议。李克强总理在会议上提出了深化安全合作、加快道路互联互通、促进贸易投资便利化、加强金融合作、推进能源和生态合作、扩大人文交流等六项建议，获得与会各国领导人的赞同。

中亚是中国西北边疆安全屏障和经贸、能源战略合作伙伴。习近平主席首次访问中亚四国并出席上海合作组织峰会，李克强总理出席塔什干上合组织成员国总理会议，既着眼于维护周边稳定，又服务国内发展，意义重大。正如李克强总理所指出的，向西开放是我们的一个战略重点，它将有利于优化和解决中国东中西部发展不平衡的问题。我们在西边的邻国和我们和谐相处，可以使我们有稳定的周边环境。中国同西边邻国之间的务实合作可以创造更广阔的发展空间，让中国的中西部地区在对西开放中更好地发展起来。向西开放对于中国全面协调可持续发展具有战略意义。

三、全面拓展同东南亚国家关系

2013年10月，习近平主席出访印度尼西亚、马来西亚并出席巴厘岛亚太经合组织第二十一次领导人非正式会议。这是我国新一届领导集体对东南亚和亚太方向开展的又一次重大外交行动。目前中国是印尼第二大贸易伙伴，印尼是中国在东南亚第一大工程承包市场。马来西亚是东盟第一个同中国建交的国家，最近连续五年成为中国在东盟国家中最大的贸易伙伴。访问两国，面向东盟，着眼亚太，目的是开创周边外交新局面，推动亚太区域合作，促进地区发展繁荣。习近平主席同印尼总统苏西洛和马来西亚总理纳吉布进行了深入交谈，两国均决定把同中国的关系提升为全面战略伙伴关系，并就开展多个领域的互利合作达成协议。习近平还倡议，为促进本地区互联互通建设和经济一体化进程，筹建亚洲基础设施投资银行，向包括东盟国家在内的发展中国家基础设施建设提供资金支持。访问取得丰硕成果。两国领导人评价，中印尼、中马关系发展进入了新的里程碑。

习近平主席出席了亚太经合组织工商领导人峰会，发表了题为《深化改革开放　共创美好亚太》的主旨演讲。倡议亚太经济体建立发展创新、增长联动、利益融合的开放型经济发展方式，树立亚太命运共同体意识。会议期间，习主席同多国领导人进行了双边会晤，加深了相互了解和友谊。

习近平主席刚刚结束对东南亚的访问，李克强总理接踵而至，在东南亚刮起一股强劲的"中国旋风"。10月9日至15日，李克强总理出席在文莱举行的第十六次中国—东盟领导人会议、第十六次东盟与中日韩领导人会议和第八届东亚峰会，并对文莱、泰国和越南进行正式访问。李克强总理在中国—东盟领导人会议上，提出同东盟建立两点政治共识和进行七个领域合作的设想，即"2+7合作框架"。两点共识是：建立政治互信，拓展睦邻友好；发展经济，互利共赢。七个领域包括：探讨签署中国—东盟国家睦邻友好合作条约、启动中国—东盟自贸区升级版谈判、加快互联互通基础设施建设、加强本地区金融合作和风险防范、推进海上合作建设21世纪"海上丝绸之路"、加强安全领域交流合作、密切人文科技环保交流。李克强总理强调，上述倡议是中国新一届政府对未来中国—东盟关系发展的政策宣示，是今后10年中国—东盟宽领域、深层次、高水平、全方位合作框架的设想。

李克强总理在东亚峰会上阐述了中国对推进区域经济一体化的原则，建议2015年底前全面完成"区域全面经济伙伴关系"（RCEP）的谈判，本着开放、包容、透明的原则，"区域全面经济伙伴关系"与"跨太平洋战略经济协定"（TPP）交流互动，相互促进。在地区安全方面，李克强总理主张建立区域安全架构，推广综合安全、共同安全、合作安全的新安全观。

李克强总理访问文泰越三国也是硕果累累。中文两国政府签订了海上合作谅解备忘录。中海油和文莱国家石油公司签署了关于成立油田服务领域合资公司的协议。中国向泰方表示，愿积极参与曼谷至廊开段等路段的高铁建设，鼓励中国企业增购泰国大米和橡胶。中越在海上、金融、经贸、基础设施等领域达成合作协议，并就成立"中越海上共同开发磋商工作组"达成共识，双方努力创新思维，破解南海难题。

中国新一届领导集体在密集出访周边国家的同时，还接待了越南国家主席张晋创、韩国总统朴槿惠、巴基斯坦总理谢里夫、印度总理辛格、俄罗斯总理梅德韦杰夫、蒙古总理阿勒坦呼亚格等周边国家领导人来访，巩固睦邻友好合作。总之，与邻居多走动，成为2013年中国外交的鲜明特点。

四、坦诚面对复杂敏感课题，坚决维护国家主权权益，积极管控局势和矛盾分歧

南海问题是我国同一些周边国家历史遗留问题。随着国际和亚太局势的发展变化，南海局势也波澜起伏，对我国同有关国家的关系发展造成不小干扰。某些区域外国家也企图从中渔利，牵制我和平发展。钓鱼岛问题已经成为中日关系的焦点、难点。日本主动挑起钓鱼岛主权争端，其影响已超越中日双边关系，对地区局势稳定也带来负面影响。面对复杂敏感的海上争议问题，新一届中央领导集体准确研判形势，坚毅沉稳，妥善应对。7月30日，中共中央政治局就建设海洋强国研究举行集体学习。习近平在发言中指出，要维护国家海洋权益，着力推动海洋维权向统筹兼顾型转变。我们爱好和平，坚持走和平发展道路，但决不能放弃正当权益，更不能牺牲国家核心利益。要统筹维稳和维权两个大局，坚持维护国家主权、安全、发展利益相统一，维护海洋权益和提升综合国力相匹配。要坚持用和平方式、谈判方式解决争端，努力维护和平稳定。要做好应对各种复杂局面的准备，提高海洋维权能力，坚决维护我国海洋权益。要坚持"主权属我、搁置争议、共同开发"的方针，推进互利友好合作，寻求和扩大共同利益的汇合点。习主席的讲话为我国当前及今后维护海洋主权和权益指明了方向。在10月文莱东亚峰会上，某些人借南海问题向中国发难，李

克强总理坦诚面对，有针对性地阐述了我国在南海问题上的立场和看法。李克强总理访问文莱和越南，通过加强经贸等领域的合作，推动两国就共同开发南海资源迈出坚实步子，使一度紧张的南海局势有所降温，赢得国际社会积极评价。在东海方向，为有效行使自卫权，中国国防部于11月23日宣布划设东海防空识别区。对我这一正当举措，日本首相安倍别有用心地声称，"有招致不测事态的危险"，并借题发挥，煽风点火，制造紧张气氛。美国也对此表示"严重关切"。我顶住压力，严正驳斥了美日的无理指责，阐述了我划设东海防空识别区的和平意图，显示了我捍卫国家主权和领土领空安全的坚强意志，获得许多国家的理解。在钓鱼岛问题上，坚持主权属我，坚持常态巡航；同时对日本政府晓以大义，耐心克制，管控局势，坚持通过和平谈判解决争议。在朝鲜半岛核问题上，中国政府坚持半岛无核化立场，坚持维护半岛和平稳定，坚持通过对话协商和平解决有关问题。中方积极做有关各方的工作，推动六方会谈早日重启。

五、加强周边外交的顶层设计

2013年10月24日至25日，周边外交工作座谈会在北京召开，中共中央政治局常委全体出席，习近平主席作重要讲话。召开如此高规格的双边外交座谈会，是新中国成立以来的第一次。这是党中央为做好新形势下周边外交工作召开的一次具有深远意义的会议。会议的主要任务是，总结经验、研判形势、统一思想、开拓未来，确定今后5年至10年周边外交工作的战略目标、基本方针、总体布局，明确解决周边外交面临的重大问题的工作思路和实施方案。会议具有鲜明的顶层设计的特点,既顾及当前,又着眼长远。习主席强调,无论从地理方位、自然环境还是相互关系看,周边对我国都具有极为重要的战略意义。思考周边问题、开展周边外交要有立体、多元、跨越时空的视角。我国周边外交的战略目标,就是服从和服务于实现"两个一百年"奋斗目标、实现中华民族伟大复兴,全面发展同周边国家的关系,巩固睦邻友好,深化互利合作,维护和用好我国发展的重要战略机遇期,维护国家主权、安全、发展利益,努力使周边同我国政治关系更加友好、经济纽带更加牢固、安全合作更加深化、人文联系更加紧密。关于我国周边外交的基本方针,习主席指出,就是坚持与邻为善、以邻为伴,坚持睦邻、安邻、富邻,突出体现亲、诚、惠、容的理念。要坚持睦邻友好,守望相助;讲平等,重感情;常见面,多走动;多做得人心、暖人心的事,使周边国家对我们更友善、更亲近、更认同、更支持,增强亲和力、感召力、影响力。要诚心诚意对待周边国家,争取更多朋友和伙伴。要本着互惠互利的原则同周边国家开展合作,编织更加紧密的共同利益网络,把双方利益融合提升到更高水平,让周边国家得益于我国发展,使我国也从周边国家共同发展中获得裨益和助力。要倡导包容的思想,强调亚太之大容得下大家共同发展,以更加开放的胸襟和更加积极的态度促进地区合作。这些理念,首先我们自己要身体力行,使之成为地区国家遵循和秉持的共同理念和行为准则。

杨洁篪国务委员在《新形势下中国外交理论和实践创新》一文中指出,"以习近平同志为总书记的党中央在继承中创新,外交开局气势恢宏,外交布局全面均衡,使新形势下的中国外交呈现出理念丰富、重点突出、立场坚定、策略灵活、风格鲜明等特点。"杨洁篪的论述，正是中国新一届领导集体2013年以来开展周边外交的精辟归纳。

2013年以来，亚太局势稳中多变。美国加紧推行"亚太再平衡"部署，借助盟国关系维护在亚太地区的主导地位。美日联手对我施压的态势有所加强。大国在我周边地区的竞争和博弈加剧，军备竞赛势头明显。朝鲜同美韩对立尖锐，朝鲜半岛局势反复不定。日本安倍政权"右倾化"色彩浓厚，鼓吹所谓"积极的和平主义"，加快修宪和扩军步骤，极力渲染"中国威胁论"，将中国定位为日本的战略对手，对我不断示强和挑衅，借我划设东海航空识别区的举措大做文章。东北亚已成为亚太地区不稳定之源。东南亚国家政治转型加快，社会矛盾加剧，改善国际处境、发展经济成为各国的优先考虑。南亚地区安全形势堪忧，恐怖活动猖獗。处于"后战争"阶段的阿富汗走向难料，未来南亚局势的发展有许多不确定因素。中亚地区冲突时有发生，但政局基本稳定，大国增强对中亚地区的介入。

亚太新兴经济体保持较快增长，但可持续增长面临挑战。中国增长放缓，印度、印尼、马来西亚、泰国的经济表现不太理想。美国缓慢复苏。日本"安倍经济学"取得一定成效，但内生动力不足，前景未卜。俄罗斯经济下滑。区域经济一体化进程加速，美国抢占亚太区域经济合作"游戏规则"的制定权、话语权，试图规范和限制中国对亚太经济的影响。

中国新一届领导集体准确把握国内和国际两个大局，在我国周边开展的一系列重大外交活动，已经取得了积极成果，总体形势对我有利。今后工作就是根据周边外交工作座谈会精神，把我国同有关国家达成的合作协议落到实处。前路并非一片坦途，重要的是，"航线已经指明，道路已经开通"，可以满怀信心地期待，我国周边外交工作将迎来崭新的局面。

中国—东盟关系
从"黄金十年"走向"钻石十年"

齐建国①

2013年9月，广西南宁，风景秀丽，气候宜人。中国—东盟领导人和部长们云集在这里，隆重纪念中国—东盟战略伙伴关系建立10周年和中国—东盟博览会举办10周年。李克强总理在开幕式上发表了令人难忘的主题演讲。他把中国—东盟过去的10年称为"黄金十年"，比喻为已成长10年的大树，"枝繁叶茂，硕果累累"。他站在新的历史起点上，以一个大国总理的胸怀，提出了创造中国—东盟未来"钻石十年"的宏伟目标。作为一个长期关注和从事中国—东盟友好合作事业的亲历者，笔者在现场亲耳聆听了李总理催人奋进的讲话，目睹了东盟朋友掌声雷动的场面，倍感亲切，深受鼓舞。

———————————

①　作者系中国国际问题研究基金会亚太研究中心主任、高级研究员，中国前驻越南大使。

一、中国—东盟关系"黄金十年"硕果累累

早在1991年，中国与东盟就建立了对话关系。在东盟的对话伙伴中，只有中国在过去10年创造了多个"第一"。例如，作为域外大国，中国率先加入《东南亚友好合作条约》，是最早与东盟建立战略伙伴关系的国家，也是最早同东盟建成自贸区的国家。总的看，主要有以下亮点：

（一）战略互信业已建立

中国—东盟关系曾走过不平坦的路程。就东盟对中国的认识而言，也经历过一个从"中国威胁论"到"中国机遇论"的转变。自1997年建立睦邻互信伙伴关系以来，双方先后签署了《南海各方行为宣言》和《面向和平与繁荣的战略伙伴关系宣言》等重要文件。为增进战略互信，双方还相向而行，主动采取了以下主要措施：

1. 相互尊重，携手并进。双方先后于2004年、2006年和2010年制定了《行动计划》，其中2010年的《行动计划》为期5年（2011年—2015年），确保了《联合宣言》的落实。

2. 相互支持，共度时艰。双方先后召开了《关于非典型性肺炎问题特别会议》和《东盟地震和海啸灾后问题特别会议》。东盟为中国防治非典给予了大力支持，中国则向东盟灾区提供了力所能及的援助。

3. 相互配合，共谋发展。双方先后于2006年和2011年发表了纪念建立对话伙伴关系15周年和20周年峰会的《联合声明》，提出了各领域务实合作的一系列倡议和措施，为中国—

东盟睦邻友好和互利共赢奠定了扎实基础。

（二）合作机制日趋完善

自1997年建立睦邻互信伙伴关系以来，中国与东盟已建立起完善的对话机制。主要有以下三个层次：

一是领导人会议。这是中国—东盟合作框架下最高级的机制，每年举行1次，至今已举行16次，主要对中国—东盟合作及其长远发展作出战略规划和指导。

二是部长级会议。这是负责政策规划和协调的机制，大多每年举行1次，至今已建立外交、经济、文化、卫生、新闻、电信、质检、交通、海关署长、总检察长、青年事务、打击跨国犯罪等12个部长级会议机制。

三是工作层会议。在中国—东盟合作框架下，共有五个工作层会议机制，分别是外交高官磋商、联合合作委员会及工作组会议、经贸联委会、科技联委会和商务理事会。此外，双方还于2010年10月建立了中国—东盟银行联合体。

中国对上述合作机制高度重视。中国领导人参加了历次中国—东盟领导人会议，每次会议都提出了自己的主张和倡议；中国还积极参加与中国—东盟框架下的各领域部长会议和高官会，同东盟就具体领域合作及未来发展方向进行了深入探讨。通过主办和参与具体合作项目，中国为推进双方务实合作发挥了重要作用。

（三）合作领域日益宽广

在过去10年中，中国—东盟关系发展迅速，各个领域的合作不断扩大。双方不仅先后确定了农业、信息通信技术、人力资源开发、相互投资、湄公河流域开发、交通、能源、文化、旅游、公共卫生、环境等11个重点领域的合作，而且还在法律、非传统安全、青年事务、禽流感、教育、新闻、劳动保障等二十多个领域开展了务实合作。与此同时，双方还签署了农业、交通、文化、新闻、信息通信、非传统安全、大湄公河次区域信息高速公路、卫生和植物卫生、知识产权、技术法规、标准和合格评定程序、中国—东盟中心等12个合作谅解备忘录。此外，中国与东盟之间还有一些重要领域合作平台。例如，中国—东盟博览会和中国—东盟商务与投资峰会已在广西南宁举办10届，中国—东盟教育交流周已在贵州贵阳举办6届，中国—东盟实体中心网站已于2011年11月在南宁正式成立。

近年来，在继续推进各领域务实合作的同时，双方还启动了中国—东盟科技伙伴计划，举办了首届科技部长会议，举行了首届中国—东盟防长磋商，建立了中国—东盟互联互通合作委员会及10个中国—东盟教育培训中心。

（四）经贸合作成果丰硕

如果说经贸合作是中国—东盟合作的一大亮点，那么中国—东盟自贸区的建立则是双方合作亮点中的亮点。早在2000年1月，时任中国总理朱镕基就在新加坡召开的第4次中国—东盟领导人会议上提出了建立中国—东盟自贸区的设想，立即得到东盟领导人的积极回应。之后，双方经过了32轮的谈判，先后签署了中国—东盟《全面经济合作框架协议》、中国—东盟自贸区《货物贸易协议》、《服务贸易协议》和《投资协议》，并于2010年1月1日正式建立了中国—东盟自贸区。这是一个拥有19亿人口、6万亿美元GDP总值、4.5万亿美元贸易总额的经济区，也是世界上人口最多、发展中国家最大的自贸区，无疑将对亚洲乃至世界经济的发展产生深远影响。

经过近四年的运行，虽也受到全球金融危机的冲击，但中国—东盟自贸区已向世界展示了强劲的发展前景。2010年至2012年，中国—东盟贸易额每年均以两位数增长，其中2012年双方贸易额已突破4000亿美元。2013年，双方贸易继续保持良好发展势头，仅头9个月双方贸易额就达3223亿美元，同比增长11.6%。中国已连续三年成为东盟第一大贸易伙伴，东盟则超过日本成为中国第三大贸易伙伴。与此同时，中国—东盟相互投资也有较快增长，目前双方累计相互投资已达1000多亿美元，其中东盟向中国投资约800亿美元。

二、中国—东盟关系"钻石十年"前景广阔

2013年10月9日，在文莱首都斯里巴加湾市举行的第16次中国—东盟领导人会议上，李克强总理提出了中国—东盟未来10年"两个共识、七个合作领域"即"2+7"合作框架，描绘了一幅振奋人心的发展蓝图。这是中国新一届政府对今后10年中国—东盟关系发展的政策宣示，得到了东盟国家领导人的积极响应，也引起了国际社会的普遍关注。

（一）签约固化战略伙伴关系

为牢牢把握睦邻友好这条主线，李克强总理向东盟10国领导人表示，中国愿同东盟国家积极探讨并签署《睦邻友好合作条约》，以便增进战略互信，深化全方位合作，实现共同发展，续写中国—东盟关系新篇章。东盟国家领导人则高度评价中国坚持睦邻友好政策，表示愿从战略高度重视和发展对华关系。

这是中方为夯实中国—东盟战略互信政治基础的主要倡议，不仅丰富了中国—东盟睦邻友好关系的内涵，同时也为双方战略合作提供了法律和制度保障。

从近年来双方关系发展良好势头看，中国—东盟积极探讨并商签《睦邻友好合作条约》，无须花费很长时间。作为域外大国，如果中国率先与东盟国家签署上述条约，无疑将成为中国—东盟"钻石十年"的一大亮点。

（二）携手打造"自贸区"升级版

经过近四年的建设，中国—东盟自贸区已初具规模，双方经贸合作成效显著。但为了寻求更大的发展，有必要更新和扩充中国—东盟自贸区协定的内容和范围。例如，中国—东盟国家之间还有进一步降低关税的空间，有待双方通过谈判削减关税，使更多的商品享受零关税待遇。再如，为进一步提升贸易投资自由化、便利化水平，双方尚需开展新一批服务贸易承诺谈判，从准入条件、人员往来等方面推动投资领域的实质性开放。

双方还清醒地认识到，要打造中国—东盟自贸区升级版，尚需双方作出艰苦努力。面对全球金融危机的冲击，要在今后8年内将双方贸易额从4000亿美元提升到1万亿美元，任务相当艰巨；双向投资在今后8年内增加1500亿美元，也并非易事。但从李克强总理向东盟国家领导人作出的承诺看，中国将优先考虑东盟的利益诉求，愿与东盟签署农产品长期贸易协议，积极扩大从东盟进口在中国有市场、有竞争力的商品。与此同时，中国还把东盟视为自己对外投资的优先方向，并欢迎东盟企业到中国投资兴业。这些都是双方打造中国—东盟自贸区的重要措施。只要双方团结协作，共同在货物贸易、服务贸易、投资合作等领域采取实质性措施，2020年双方贸易额目标及双向投资目标就一定能够实现。

（三）扎实推进金融合作

通过多年的努力，中国—东盟金融合作已取得长足发展，中国2009年向东盟国家提供的150亿美元信贷已基本落实，2011年向东盟国家提供的100亿美元信贷正在积极落实中。与此同时，中国还宣布设立总规模100亿美元的中国—东盟投资合作基金，主要为双方基础设施、能源资源等重大合作项目提供融资支持。为满足本地区基础设施融资的巨大需求，习近平主席不久前在印尼巴厘岛举行的亚太经合组织工商领导人峰会上庄严宣布："中国倡议筹建亚洲基础设施投资银行，愿向包括东盟国家在内的本地区发展中国家的基础设施提供资金支持。"可以预见，在新成立的亚洲基础设施投资银行和域内外现有多边开发银行的支持下，中国—东盟互联互通等基础设施项目定能顺利实施。

为维护地区金融和经济的稳定，中国在10+3（东盟10国＋中日韩）框架内积极推动"清迈倡议"多边化。目前，"清迈倡议"多边化协议规模已从1200亿美元扩大到2400亿美元。在今后10年内，中国将继续同东盟携手合作，强化发展次区域金融安全网，推进双边本币互换协议的实际运用，鼓励跨境贸易和投资使用本币进行结算，为东盟机构投资中国债券市场提供更多方便，不断完善区域金融风险预警和援助机制。根据以往合作经验，人们完全可以相信，通过双方真诚合作，中国—东盟完全有能力应对各种困难和挑战，也完全有能力避免20世纪90年代那样的金融危机再次发生，确保本地区经济不断迈上新的台阶。

（四）努力开创各领域合作新局面

目前，中国与东盟已基本完成第一阶段战略伙伴关系的行动计划，正在几十个领域开展互利合作。在今后10年内，中国与东盟不仅要深化政治、经济、文化、教育、科技、金融等领域的合作，同时还要加强国防、安全等敏感领域的合作；不仅要实施陆上互联互通项目，而且还要构建海上丝绸之路，形成一个宽领域、深层次、高水平、全方位的立体合作新局面。

到2020年，除实现中国—东盟自贸区升级版目标外，中国—东盟还将利用好亚洲基础设施投资银行等金融平台，在陆上兴建一批高速铁路和公路项目，在海上实施一批物流和互联互通项目。与此同时，双方还将使用好中国政府提供的中国—东盟海上合作基金，在渔业基地建设、海洋生态环保、海产品生产交易、航行安全与搜救以及海上运输便利化等领域，推进一大批海上合作项目。在人员交流方面，中国将在今后3年至5年内向东盟国家提供1.5万个政府奖学金名额，并与东盟国家一起落实2020年把互派留学生规模扩大到10万人次的"双十万计划"，让更多青年参与到地区合作交流中来，使中国—东盟睦邻友好薪火相传。

三、中国—东盟关系缘何持续发展

中国—东盟关系走过了硕果累累的"黄金十年"，又迎来了前景广阔的"钻石十年"。最近，不少朋友问得最多的一个问题就是：为什么中国—东盟关系后劲十足、能够持续快速向前发展？经过冷静思考和分析，笔者初步得出了以下答案：

（一）睦邻友好，战略互信

中国与东盟，山水相连，文化相通，休戚与共。自建立对话关系以来，中国对东盟一直奉行与邻为善、以邻为伴及睦邻、安邻、富邻的政策，东盟则视中国为可以信赖的邻居和伙伴。相互尊重是双方关系发展的基础，相互信任则是双方关系发展的动力。基于上述原因，中国—东盟关系已从对话伙伴、睦邻互信伙伴发展到战略伙伴，实现了历史性的跨越。

实践证明，中国对东盟的睦邻友好政策是长期坚持的战略选择，东盟对中国的睦邻友好政策也不是权宜之计。在今后较长时期内，中国将坚定不移地把东盟国家作为周边外交的优先方向，继续支持东盟共同体建设，支持东盟的发展壮大。东盟也将坚定不移地把中国的发展视为自己的发展机遇，继续深化同中国的战略伙伴关系，加强安全领域的交流与合作。在多边舞台，双方将继续在重大国际和地区问题上保持密切沟通和协调。中国将继续支持东盟在东亚合作中发挥主导作用，东盟将同中国一起共同维护亚洲乃至世界的和平、稳定与发展。

（二）共同发展，互利共赢

中国与东盟优势互补，利益相融。在过去10年里，中国—东盟坚持共同发展、互利双赢，建立了利益共享的价值链。早在中国—东盟自贸区谈判初期，中国与东盟国家就开始实施了"早期收获计划"，其中中国与泰国先走了一步，于2003年10月1日开始实施。从2004年1月起，中国与东盟国家开始对500多种产品实施降税。中国与马来西亚、新加坡、印度尼西亚、菲律宾、泰国、文莱6国关税削减和取消时间表是：最惠国关税税率高于15%的所有产品，2004年1月降到10%，2005年1

月降到5%，2006年降到0%；最惠国关税税率低于5%的所有产品，2004年1月降到0%。中国与越南、老挝、缅甸、柬埔寨4国关税削减和取消时间表是：最惠国关税税率高于30%（含）的所有产品，2004年1月降至20%，以后每年降低5个百分点，2009年降到零关税（柬埔寨2010年降到零）；最惠国关税税率低于15%的所有产品，越南2004年1月降到5%，2006年1月降到零关税；其他新东盟国家2006年降到5%，2008年降到零关税。实践证明，这种互利双赢的早期收获安排，具有强大的生命力，促使双方在不太长的时间内签署了《货物贸易协议》、《服务贸易协议》和《投资协议》，为中国—东盟自贸区如期建成奠定了扎实基础。

中国与东盟同处工业化、城镇化快速推进的阶段，发展目标和任务相似，是天然的合作伙伴。进一步推动中国—东盟经济合作，将激发更大的正能量，为双方共同发展和互利共赢展现更为广阔的前景。

（三）同舟共济，共度时艰

自建立对话关系以来，中国与东盟不断战胜各种困难和挑战，经历了时间的考验。从应对亚洲金融危机到应对国际金融危机冲击，从抗击印度洋海啸到抗击非典疫情和中国汶川特大地震灾害，中国与东盟总是守望相助，患难与共。中国人民不会忘记，在非典疫情和汶川特大地震期间，东盟各国人民给予的巨大支持和无私援助。东盟各国人民也不会忘记，在亚洲金融危机和印度洋海啸来临时，中国人民在第一时间给予的金融支持和人道主义援助。中国人民和东盟各国人民都不会忘记，在共同应对国际金融危机冲击时，中国和东盟国家化挑战为机遇、变压力为动力的奋斗历程。

路遥知马力，患难见真情。这是中国—东盟友好关系的真实写照，也是双方你帮我、我帮你的必然结果。李克强总理2013年9月3日在南宁对东盟国家领导人说："中国与东盟国家是你帮我，我帮你，帮你就是帮我，帮我也是帮你，我们互相帮助，可以互利共赢。"可以预见，在未来的日子里，不管在前进的道路上遇到多少困难和挑战，只要双方坚守这份真情，中国—东盟关系就一定会不断迈上新的台阶。

（四）友好协商，维护稳定

南海争议只是中国与东盟少数国家之间存在的问题，并非中国与整个东盟之间的问题。但毋庸讳言，这是多年来东盟国家关注的问题，也是影响本地区和平与稳定的因素。早在2003年，中国就同东盟通过友好协商，共同制定了《南海各方行为宣言》。10年的实践证明，只要《宣言》有关规定得到落实，南海局势就会保持稳定。反之，随着美国重返亚太步伐加快，个别国家违犯《宣言》有关规定，南海局势就会紧张。在未来的日子里，人们相信，只要双方继续相向而行，全面落实《宣言》有关规定，稳妥推进"南海各方行为准则"的商谈，同时坚持通过谈判解决领土争端，反对将这一问题国际化，就一定会开创南海和平稳定的新局面。

另一方面，通过多年的友好协商，中国同东盟有关国家还在南海"搁置争议，共同开发"和海上合作方面取得了积极进展。例如，在越南国家主席张晋创2013年6月访华期间，中越两国领导人一致同意，加大北部湾湾口外海域工作组谈判力度和密度，力争早日启动北部湾湾口外海域共同开发的试点。再如，在李克强总理2013年10月访越期间，中越两国领导人就成立"海上共同开发磋商工作组"达成共识，并同意将此内容写入双方发表的《联合声明》中。与此同时，中越双方还就海上低敏感领域合作进行了多轮磋商，并一致同意优先开展5个领域的合作，其中两个项目的合作协议已由双方在李克强总理访越时正式签署。

　　综上所述，中国—东盟关系拥有深厚的基础和牢固的纽带，双方合作潜力巨大，前景广阔。从中国和东盟国家领导人最近发表的讲话看，中国愿与东盟永远为伴，永远为友，真诚合作，共同为造福亚洲乃至世界作出更大贡献；东盟国家领导人则十分珍视与中国长期积累的合作成果，愿与中方本着相互信任和互利共赢的精神，深化各领域务实合作，为东盟—中国关系下一个10年的发展创造有利条件。人们完全可以相信，通过双方共同努力，中国—东盟关系一定会迎来更加美好的明天。

新时期中国的对朝政策

杨希雨[①]

在中国的所有对外关系中，没有哪一个双边关系像中朝关系那样独特、重要和高度敏感了；特别是2013年，随着朝鲜在上半年对外宣称要发动摧毁美韩、统一祖国的"圣战"，同时内部进行重大人事调整和确立"发展核武器与发展经济并重"的新战略，给中朝友好关系平添了新的不确定因素。

一方面，无论国际风云如何变幻，中国一如既往地坚持同朝鲜发展基于传统、面向未来的全面友好合作关系；一如既往地同朝方就双边关系和半岛局势以及坚持朝鲜半岛无核化问题保持密切沟通与合作；一如既往地坚持对朝提供有助于朝鲜保障民生和发展经济的大量援助。从上世纪50年代到今天，无论中国处在极度贫困的欠发达阶段、还是快速进入中等收入水平的经济腾飞阶段，中国60年如一日地对朝提供了大量而稳定的经济援助。这在中国的对外援助历史上，是绝无仅有的。例如，根据已经公布的统计资料显示，上世纪50年代到80年代末，中国一家对朝提供的援助，超过前苏联为首的苏东集团同

---

①　作者系中国国际问题研究所研究员。

期对朝援助的总和。

另一方面，朝鲜把发展核武器写入新宪法，使之成为国家"双并重战略"的支柱之一，不顾国际社会的强烈反对，悍然进行第三次核试验，威胁要对韩国进行毁灭性打击和发动核大战。这些破坏半岛和平稳定、背离朝鲜半岛无核化大目标的行径，理所当然地招致包括中国在内的国际社会的坚决反对。中国坚定支持联合国安理会2094号决议，并根据该决议相关规定，发布了对朝鲜多达900个物项的禁运措施行政令。在朝鲜以发动"圣战"为名要求中国等驻朝外交机构撤离平壤、呼吁居住在首尔的外国人撤离韩国的战争危机期间，中国国家主席习近平严正指出：中国决不允许任何国家以一己之私利把这个地区的局势搞乱。

是什么构成了中国对朝政策中支持朝鲜或者反对朝鲜的驱动因素？本文试图从中国在朝鲜半岛的战略目标，中国在后冷战时代的对朝政策，以及朝鲜新领导人的内外政策方向这三个方面，分析中国政府的对朝政策考虑以及中朝关系的发展趋势。

一、后冷战时代中国在朝鲜半岛的战略目标以及相关的外交战略调整

中国在整个冷战时期包括在朝鲜战争时期，始终把朝鲜视为中国东北地区安全的"战略屏障"。那个时期中国的战略目标，就是要确保朝鲜的国家安全，以确保中国东北的"战略屏障"可靠与稳定。基于这个战略目标，中国同朝鲜结成了全面合作的互助同盟关系；与此相适应的，就是把朝鲜的敌人南朝

鲜即大韩民国，视为中国的敌国。因此在整个冷战时期，中国对南北朝鲜的国家关系，一个结为同盟关系，一个形成敌对关系。

1992年，中国领导人邓小平根据冷战结束后的形势发展趋势，决定同韩国建立外交关系，并努力发展全面友好合作的中韩双边关系。应该指出，1992年的中韩建交决定，与上世纪90年代初中国同世界上许多国家建立外交关系的决定有着很大的不同，中韩建交不仅仅意味着中国同大韩民国的双边关系正常化，而且意味着中国对朝鲜半岛南北双方国家关系的战略性调整，即把冷战时期形成的对北同盟关系以及对南敌对关系，同时进行调整，在这个调整过程中，不仅要把过去的中韩敌对关系向着全面合作的正常友好国家关系发展，与此同时，也把过去基于军事同盟传统的中朝同盟关系向着全面合作的不结盟的正常友好关系发展。这种不结盟的正常友好国家关系，即出于顺应后冷战时代的特点，也基于中朝双方在国际社会中都积极支持不结盟运动及其理念，朝鲜更是通过派二号人物金永南率团参加2012年8月下旬在伊朗举行的不结盟运动峰会，表明朝鲜的不结盟立场。

中国对于同朝鲜以及韩国双边关系的战略调整，是基于后冷战时代中国在朝鲜半岛的两大战略目标而确定的：

第一，冷战结束后，过去的"朝苏中三角同盟"不复存在，而"韩美日三角同盟"在美国的推动下，却在进一步加深和强化，由此导致朝鲜半岛的安全结构日益失衡，朝鲜突然面临更加严峻的外部安全压力和挑战。在这个大背景下，中国对于朝鲜半岛的首要战略目标，就是要确保朝鲜半岛的持久和平与稳定，包括通过外交努力建立朝鲜半岛永久和平体制，确保朝鲜不受美韩的入侵或"体制摧毁"。

　　第二，朝鲜半岛毗邻中国经济与人口重心地区东北三省，鉴于美国曾经在朝鲜半岛南半部长期部署过战术核武器，鉴于大韩民国自上世纪70年代秘密研发核武器的纪录，鉴于朝鲜自从冷战结束后加快发展核武器计划的严峻现实，中国把朝鲜半岛无核化也同样作为自己在朝鲜半岛的战略目标。

　　就中国在朝鲜半岛的第一项战略目标，即维护半岛持久和平稳定而言，中朝双方有着明显的共同点；然而就朝鲜半岛无核化这个战略目标而言，中朝双方存在明显的战略分歧。中国始终认为，一个存在核武器的朝鲜半岛，绝无可靠的和平与稳定。而朝鲜则坚信，只有不断发展自己的"核遏制力"，才能确保自己的国家安全。在朝鲜不顾国际社会包括中国的强烈反对，先后三次在中朝边境地区进行了核试验之后，不仅中朝之间在朝核问题上的分歧日益表面化，而且朝鲜沿着核武器开发道路越走越远，也在中国国内引起了明显的分歧。

　　一种观点认为，如果无法实现朝鲜半岛无核化，只要能够维持朝鲜半岛的和平与稳定这个战略目标，一个拥有核武器的朝鲜也是可以接受的；而另一种观点则认为，为了防止中国周边出现"核多米诺骨牌"效应，为了防止朝鲜的核武器未来有可能威胁中国，中国应该吸取当年对越南政策的教训，必须不惜代价地推进朝鲜半岛无核化进程。对于这种显而易见的分歧，连一些国外观察家也注意到了，以至国际危机组织在2010年发表的一份报告中把中国国内在朝核问题上的分歧，描述为"传统派"和"战略派"之间的分歧。

　　但是中国政府以及中国国内的主流观点，对于推动实现朝鲜半岛无核化的立场是坚定不移的。对于中国而言，"持久和平与稳定"与"整个朝鲜半岛的无核化"这两大战略目标，如同一枚硬币的两面，当任何一面被放弃的时候，另一面也就不复存在。因此，中国的政策目标是和平稳定以及无核化二者不可偏废，缺一不可。

中国共产党十八大以来，以习近平为总书记的党中央进一步明确了中国在朝鲜半岛无核化问题上的坚定立场。2013年5月，习近平总书记在会见来访的朝鲜最高领导人金正恩特使、人民军次帅崔龙海时高屋建瓴地指出：实现朝鲜半岛无核化，是人心所向，大势所趋。这既是向朝方，也是向国际社会乃至中国国内，表明了中国党和政府在朝鲜半岛无核化问题上对历史负责的原则立场。

二、朝鲜新领袖的新政策与新变化

朝鲜最高领导人金正日2012年12月突然去世，给朝鲜国内政治乃至半岛局势突然注入了巨大的不确定性。然而在短短的几个月内，新一代领导人金正恩就像国内外显示出，朝鲜最高权力的突然交接不仅十分顺利，而且有序而平稳。这种平稳的最高权力交接，显然是由多种因素促成的，而其中一个十分重要的因素，就是金正恩作为新一代最高领袖，通过其不同于上一代领袖金正日的全新的领导风格和新思维，提出了一系列引人注目的新政策，这种新的领袖风格以及新的政策目标，无疑调动起朝鲜民众新的期待与希望。如果说金正恩在执掌最高权力之初的几个星期，其执政的政治基础还是完全来自他的祖父和父亲，那么在短短的几个月内，金正恩通过展示自己全新的领导风格以及提出的崭新的政策目标，已经成功地建立起他自己的政治基础和领袖地位。

金正恩在执政半年多的时间内，给朝鲜的内外政治方向带来了三大变化：

　　第一，重新界定了执政党的主要任务。在2012年4月15日的首次公开演讲中，朝鲜最高领导人金正恩明确把建设强盛国家、改善人民生活，作为执政党的"总目标"，并多次强调，要让人民过上"文明和幸福的生活"，公开提出"绝不能让人民再挨饿"。2013年3月底，劳动党中央明确提出了"发展核武器与发展经济并重"的战略。这标志着朝鲜劳动党继"主体思想"和"先军政治"时代之后，正进入发展核武与发展经济并行战略的新时代。在这里必须指出，朝鲜过去几十年意识形态与政治的主流，是"主体思想"和"先军政治"，而金正恩把强国富民作为执政党的两大根本目标之一，对朝鲜劳动党而言不啻是一种带有根本性的战略调整。

　　第二，重组新的领导集体。2008年开始，朝鲜当时的最高领导人金正日开始加速培养接班人金正恩的同时，也加快了为新一代领导人搭建领导团队的进程。2010年9月，金正日亲自主持召开了第三次党特别代表会议，破格提拔了一批相对年轻的党政军高级官员，充实到执政党中央政治局以及党中央军事委员会，其中最突出的，是提拔职业军人李英浩为执政党中央政治局主席团五成员之一、党中央军事委员会副委员长、人民军次帅。在2010年劳动党中央最高级别的五人中，李英浩显然是唯一一位面向新一代领导集体的支柱性人物。然而在金正恩执掌最高权力后仅仅4个月，这位新领袖就再次召开了党中央特别代表会议，重组党中央和党中央军委，其中最突出的，就是把非职业军人出身的崔龙海破格提拔到人民军内仅次于金正恩本人的次帅，并破格提拔为政治局四常委之一；在这次党特别代表会议召开三个月后，前任最高领导人金正日晚年重点提拔的党中央政治局常委、人民军次帅、总参谋长李英浩，因反党反革命罪，被解除一切职务。此后，李英浩所留下的人民军总参谋长一职两易其人，使人民军总政治局和总参谋部的掌门人，均换成了金正恩时代的新人。

除了重组军队最高权力团队外，金正恩还通过2012年4月由他亲自主持召开的第四次特别党代表会议，对党中央政治局以及党中央委员会进行再次调整。虽然在那次特别党代会上，金正日时代破格提拔的另一位高级干部张成泽由政治局候补委员提升为政治局委员，但一年后，张成泽即因反党反革命罪行被撤销党内军内一切职务并被处以极刑。与此同时，被金正恩重新启用的政务院总理朴凤柱在新一代领导集体内的地位迅速上升。在2013年12月张成泽事件后举行的纪念金正日逝世二周年的追悼大会上，朴凤柱在悉数亮相的最新领导集体中的排名，跃居到第三位。

第三，把朝鲜内外政策的最高决策中心，从军队转移回归到党中央。在金正日时代，以金正日为委员长、由人民军高级将领构成的国防委员会，是朝鲜的最高决策机构。随着2010年9月劳动党第三次特别代表会议以及2012年4月第四次特别代表会议的召开，劳动党中央政治局从组织和人事上进一步健全，朝鲜的最高决策中心逐步回归到党中央政治局。金正恩成为朝鲜最高领导人以来，朝鲜内外政策的重大决策，都是由党中央体系内形成的。

三、金正恩时代的传统政策遗产

必须指出的是，朝鲜新领袖金正恩推出自己的新政策、重组自己的领导团队，是在前任最高领袖金正日政治遗产框架内进行的，这个政治遗产框架总体上说由四根支柱构成：

第一，提出并推行"先军政治"。

在金正日的领导下，"先军政治"成为具有一系列实质内容的思想体系和政策纲领。基于"先军政治"，朝鲜的最高权力中心从金日成时代的劳动党中央，转移到国防委员会；朝鲜的军队建设和国防建设，被摆到了至高无上的地位，从而使朝鲜在冷战结束、前苏联解体、美韩军事同盟不断强化等一系列外部冲击之下，确保了自己的国家安全；同时，军队地位的提高，也发挥了军队在维护朝鲜国内政局稳定的重大作用，使朝鲜在国内经济形势十分困难的"苦难行军"时期，依然保持了社会和政局的稳定。

第二，实质性地推进核武器研发计划并跨越"核门槛"。

在金正日领导朝鲜的17年间，朝鲜于2005年2月10日，以声明的形式，跨越了"核门槛"，宣称朝鲜已经制造了核武器，并分别于2006年9月和2009年5月两次进行了核试验，证明自己成为所谓的"拥核国家"；朝鲜还于2010年向到访的美国专家正式展示了它早前秘密进行的浓缩铀项目，意在向美国以及国际社会表明：朝鲜在制造核武器方面，已经同时具备了以钚材料和以浓缩铀材料制造核武器的技术及其相关设施。通过发展核武器，朝鲜在增强了自身安全的同时，也极大提高了同美国进行战略博弈的地位和能力。

第三，发起了朝鲜式经济改革与开放的进程。

自2002年7月1日开始，朝鲜开始了大规模的旨在提高生产经营效率的经济管理改善与调整进程，外界简称之为朝鲜式经济改革。在这种改善与调整进程中，朝鲜政府开放了过去在中央计划体制下长期禁止的自由市场，无论是企业还是生产者个人，都获得了更大的自主权。尽管这种改革历经反复和曲折，主管这场改革的政务院总理朴凤柱也于2007年被降职处理，但是改革与适度市场化的总趋势并未夭折，而且不断前进，以至当前的朝鲜经济形势较之改革之初的2002年，已经有了明显改善。更为重要的是，市场经济因素在朝鲜的经济运行以及经济体制中，已经呈现不断扩展的趋势。

伴随着市场导向的经济改革，朝鲜在金正日时期还进一步扩大了对外开放，即便是在2010年朝鲜半岛南北之间因为"天安舰事件"和"延坪岛事件"而陷入政治与军事紧张对峙的危机之年，朝鲜也没有放缓同韩国的经济合作与开放步伐，使得当年韩国在朝鲜开城工业园区的投资额增加了50%以上。

此外，朝鲜还在金正日的亲自过问和指导下，扩大了有关经济特区，并于2011年专门成立了旨在扩大开放和促进招商引资的两个中央级政府机构。

第四，开启了以"敌对国家"为重点的多方位外交。

美国、韩国、日本是朝鲜长期的敌对国。从1990年代后半期开始，朝鲜对美国以及韩国和日本不断采取主动的外交攻势，力图突破西方国家对朝鲜的外交与经济封锁链条。

一方面，金正日采取开创性的对韩政策，建立了南北首脑峰会这一南北交往的最高级模式，金正日本人先后于2000年6月和2007年10月，分别同金大中总统和卢武铉总统举行了两次北南首脑峰会。金正日委员长通过与金大中总统共同签署《6.15共同宣言》，确立了朝鲜方面实现民族和解与统一的政治主张和路线图，把已故主席金日成关于"联邦或邦联式统一"的有关设想，进一步具体化，并由此开启了南北日益扩大的交流与合作进程。

另一方面，朝鲜在改善同韩国关系的同时，展开了以美国为主要目标的外交努力，不仅要改变朝美之间的敌对关系，而且还要建立起朝美战略互惠关系。在这一思想指导下，朝美之间在2000年实现了美国国务卿奥尔布莱特与朝鲜人民军次帅赵明录的历史性互访，双方签署和发表了朝美华盛顿联合公报，明确了朝美改善关系互惠合作的一系列原则。在此基础上，朝鲜同日本加快了朝日关系正常化谈判的进程，促成了日本首相小泉纯一郎2002年10月对朝鲜的历史性访问，金正日委员长还亲自出面承认"绑架日本人质事件"并为此道歉，双方在朝日首脑会谈后发表了同样具有历史性意义的《朝日平壤联合宣言》。

南北《6.15共同宣言》、《朝美华盛顿联合公报》、《朝日平壤联合宣言》这三个文件，不仅提出了处理朝鲜同有关国家双边关系的具体措施，而且更重要的是，提出了朝鲜如何改善和发展同敌对国家关系的基本原则和新思维，勾画出朝鲜以朝美战略关系为主要框架的全方位外交蓝图。

上述四大政治遗产，成为主导金正恩新的政策方向的基本框架。换言之，金正恩无疑将给朝鲜的内外政策和战略带来新的变化，但是所有新的变化，都不会脱离由上述四大政治遗产构成的政治框架。

四、中国对朝鲜的政策立场：
支持，鼓励，不干预与反对

中国同朝鲜的关系，是基于传统、面向未来的处于转型和过渡阶段的友好关系，同时也是对于双方都极为重要而且非常复杂的双边关系。中国对于朝鲜所推行的各项政策，也构成了非常复杂的立场，其中既有积极支持、鼓励的，也有坚决反对的。

（一）**支持**。金正日时代的后期，朝鲜开始重视和加强发展国民经济，特别是努力解决食品、能源短缺问题；金正恩执掌最高权力后，更加强调发展国民经济和改善民生，特别是公开提出"绝不让人民再挨饿"。对于朝鲜在这方面的政策，中国通过项目援助与经济支持等各种形式，始终给予朝鲜大力支持和帮助。中国特别对于朝鲜政府改善民生、缓解人道主义困难，持续地给予特殊的关注和援助。进入21世纪以来，朝鲜对于改善南北关系、改善朝美、朝日关系付出了大量努力，中国对此一直采取积极支持的立场，并在必要时总是乐于提供力所能及的协助和斡旋。

（二）**鼓励**。2002年朝鲜开始了经济调整改善进程，逐渐引进市场机制。金正恩时代，朝鲜则明显加快实施改善经济运行效率的各项政策措施。2013年以来，朝鲜开始在部分农村地区实施类似于家庭联产承包责任制，以及其他旨在提高劳动生产率的政策措施，但是朝鲜官方媒体明确反驳有关朝鲜将要"改革"、"开放"的猜测，尽管其实施的许多政策措施，同中国、越南实施的若干改革开放措施有相似之处。对于朝鲜从制度入手、改善和提高劳动生产率的一系列努力，中国一直采取鼓励的态度，特别是通过密集的各个渠道、各种形式的双边交流和培训，向朝鲜无保留地介绍中国自身改革和开放进程中的成功经验与失败教训，使得朝鲜在探索经济发展新路径的过程中，尽量少走弯路，更有效率。

（三）**不干预**。金正日时代，朝鲜开始倡导"先军政治"，国家的权力中心也逐步从劳动党中央转移到国防委员会。金正恩时代，朝鲜的最高权力中心开始从国防委员会转向劳动党中央及其中央军事委员会，并由此进行了一系列重大人事调整，甚至对于若干高级官员采取处以极刑的方式。中国视上述所有这些事务，均为朝鲜党、军队和国家的内部事务，中国本着长期奉行的"不干涉内政"原则，对朝鲜内部所有重大的事务严格恪守了不干预的态度和立场。

（四）反对。如前所述，中国在朝鲜半岛的战略目标是维持和平稳定以及推动实现朝鲜半岛无核化。因此，中国对于朝鲜发展核武器的政策与行为，始终坚决反对，并坚持不懈地试图说服朝鲜回到正确的无核化道路上来。正是基于这一立场和考虑，中国积极发起并主导了六方会谈进程，并策划和推动有关各方谈判通过了"9.19共同声明"。在朝鲜悍然进行核试验之后，中国明确支持安理会有关决议，谴责朝鲜的核试验，并加入到国际社会制裁朝鲜的行列，中国同朝鲜长达几十年的军事装备供应关系，也由此中断。为了维护朝鲜半岛的和平稳定，中国对于朝鲜发射卫星等不利和平稳定的行动，也明确表达了反对立场，并作了大量的劝说工作。在朝鲜进行第三次核试验之后，中国进一步加大了对朝的工作力度，一方面劝说朝鲜改变拒绝六方会谈的立场，积极重返六方会谈，另一方面根据联合国有关决议的规定，专门发布了对朝出口禁运措施和禁运物项清单。

总之，中国对于朝鲜努力发展自身经济、解决经济困难和人道主义问题，投入大量的经济与政治资源，给予积极支持。对于朝鲜推行旨在提高经济运行效率、加快经济发展的朝鲜式的改革与开放，给予积极鼓励和引导。对于朝鲜内部的任何重大政治事务和人事安排事务，从不干预。对于朝鲜发展核武器的政策以及破坏朝鲜半岛和平稳定的挑衅性行动，坚决反对，同时努力说服其改变现行政策，回到无核化的正确立场上来。

五、结论

第一，冷战结束以来，中国明确地把维护半岛和平稳定以及推进半岛无核化作为自己在半岛的两大战略目标。而朝鲜在过去的二十多年中，一方面越来越重视发展国民经济，重视推行符合朝鲜国情的经济改革与开放措施，另一方面，在对外关系中也努力改善同传统敌人的关系，所有这些都有利于半岛和平稳定，中国都给予了积极的支持和帮助。

第二，朝鲜核问题在过去近二十年来，越来越成为中朝分歧的关键点。但是中国在反对朝鲜发展核武器的同时，也明确主张：必须以综合、均衡的方式，一揽子解决朝鲜核问题，既要解决朝鲜半岛的无核化问题，也要同时解决朝鲜在安全、政治、经济等领域的合理关切。"9·19共同声明"集中反映了中国全面公正解决朝鲜半岛无核化问题的立场。

第三，纵观过去近二十年，中国支持和鼓励朝鲜进行经济改革与开放方面的政策立场，相对而言是成功的。例如，1990年代中期以前，朝鲜对于中国的改革开放，抱持十分负面的批评态度，朝鲜的官方媒体公开批判中国的改革开放是对社会主义的背叛。此后，朝鲜的这一立场逐步发生了静悄悄的变化，从公开批评到公开表示"尊重中国同志的选择"，再到公开赞赏中国改革开放进程所取得的重大成就，最后转变为积极学习和考察中国的改革开放经验与教训。中国对于帮助朝鲜解决人道主义困难，发展国民经济的援助项目，也取得了较为明显的成功。

但是，中国在反对和制止朝鲜发展核武器方面的政策措施，迄今一直未能成功。2006年朝鲜悍然进行第一次核试验之后，虽然中国加入了联合国对朝制裁体制，对朝实施了严厉的制裁措施，同时坚持不懈地同朝鲜进行了大量的外交沟通，但并未因此能够阻止朝鲜于2009年进行第二和第三次核试验。

第四，中国对于朝鲜所采取的有关支持、鼓励和反对的政策措施，有些获得局部成功，例如经济发展与经济改革和开放，有些陷于失败，例如说服朝鲜彻底放弃核武器及其相关计划即是如此。决定上述政策措施成功或者失败的根本原因，首先是朝鲜对于中国的极强烈的独立自主意识，以及中国对于朝鲜的有限的影响力；换言之，当朝鲜认为中国的有关政策措施有利于朝鲜自身利益的时候，就采取积极态度，例如在经济改革与开放等问题上；反之，则采取强烈的抵制态度，而中国对于朝鲜的抵制措施，对应手段有限。其次，中国解决朝鲜核问题的努力，依赖于朝鲜安全关切的解决，依赖于美国等其他各方的合作。迄今，中国在未能成功说服朝鲜彻底放弃核武器的同时，也未能成功推动其他有关各方解决朝鲜的安全关切，更未能成功推动举行旨在建立朝鲜半岛永久和平体制的谈判。

第五，自从朝鲜战争结束以来持续了半个多世纪的半岛安全结构，目前正进入历史性变化的前夜。推动这场变化的主要驱动因素，是如何解决朝鲜的核问题，而决定这场变化结果的，是建立什么样的半岛永久和平体制。朝核问题既是朝鲜调动有关大国接受朝鲜要价的杠杆，也是朝鲜改善朝美关系所必须要解决的战略障碍。而建立以朝美为主，还是以南北为主的半岛和平体制，既决定有关各方在未来半岛安全结构中的地位和作用，更决定朝鲜半岛的长远前途，对于中国来说，也意味着未来中国将面临一个友好合作的和平稳定的朝鲜半岛，还是南北相互威慑、恐怖和平基础上中美朝韩四方博弈结构的不稳定的朝鲜半岛。

中国在非洲的软实力建设：
现状、挑战和路径

刘贵今[①]

美国《外交政策》双月刊网站2013年4月登载哈佛大学教授约瑟夫·奈的文章，题目是《中国和俄罗斯不了解的软实力》。作者说，1990年他首次提出"软实力"概念时，谁能想到中国或俄罗斯有朝一日也会使用这一字眼呢？他接着以中、俄错误地认为政府是软实力的主要工具，但又缺少公信力为由，断言后者"显然都不知道如何实现这个目标"。我们且不说作者是否有点儿小瞧了今天的中国及其惯性思维的局限，但不得不承认，他最先阐释的"软实力"或"软力量"，已成为公众耳熟能详的词语和难以回避的话题。

尽管国内有非洲问题学者提出，使用"软实力"易于引起误解，建议用"影响力"代替，亦不无道理，但鉴于现代外交理论和话语由西方主导的客观现实，使用"软实力"叙事，几为约定俗成，本文不得不借用此概念，对中国在非洲的"软实

---

① 作者系浙江师范大学中非国际商学院院长，中国亚非学会会长，世界经济论坛全球议程委员会中国分委会副主席。中国前驻南非大使。

力"建设进行粗略评估。

一、中国在非洲的软实力建设卓有成效

在评价中国对非软实力建设时，有必要说明，约瑟夫·奈及美国精英们谈论的"软实力"，其背景是美硬实力出现衰落，但又不甘当"老二"，有意通过发展和彰显"软实力"，维持美作为唯一超级大国的综合国力，显然带有霸权主义的色彩和考量。而中国在非洲的"软实力"建设，是出于扩大中国影响、增进中非友谊、深化互利合作、寻求共同发展的需要，并非有意在非洲谋求特权或霸权。

本文所套用的软实力概念，主要是指国家依靠政治制度的吸引力，文化价值的感召力和国民形象的亲和力等，培育和施放出来的无形影响力，具有比较宽泛的含义。

依此基本界定，中国的传统文化，特别是长期遵循"己所不欲，勿施于人"的先贤之道，没有殖民非洲的"原罪"，与非洲相似的历史遭遇和共同命运，都是我们在非洲构建软实力的独特优势。

事实上，早在新中国成立初期，我们在自身十分困难的情况下，就对非洲人民反帝反殖、争取民族独立和解放的正义斗争，给予精神上和物质上的大力支持，包括培训自由战士和提供军事援助，占据了当时道义上的制高点，为日后在非洲的软实力建设，打下了良好的基础。

（一）中国的发展道路对非洲具有吸引力

依靠坚持中国特色的社会主义道路，中国通过三十多年的

改革开放，成为世界第二大经济体，尤其是在工业化、农村发展、数亿人口脱贫等方面，取得举世瞩目的成就，使广大非洲国家很是羡慕，并深受鼓舞，纷纷表示要"向东看"，希望学习、借鉴中国的模式和经验，摆脱贫困和实现发展。他们派人来中国"取经"，要求中国到非洲开办"经济特区"，派团参观中国党校和同中国交流治国理政经验。南非时任总统姆贝基对出席 2006 年中非合作论坛北京峰会的非洲国家元首和政府首脑比参加历届非统/非盟首脑会议的人数还多，感到惊讶，回国后在执政党刊物《今日非国大》上撰文，题为《希望在天安门广场诞生》。埃塞俄比亚前总理梅莱斯和现总理马里亚姆都多次表示，中国的和平崛起有利于埃塞和整个非洲，并为解决非洲问题提供了范例。连部分西方学者也承认，中国的成功之路，为非洲展示了更多选择。

当然，我们从未认为中国的发展模式是完美无缺的，也不希望非洲国家照抄照搬，更无意推销所谓"北京共识"以挑战"华盛顿共识"。但也绝不能像某些"公共知识分子"那样，把自己的制度贬得一钱不值，似乎一切都是西方的好。须知，历史并未随着前苏联解体和东欧剧变而终结。随着近年世界金融危机的爆发和扩散，越来越暴露出资本主义在制度上的缺陷。我们没有理由妄自菲薄，也无须感叹向人类提供不了多少"公共产品"。中国道路的成功，及其随着改革深入而不断完善，伴以 13 亿人口民族复兴"中国梦"的最终实现，将成为本世纪人类历史上最辉煌的篇章。其魅力和引力，至少已在非洲大陆初步显现。

（二）中国的对非政策受到非洲欢迎

中国的对非政策，尽管在"文革"时期曾受到极左思潮的短暂干扰，后来又根据形势变化做了一些调整，但总体上是具有连续性、战略性和政治远见的，既符合中国和非洲的实际情况，又服务于我们的外交全局和国家战略，对增进中国在非洲的软实力发挥了至关重要的作用。

著名的和平共处五项原则是中国对非政策的基石，它是由周恩来总理1953年12月31日会见印度代表团时首次提出的。1954年6月周总理访问印度和缅甸时，分别同两国政府发表联合公报，确认并倡导和平共处五项原则，并在1955年4月被20多个亚非国家参加的万隆会议所接受。这五项原则是：互相尊重主权和领土完整，互不侵犯，互不干涉内政，平等互利，和平共处。

1964年1月，周恩来总理在访问非洲时，又提出中国政府对外提供经济技术援助的八项原则，强调对外援助"严格尊重受援国的主权，绝不附带任何条件，绝不要求任何特权"。

1983年1月，中国政府提出了新形势下的中非互利合作四原则，即平等互利、形式多样、讲求实效、共同发展。这是对援外八项原则的重要继承与发展。

2000年中非合作论坛创立前后，中国政府根据形势发展，出台了一系列加强中非关系的政策和举措。2006年推出《中国对非政策白皮书》，并召开中非合作论坛峰会，确立了中非新型战略合作伙伴关系。

中国严格遵循其对非政策基本原则，多年来坚持不干涉非洲国家内政，不对非洲的内部事务指手画脚，不将自己的意志强加于人，尊重非洲国家的自主选择，对非洲国家平等相待，向非洲提供力所能及、不附加政治条件的援助，开展平等互利的合作，支持非洲团结统一，在国际事务中为非洲国家说话，努力向非洲国家和人民展示一个和平、平等、友好和富有同情心与正义感的国家形象。中国的对非政策，在非洲赢得了认可、掌声和友谊。

（三）中非经贸合作扩大中国在非影响

中国的对非经贸合作是由传统援助开始的。中国为支持非洲发展民族经济、巩固政治独立，在自身并不富裕的情况下，向非洲提供了慷慨的援助。著名的坦赞铁路至今仍广受赞誉，被称为"友谊之路"和"自由之路"。中国50年来，向非洲派出近2万人次医疗队员，帮非洲建了大量医院、学校和体育场馆。

随着中国国内的改革开放，中国调整了援非政策，由单方面提供政府援助，转向多种形式的互利合作。中国不把自己视为"捐助国"，不借援助干涉非洲内政，而是以平等伙伴身份与非洲国家真诚合作。

世纪之交，中非经贸合作进入快车道。2000年，中非贸易总额才100多亿美元，中国对非投资更是少得可怜。但到2009年，中国已跃居非洲的第一大贸易伙伴。非洲早已是中国的第二大劳务承包市场、第二大石油进口来源地和第四大投资目的地。2012年，中非贸易额已接近2000亿美元，中国当年在非洲所签劳务承包合同640亿美元，从非洲进口石油占中国进口总量的24%，中国对非投资存量已达150多亿美元，2000多家中资企业和数十万中国公民在非洲投资、经商、劳作、生活。这无疑弥补了非洲建设资金的不足，加速了非洲基础设施的建设，拉升了非洲的原材料价格，增加了非洲的就业机会，促进了非洲的发展，提升了非洲国家的自信，使非洲直接受益并实现中非双赢。

对非经贸关系的井喷式发展和规模扩张，虽然出现了一些问题，但作为软实力的基础和载体，无疑增加了中国在非洲的能见度和关联性，扩大了中国在非洲的影响力和发言权。

（四）对非公共外交促进相互了解

近年来，对非公共外交备受重视，在中国对非软实力建设中作用日益凸显。

中非文化交流活跃。"中非文化聚焦"、"中非文化人士互访计划"、"欢乐春节"等品牌活动，频繁举行。2012年中非之间共安排了70多场重要文化活动，并在北京举行了中非文化部长论坛。

中非教育合作有所加强。"中非高校20+20合作计划"有序推进。中国政府在中非合作论坛第五届部长级会议上承诺3年内向非洲提供1.8万个奖学金名额，非洲在华留学生总数已达2.7万多人，其中自费生超过2000人。截至2012年底，中非双方合作在27个非洲国家设立了31所孔子学院和16家孔子课堂。浙江师范大学和南非斯坦陵布什大学正在探讨就最终合办中非国际商学院进行学位教育合作，受到国家领导人的首肯和鼓励。如获成功，这将是中非高教合作的首创之举。截至2012年底，中国已为非洲国家培训5.4万名各类人员。

"中非联合研究交流计划"自2010年启动以来，已完成课题研究、研讨会、学术交流、著作出版等共60多个项目。2013年10月，该计划项下又将搭建"中非智库10+10"平台，借以进一步密切双方的合作与交流。

中非合作论坛框架下的中非文化论坛、智库论坛、青年论坛、民间论坛、妇女论坛、媒体论坛等分论坛多次举行会议。

在2012年7月召开的第五届中非合作论坛上，中国倡议开展"中非民间友好活动"，支持和促进双方民间团体开展交流合作，在华设立"中非新闻交流中心"，鼓励中非双方媒体人员交流互访和互派记者。中央电视台英语频道已在内罗毕设立分台，每天制作原创新闻节目。英文《中国日报》也在试办非洲专版，讲述非洲的真实故事。

中国民营企业、慈善组织和社会团体，正尝试在非洲开展友好和扶贫行动。

特别值得一提的是，中国几代领导人重视并亲自做对非公共外交，展现社会主义大国领导人风范和亲民形象，起到难以替代的作用。习近平主席2013年3月—4月访非期间，在达累斯萨拉姆的演讲和一系列公共外交活动，受到广泛好评。

中国的对非公共外交，尽管起步较晚，但势头良好，富有活力并初见成效。

综上所述，中国在非洲的软实力建设，取得了有目共睹的成就，但同中国硬实力的快速发展，特别是经贸方面的强劲扩张，仍不相适应，并在新形势下面临诸多挑战。

二、中国在非洲的软实力建设面临挑战

迄今为止，无论是国内或国外，官方或民间，尚无对中国在非洲软实力或影响力的全面量化评估。最近几年，间或有西方民调机构和媒体，对中国在非洲的形象做过些抽样调查，可供参考。如2010年，据皮尤研究中心对世界范围内21个国家的调查，中国在发展中国家民众中的形象总体较好，其中在肯尼亚和尼日利亚，持此积极看法的受访者分别高达86%和76%。2011年，在BBC进行的另一项调查中，88%的尼日利亚人和61%的南非人认为中国的贸易做法是"公平的"。此前，

《经济学人》的一项网上调查结果则表明，59%的应答者认为，中国在非洲是"受欢迎的"。从上述调查可大致看出，中国在国际上特别是在非洲的形象是正面的和较好的，中国的软实力正处于上升期之中。

但不容忽视的是，中国在非洲的软实力建设，新形势下面临着严峻挑战。这些挑战主要来自三个方面：一是中国自身的问题，二是非洲的变化，三是西方的因素。

（一）走向非洲的乱象有损国家形象

中国的改革开放和对非工作取得巨大成就。但中非关系的行为主体发生了很大变化，由过去的官方对官方、政府对政府，变成了今天的企业、公司和个体商户广泛参与甚至在经贸上唱主角。作为大势使然，这本非坏事。但他们总体上在为中非关系添砖加瓦的同时，也暴露出唯利是图、违法乱纪、无视劳工及环保标准，不尽企业社会责任、自相恶性竞争、与基层民众争利等劣迹。中国人在"走出去"的过程中，出现无序和乱象。最近几年在赞比亚发生的黑色炸药爆炸、向示威工人开枪，在加纳发生的非法采金，在博茨瓦纳发生的行贿事件，在多国发生的销售假冒商品和与基层民众争利等，不一而足，严重损害了国家形象。加纳大规模遣返中国的非法淘金客，赞比亚关闭柯兰煤矿，马拉维立法禁止中国商贩在其乡镇经商。

虽然问题发生在国外和少数人身上，但根子在国内，在中非经贸结构低端粗放，在中国社会目前浮躁、拜金的氛围。国内存在的矿产野蛮开采、商业欺诈、食品安全、假冒伪劣、行贿受贿、道德滑坡等问题，不可避免地会流向国外，特别是非洲，因为那儿的治理更加薄弱、法治更不健全。

实事求是地讲，中国政府并非缺少对非战略，只是这一战略需进一步细化和辅以行之有效的配套政策。政府也出台了不少相关政策并在政府部门中有所分工，但由于体制、机制、部门利益格局和其他多种原因，缺少有权威的统一协调和问责，出了事能拖则拖，能遮掩就遮掩，能抹平就抹平，以致不能下大决心，以壮士断腕的狠招、抓铁有痕的实招，设法从根本上寻求解决或突破。

此外，中国的对非公共外交和民间外交，尽管起步不错、势头良好，但也存在不少短板，主要表现为统筹协调不力和针对性不强。人大、政协、政府部委、群众团体，各单位都提出并从事公共外交活动，相互虽有某些协作和沟通，但缺少权威机构和有效机制统筹规划，协调指导，未能形成清晰战略和分工合作、优势互补的大格局，基本上还是按照部门主管条块运作，各干各的，投入不少，但难收事半功倍之效。存在重形式轻内容、重规格轻效果和重表象轻实质的倾向，以致不少活动出席人数越来越多，与会中非政要或前政要级别越来越高，营造的声势和动静越来越大，论文集也印得越来越漂亮和精致，但会议的实质内容、讨论问题的深度和所提建议的可操作性则乏善可陈。我国学者对非洲的研究仍不够深入和缺少原创性。更令人忧虑的是，公众甚至不少官员们的负面非洲观依旧。

（二）非洲的变化给我们带来新难题

中国在变，非洲也在变，中非关系的内涵和外延因而随之变化，它超越了双边关系，成为世界大趋势和大潮流的有机组成部分。

我们常说，中非关系源远流长，中非友谊根深蒂固。这无疑仍然是主流，是本质。但我们不得不承认，随着岁月流逝和双方国情的变化，中非关系中在历史上形成的这种特殊因素正在有所淡化，而逐渐向互利的正常国家关系演变。这在一定意义上反映了中非关系更加平等、成熟和具有可持续性。

我们十分怀念和无比留恋中非老一代领导人那种患难与共、相濡以沫的深厚友谊和真挚感情，但那已经成为历史佳话，并将永载中非友好的史册。

如今的非洲新生代领导人，他们多数受过西方教育，拥抱或认同西方的价值观，靠民主选举上台，思路开阔，自尊自爱，但具有强烈民族主义意识和实用主义色彩。他们多数对华友好，但已不可能再指望他们对中国抱有老一辈民族解放先驱者们那样的感情。

非洲的精英和官员们更是在西方式教育下成长的。西方特别是老欧洲利用其地缘接近、殖民历史、语言、宗教和文化上的优势，对非洲进行"西化"及推行其被视为"主流"的价值观，这一切播种和耕耘都已开花结果。

从非盟开始包括多数非洲国家虽然仍在坚持非洲复兴、非洲特色和非洲文化，但其受到西方主导的国际理论如"全球治理"、"人道主义干预"等"公共产品"的猛烈冲击，在包括"主权"、"内政"等问题上的立场都在发生变化，如《非洲联盟宪章》除规定成员国之间不得干涉内政外，允许当一国发生战争罪、大屠杀罪和反人类罪行时，非盟有权进行干预。另外，成员国在紧急情况下，也可要求非盟进行干预，以恢复和平与安全。最近几年，在科特迪瓦出现"一国二主"、利比亚发生危机时，非盟和多数非洲国家都主张或默认军事干预。非盟还多次将厄立特里亚问题诉诸联合国安理会，要求对厄特进行制裁。我们在非洲问题上，已不可能再简单地参照非盟或非洲次区域组织立场表态，不时遇到左右为难的局面。

随着中国的经济发展和影响扩大，非洲国家对中国的要求和期待也更高、更多。他们希望中国加大对其跨国别、跨区域基础设施建设支持力度，参与融资，增加投资，传授技术，创造就业；希望中国公司不同于过去的殖民者，仅对原材料感兴趣，而应更多增加附加值，促进本土工业化和造福乡里；希望中国在国际舞台上更多、更有力地为非洲说话，支持非洲国家"入常"；希望中国在非洲和平与安全事务中发挥更积极、主动的作用。当期待和现实之间出现差距时，难免会有所抱怨、失望和误解。

非洲的舆情也在潜移默化。由于互联网和新媒体的普及，少数中国公司、公民在非洲的负面言行常被迅速传播、误读和放大。在一个舆论日渐多元的非洲，中国即便再建个坦赞铁路那样的里程碑式大项目，民众的反映也不再可能是一致叫好了。从中国援建非盟会议中心的舆情即可见一斑。此举在获广泛赞许的同时，也引起学者、网民的激辩和各种奇谈怪论。而在中非关系的国际研讨会上，批评中国的也不再都是白面孔，非洲本土的学者、非政府组织和新闻从业者时而冲在前面。这很让有些人感到得意。

与此同时，随着非洲经济前景好转，国际社会对非洲日益重视。印度、巴西等金砖国家加大对非投入，美总统奥巴马访问非洲三国。大国博弈和新兴经济体的对非开拓，对中国在非洲的影响构成潜在挑战或制约。

我们正在面对一个变化的、多元的非洲。原本比较单一的中非关系正变得复杂化。中国在非洲的形象也显得有些模糊不清，见仁见智。官方关系友好稳固，民间看法毁誉不一。

（三）西方干扰和抹黑中非关系

中国有句俗话，叫"树大招风"。我们经过几十年的改革开放，经济迅速发展，综合国力大幅提升，国际影响力也日益扩大。但中国作为社会主义国家，在西方眼里仍是属于"异类"。他们对中国的崛起深为疑虑和不安。

中非关系是中国外交的一大亮点。中国在本世纪短短数年内，超越西方成为非洲的第一大贸易伙伴，对非投资稳步攀升，在非洲的影响无处不在，使西方深受刺激。在他们眼里，非洲是其"世袭领地"和"后花园"。中国对非关系和经贸合作扩展的势头和规模、中国倡导的平等互利合作理念，使西方认为他们推行的民主、良政等价值观受到威胁，政治影响受到削弱，经济利益受到挑战。他们出于惯性和本能，对中非关系进行防范、遏制、挑拨、干扰甚至破坏，对中国形象抹黑，这不足为怪。

美西方政要在出访非洲时，公开批评中国在非洲"搞新殖民主义"，支持"独裁"政权，"不道德"。

欧美媒体利用他们掌握的话语权，对中国公司或公民在走向非洲时出现的一些问题，借题发挥，或蓄意夸大，进行渲染和炒作。

美西方一些学者或非政府组织，在对中非关系进行研究的同时，还提出不少似是而非的理论，或者采取"双重标准"，宣扬中国在非洲"掠夺资源"、"重商主义"、"搭便车"等，不一而足。

美西方政府和智库频频要求同中方对话，力倡"三方合作"，明显含有对中国进行"引导"、"规范"和"约束"之意。

美西方这几年的努力没有白费，他们营造的语境已形成包围中非关系的"气场"，一遇到适当的场合，人们就会感知到它的存在和影响。

三、对非软实力建设亟待加强

如上所述，中国在对非软实力建设上已做了大量工作，并取得积极成果，但新形势下仍面临多方面挑战，亟待进一步加强。

对非软实力构建需有一个明确目标，这个目标应该是：树立形象，争取人心，即在非洲树立中国的良好形象，争取非洲人民的好感和认同，从而增进中非双方的相互理解、友谊与合作，以达到习近平主席在坦桑尼亚演讲时所提宏伟目标，即中非人民团结合作，努力实现各自梦想（中国梦和非洲梦），并推动实现持久和平、共同繁荣的世界梦，为人类和平与发展的崇高事业作出新的更大的贡献。为此，应采取一系列切实可行的举措。

（一）加强对中非关系的战略谋划

习近平主席在首次国事访问中，包括了三个非洲国家，把中非关系定位为"命运共同体"，并强调"新形势下，中非关系的重要性不是降低了而是提高了，双方共同利益不是减少了而是增多了，中方发展对非关系的力度不会削弱，只会加强"。

要在新形势下做实同非洲的"命运共同体"，从中方来说，必须加强对中非关系的战略谋划，在政治上增强互信，在人文上加强交流，在经贸上转型升级，与时俱进地认识好非洲，经营好非洲。对非战略应重谋势，轻谋利，谋势在先，谋利在后。

中非经贸关系最受外界关注和为人臧否。我们在充分肯定成绩的同时，必须清醒地看到，目前以商品贸易、劳务承包和资源开发为主的做法，长期处于低端，难以形成完整的产业链条。中国公司、企业和公民走向非洲的粗放无序状态，出了事没人管或管不住，是无法持续和产生良好社会效益的，已导致当地政府的保护主义和民众的抵触情绪。我们必须痛下决心，改变仅将非洲继续视为"两个市场"和"两种资源"之一，而必须通过战略谋划，以更宽广胸怀、更长远眼光和更有力的担当，把实现中华民族的伟大复兴和非洲实现其发展振兴之梦有机结合起来，使我对非援助和投资配合非洲发展战略，向非洲实质性让利，多予少取，先予后取，更加有效地帮助非洲发展，开创一种全新的重义让利、互助互利的合作模式，使非洲人真正感到中国人不是利己主义者和重商主义者，而是他们的朋友和兄弟，是与他们休戚与共的命运共同体。

对于存在的问题，我们需要在政府、业界和学界进行坦诚的对话，一方面不回避问题的存在和耐心说明原因，另一方面，探讨共同解决的方式和方法，为推动中非经贸关系尽快转型升级，提高档次和水平，必须避免在非洲与民"争利"和同质竞争，并尽好企业社会责任和严惩害群之马。同时，完善"走出去"的配套措施，切实鼓励企业向非洲转移优质过剩产业，以及在相对高端制造业和金融、保险、物流、航空等产业投资。

一步实际行动胜过一打纲领。只要我们做好了，将对非战略和政策落到实处，化作各单位、公司和个人的实际行动，就会自然在非洲产生亲和力，提高信誉度和增强软实力。

（二）统筹对非公共外交

"公共外交"作为从西方引进的概念，学界至今对其界定仍存争议。根据较流行的看法，顾名思义，公共外交的对象是公众，但其行为主体仍是政府，这是它与"民间外交"的最大区别。本文所称对非公共外交，主要是指由政府出面，或在政府支持和默许下，对中国、非洲和更广的外国公众提供信息、展示形象和互动交流的活动，目的是为影响公众支持政府的对非政策，增进中非友谊和提升软实力。

对非公共外交是一项复杂的系统工程，具有战略意义，必须加强统筹协调，进行顶层设计和缜密部署，分工协作，打破部门利益分割，由统一权威机构或部委联席会议进行统一规划，督促实施。

首先，把现有行之有效的做法坚持下去，并增加投入，做大做好。如持续派遣医疗队并扩大派遣青年志愿者；双向增派留学生，办好孔子学院和孔子课堂，并考虑孔子学院创造条件搞些学术研究；扩大中非多种形式的文化、青年、妇女交流活动；搞好中非联合研究和交流计划，支持、鼓励中国学者加强对非研究特别是原创性研究；扩大媒体交流，办好外文广播、电视和报纸，帮助非洲国家向我国派遣常驻记者。同时，多做非洲非政府组织的工作，鼓励我国的非政府组织走进非洲。各种形式的中非人文交流都要坚持不懈，保持活力，越做越好。

其次，把企业推向民间外交的前台。目前，有数千家中国企业和数十万中国公民在非洲经营和生活，他们的一言一行，直接影响非洲普通民众对中国的看法。中国在非企业，不管是国企还是民企，都受到国家政策的支持和保护，他们已具备一定能力和素养，可以担当维护、弘扬国家正面形象的部分责任。应由国内具体部门进行设计指导，出台奖惩机制和标准，惩处使国家蒙羞的丑行，奖励给国家争光的善举。要把公司、企业、公民推向对非民间外交的前台，让他们充分利用在当地的资源和与基层民众零距离接触的优势，融入当地社会，关心当地疾苦，多做好事善事，文明经商，合作共赢。这样，既可减少外来攻击和口实，又利于公司的长远、健康发展。

最后，对现有涉非公共外交平台进行适当整合、充实和协调，使之更加注重实效，不断总结经验教训，避免流于形式和做表面文章，做到各平台之间优势互补、相得益彰。同时，根据形势发展，构建更多更有效的新平台。

（三）缓解"大国因素"的干扰

中非关系中的"大国因素"干扰是今后较长时间内不可回避的现象。美西方大国不会放弃对我战略遏制，同时囿于其实力下降又希望我与其分担"责任"，给我提供了同其巧妙周旋的空间。

对西方政要的公开指责和抹黑，我须予适当回击，表明态度，但也不必过分在意，更不用"以眼还眼，以牙还牙"，以免被媒体轮番炒作。

对美欧频繁提出的非洲事务"磋商"，我宜善加利用，继续摆事实讲道理，以理服人，坦诚应对，尽可能消除误解，增信释疑。

对西方倡导的"三方合作"，我要心中有数，但可持更加开放的态度，"化压力为动力"，通过有条件的"三方合作"，借鉴西方成熟的经验，借以提升我对非合作质量和水平，增加透明度，减少西方的疑虑和责难。

对西方媒体的恶意歪曲报道，进行适当交涉是必要的，但重点应放在更多、更快地提供真实信息，加强和改进我对非和涉非报道。应采用适合非洲情况和非洲人口味的形式，多报道发生在他们身边的事，用他们听得懂的语言讲他们感兴趣的故事，把我们的理念和观点寓意其中。

同时，也要认识到，我虽无意在非洲挑战西方既得利益和同西方恶意竞争，但相互间确实存在一些现实利益冲突，应予以厘清和重视，以更加务实的态度，进行沟通、商谈或管控，避免正面对抗，减缓我战略压力。

同时，我们也可以利用中非合作论坛的平台，适当增加透明度，邀请西方大国派观察员参加，开放部分讨论，以减少其误解。

（四）努力普及非洲知识

中国公众甚至一些官员，对于非洲的知识总体上是比较缺乏、负面或片面的。一提起非洲，人们首先想到的往往都是贫穷、战乱和落后，看不起非洲和非洲人的现象相当普遍。这对于中非友谊的传承，对于中国在非洲的软实力建设，都是十分不利的。

各级政府、教育部门、涉非学术机构和智库，应该努力普及非洲知识，即通过有效手段，教育公众全面了解非洲，正确认识非洲。

中国在非洲的软实力建设，不能光靠政府、官方和群众团体，必须有民众的广泛参与，并有赖于公民素质的提高。这是一个长期而艰巨的任务。

一个恶性事件的发生，如在赞比亚的柯兰煤矿公司向当地工人开枪，以及最近发生的广西上林人在加纳非法采金屡遭遣返事，就可能抵消我许多在非公共外交的积极努力。

这就需要我们建立一种机制，重点对走出国门投资经商的公司、公民，以某种制度保证的形式，进行"走出去"的基础常识教育，以使其遵规守法，文明经商，入乡随俗，言行得体。这在当前市场经济条件下并非易事，但却是我们对非长期软实力建设不得不做的功课。

必须看到，当前和今后一段相当长的时间内，非洲仍是我们在国际事务中的可靠盟友，是我保持经济较快增长、发挥国际影响、运作大国关系的依靠力量和力争必保之地。得人心者得非洲。

今天的中国，正处于和平发展的关键历史阶段。中国在崛起的过程中，势必受到守成大国及其盟友的干扰、抵制和阻遏。在我国对非软、硬实力的建设中，不管我们做什么，甚至不管我们做或不做，也许在某些人眼里都会动辄得咎。这在中国似强非强、将强未强的整个过渡时期，可能都是无法绕过的矛盾、不得不付出的代价和必须面对的纠结。

目前，西方在非洲的影响仍然占据上风，但就软、硬实力而言，却开始呈现疲弱甚至收缩之势。而不可否认的是，中国与其虽有巨大差距，但在非洲的经济存在和政治影响，都处于上升之中。这一趋向势将延续。可以预计，有一天当中国的硬实力足够硬时，或当中国真正成为强国并且强而不霸时，某些非难和攻击也许会自然消逝或减少，中国在非洲的软实力也将跃升到一个新高度。但为了这一天的到来，我们尚需做长期艰苦的努力和大量细致的工作，决不可盲目自满或稍有懈怠。

站在新起点上的
中拉全面合作伙伴关系

项　雄[①]

一、中拉全面合作伙伴关系的新高度

2013年堪称中国与拉丁美洲和加勒比国家的高层交往年，习近平主席在出席金砖国家领导人第五次会晤期间与巴西总统罗塞夫举行会谈，对特立尼达和多巴哥、哥斯达黎加、墨西哥三国进行了国事访问，并在出席二十国集团领导人圣彼得堡峰会时会见了巴西、墨西哥和阿根廷三国总统。李源潮副主席也访问了阿根廷和委内瑞拉。墨西哥、秘鲁、乌拉圭、委内瑞拉、玻利维亚、牙买加、安提瓜和巴布达、苏里南和多米尼克等拉美和加勒比九国元首或政府首脑相继访华。这些互访促进了双方的互信，推动了中拉各领域全方位的交流和合作，带动"中国热"和"拉美热"持续升温，把中拉全面合作伙伴关系提升到一个新的高度，使其站在一个政治互信全面深化、经贸合作领域拓宽、人文交往规模扩大、国际治理共识空前、搭建

---

① 作者系中国国际问题研究基金会研究员。

整体合作机制的新起点上。

（一）中拉关系开创了新局面

中国和墨西哥关系的发展是2013年中拉关系发展的一个亮点。墨西哥是拉丁美洲较早同我建交的国家之一。多年来，双边关系发展得很好。但是近年来，由于发生在两国之间的一些政治和经济问题，两国的关系虽然还在发展，但不像中国和其他拉美大国之间的关系发展的那样顺畅。现任总统培尼亚在2012年12月上任后，明确表示要把加强同中国的关系作为一个非常优先的任务，并在就任后不久就前来中国参加博鳌亚洲论坛，这为中墨关系的恢复和发展提供了重要的契机。习近平主席较快地回访了墨西哥。访问中双方就发展双边关系进行了深入的讨论，并取得了重要共识，一致决定把双边关系提升为全面战略伙伴关系。在双方经贸关系中，着重研究了关于双边贸易不平衡问题，并为此采取了一些措施，提出了一些解决问题的新思路。比如，墨西哥向中国出口石油，中国支持墨西哥的产品进入中国市场，此外，还有双边经济部门之间加强交流与沟通以及开展两国企业家之间的合作，成立了企业家工作委员会，以此来解决贸易不平衡的问题，推动中墨贸易能够平稳地向前发展。这也为中国和在一些产品上有冲突的国家之间贸易关系发展树立了好的典范。访问中，双方一共签署了12项合作协议，为今后中墨关系的发展提供了一个良好的契机和广阔的空间。其后，两国元首在9月举行的20国集团峰会上再次会见，就进一步推动落实双边合作交换意见。年内，为落实两国领导人达成的合作项目，双方多名高级官员互访。两国关系进入一个崭新的阶段。

习近平主席2013年对特立尼达和多巴哥的访问是中国国

家主席第一次出访非拉丁语的加勒比海国家，体现了中国新一届领导集体对发展中国和加勒比国家关系的重视和良好愿望。习主席在访问中还同该地区所有同我建交国家的领导人分别会晤、畅叙友谊，并就进一步发展中拉友好合作关系进行了商谈，取得了广泛的共识，这种做法在我对外关系史上、或对拉美关系史上可以说是第一次。这两个"第一"，在广大的加勒比国家中引起了极大的反响，推动了中加关系取得更大的发展，在中国和加勒比国家关系史上写下了浓重的一笔，成为一个新的里程碑。

中墨和中加关系的新发展改变了相当一段时期以来中拉关系发展中"南热北冷"的局面，使中拉关系的战略互信和次区域布局更加全面、更为深化、更趋均衡。

（二）中拉务实合作结出新硕果

中拉贸易过去十年跨越式发展，年均增幅30%多，2012年达2612亿美元，占中国外贸总额6.8%，为2000年（2.65%）的2.5倍。拉美和加勒比是全球对华出口增速最快的地区。中国已成为拉美和加勒比第二大贸易伙伴国和主要投资来源地之一。中国同智利、秘鲁、哥斯达黎加自贸协定顺利实施，同哥伦比亚自贸协定谈判准备工作启动。中拉投资合作趋于活跃，中国在拉美和加勒比非金融类直接投资累计从2003年的46亿美元上升到2012年底的682亿美元，涵盖能源、矿产、农业、制造业、基础设施等领域。截至2011年底，拉美和加勒比地区在华累计实际投资额1533亿美元，占全球累计对华实际投资额的13.1%。近年来，中国分别和巴西、墨西哥、阿根廷、智利、委内瑞拉等国政府成立高层常设合作机制，为中拉拓展经贸合作、扩大相互投资创造有利条件。与南美一些国家"融资换资源"、"融资换项目"有了突破。中拉航天、天文和生物技术等领域科技合作方兴未艾。

在此基础上，2013年通过双方领导人的互访又签署百项有关贸易、金融、能源、农业、基础设施、民生等领域合作协议。中方宣布向加勒比建交国提供30亿美元的优惠贷款和基础设施专项贷款，为双方进一步扩大金融、能源、农业、基础设施、民生等领域的互利合作奠定了坚实基础。中墨首次达成石油贸易协议。中国和哥斯达黎加签署了哥32号公路改扩建项目融资协议。巴西、厄瓜多尔等国邀请中国企业参与盐下油区块竞标和水电站建设等大型项目。务实合作更加深入，硕果累累。

（三）战略协作取得新成效

继巴西后，中国2013年又同墨西哥、秘鲁升级到全面战略伙伴关系。中国还同阿根廷、智利、委内瑞拉等国建有战略伙伴关系，同牙买加及特立尼达和多巴哥有友好伙伴、友好合作关系。上述伙伴关系的一个核心内涵就是中国积极支持拉美和加勒比国家探索本国发展道路及为维护主权和领土完整所作努力，拉美和加勒比各建交国坚定支持中方在核心利益问题上的立场。

随着国际体系的调整变革，中拉在全球治理、国际金融体系改革、提升发展中国家在国际事务中发言权和决策权等领域的战略共识和利益契合点不断增多。双方在涉及彼此核心利益和重大关切问题上的相互协调更加紧密，中拉合作的全球影响和战略内涵进一步提升。2013年，习近平主席和拉美国家领导人在多边场合频繁会面，中拉双方在联合国、二十国集团、金砖国家、亚太经合组织、东亚—拉美合作论坛等多边机制框架下，就全球经济治理、气候变化、安理会改革等重大议题保持良好沟通协调。中国支持巴西候选人竞选世贸组织总干事；拉美国家力挺中国候选人执掌联合国工发组织；中国高票当选联合国人权理事会成员也得到拉美国家的广泛支持；为增加中拉等发展中国家在国际事务中的代表性、话语权做出了重要贡献。

（四）中拉整体合作迈出新步伐

中国一贯支持拉美一体化进程，拉美和加勒比各国有意开展与中国的整体合作。2012年，中方领导人就加强中拉整体合作提出一系列倡议，如成立中拉合作论坛、适时举行中拉领导人会晤等，得到拉美和加勒比国家共同体（简称"拉共体"）绝大多数成员国的积极响应。2013年以来，中国领导人与拉美和加勒比部分国家领导人就推动建立中拉合作论坛事宜深入交换意见并达成重要共识。中方同拉共体"三驾马车"建立外长定期对话机制，并在首次对话中就推动以中拉合作论坛为核心的中拉整体合作机制达成一致。拉共体首届峰会要求各成员国就建立中拉合作论坛进行协商并提交2014年初古巴峰会讨论。首届中拉农业部长论坛、中拉青年政治家论坛、第二届中拉智库交流论坛在中国举行，第七届中拉企业家峰会在哥斯达黎加举行。这些实际上是未来中拉整体合作机制的重要基因与平台。

与此同时，中国与南方共同市场、拉美"太平洋联盟"等拉美次地区组织关系也有发展。中国成为拉美"太平洋联盟"的观察员国，中拉关系又增添了一个次地区交流窗口。

二、中拉全面合作伙伴关系的新挑战和新愿景

回顾过去，中拉关系达到了一个新的高度，展望未来，中拉全面合作伙伴关系正站在继往开来、更大更快发展的新起点

上。中拉在维护世界和平稳定、促进国际关系民主化方面原则立场相同。中拉在国际事务中战略共识日多，在亚太事务中互动增加。中拉经济互补性强，各自经济结构调整和产业转型升级提供了更多务实合作的空间。跨越大洋的人文交流、强烈的发展互鉴意愿，是中拉关系兴盛的社会根基。中国和拉美加勒比地区是两块隔洋相望、充满希望的大陆。双方应把握机遇，认真落实中拉领导人共识，深化利益融合，不断开创中拉关系新局面。为此，在未来一段时间内，中拉双方似可继续做好以下一些方面的工作。

（一）精心推进大国间战略契合与相容

充分发挥中国与巴西、墨西哥等拉美主要大国全面战略伙伴关系的示范、引领作用。相互间方向求同、理念存异，在大力深化全面合作同时，妥善处理局部分歧与竞争。

继续在G20、"金砖国家""基础四国"等国际小多边机制内，就国际金融体系改革、发展中国家与新兴国家间合作、气候变化、环境保护、抵御金融风险等全球战略性议题周密协调、联合行动；在地区整体与双边合作议题上，扩大务实合作力度。在策略考虑甚或战略利益有异时，顺应大势、引水推船、水到渠成。

（二）弹好钢琴，发挥中小国家的积极性

近年来，拉美某些中小国家推动中拉关系升级的要求十分突出。中国分别与其建立了全面战略伙伴、战略伙伴、友好伙伴和友好合作关系。这些中小或特殊国家国微言不轻，国小也一票，有特殊作用。中方应对他们平等相待、重义轻利、开展援助，为双方合作进一步发展与升级增添和储备必要资源。近

年来，拉美一些中小国家在全球环境治理和多边贸易谈判新标准问题上发出自己的声音，中方可考虑把与主要新兴大国同类议题的战略对话扩展到这些中小国家或次地区组织，为共同参与国际经济规则制定、掌握更多的多边资源和话语权而开展可行的积极协调。

（三）优化经贸合作结构，减少项目合作风险

随着中拉经济保持稳定发展，中拉经贸互补性不断增强，双方利益融合不断深化，经贸合作正成为中拉关系最为活跃和最具潜力的领域，双方务实合作进入新的发展时期。

预计未来五年，中国将进口10万亿美元产品，对外投资规模将达到5000亿美元。中方愿进口更多拉美高附加值产品。从拉美方面来说，长期以来以及今后相当长时期，资金不足和投资滞后是制约该地区发展的主要因素。拉美国家欢迎中国企业的投资，对其寄予很大期望。

2013年1月—10月，中拉贸易同比下降1.1%。面对严峻复杂的世界经济金融形势和中拉经济转型、调整，双方可充分发挥各自优势，努力实现发展战略和产业对接，重点推进能源资源、基础设施、农业、金融、科技创新等领域合作，不断优化贸易结构，遏制贸易保护主义，互相提供投资、融资便利。

2002年以来，中国企业实施"走出去"战略，拉美地区已成为中国对外投资的主要目的地之一。中国企业为更好地"走出去"，应注意与拉方选择有法律保护的合作方式并建立完善的风险防范机制；应努力提高产业链下游和服务管理能力，融入当地社会，实现公司经济的本地化，以在拉美地区长期经营、稳定发展。

（四）扩展国别自贸和推动跨区自贸机制

中国与拉美各类国家在亚太地区没有历史纠葛和地缘冲突，在推进贸易和投资自由化、便利化，深化区域经济一体化，加强经济技术合作等方面拥有类型不同的共同利益。可在中智、中秘、中哥（斯达黎加）自贸协定之后，寻求与更多国家商签类似协定。继续通过亚太经合组织和东亚—拉美合作论坛等既有合作平台或拉美次地区一体化组织探讨跨区自贸途径。

当前，美国联手日本推进TPP（跨太平洋伙伴关系协定）谈判，意在通过制定新的高水准多边自贸规则，维护其经济主导地位，制衡中国以及其他新兴国家的比较优势。智利前TPP谈判代表称："对于富国的过分要求，拉美应团结起来维护权益，以免经济社会发展和经济转型空间受到威胁。"中拉双方可在加紧国内经济结构升级、深化国别自贸机制的同时，在亚太合作平台内外就跨地区的自贸谈判继续进行交流。

（五）坚持互鉴共进，进一步扩大人文交流

虽然，近年来中拉人文交流与合作有了长足的发展，但仍是中拉关系中的"短板"。当前，经济全球化和社会信息化为中拉进一步突破地域、文化、语言差异等限制提供了良好条件。中拉双方应继续积极开展议会、政党、新闻媒体、学术机构、民间团体、文体组织等各界友好往来，加强治国理念和内外政策对话交流，增进相互理解，不断巩固中拉关系发展的社会基础。双方应更多开展公共卫生、人力资源、社会保障、扶贫减灾等领域经验交流，丰富合作内涵，造福双方人民。双方应充分利用各自丰富的人文和旅游资源，为双方公民跨国旅游提供更多的便利，为中拉关系深入发展夯实民意基础。双方应

通过举办中拉青年政治家论坛、相互增派留学生等形式，为青少年创造更多相互接触、相互学习、广交朋友的机会，为中拉友谊传承打好基础。

（六）抓住启动中拉整体合作的历史机遇

中国作为世界第二大经济体和拉动全球经济复苏的重要引擎之一，在重大国际和地区事务中的作用举足轻重。拉美多数国家实施"对华优先"的对外调整，推动与中国达成长期性双边或地区合作协议，以提升拉中关系达到与美欧等传统伙伴关系相当的水平。联合国拉美经委会执行秘书说："中拉关系已进入成熟阶段，发展中拉战略合作成为共识。"

看来，抓住机遇，顺势而上，建立中拉整体合作机制的条件已基本成熟。2012年，中方宣布设立首期50亿美元的中拉合作基金和100亿美元的中拉基础设施合作专项贷款，是推动中拉整体合作的诚心投入和有力支持。中拉整体合作机制建立后，也必将推进在双方关系的一些瓶颈问题上（如拉美地区较高的贸易壁垒和投资保护门槛，对中拉一些同质产品竞争不满等）找到双赢解决办法。

历经百年积累和新世纪快速发展，中拉关系正站在历史性的新起点上。这是地区、全球发展大势和双方战略利益交汇的历史逻辑。中拉整体合作作为1+33（国）的合作，效果将远大于34。新起点上的中拉关系必将为中拉人民的福祉以及世界和谐与繁荣做出更大贡献。

对中拉合作论坛的几点思考

刘玉琴[①]

　　自2012年6月中国正式提出成立中国和拉丁美洲加勒比合作论坛（以下简称中拉论坛）的倡议以来，这一政策主张已列入中拉讨论推进双方整体合作的议事日程。特别是2013年中国新一届政府成立后，进一步加大了力度，在积极推进中拉关系全面发展时，将此作为重要的议题之一。拉美也在认真探索与中国的合作之路。双方相互接近的意愿更加强烈。

　　关于建立中拉合作论坛，国内外有许多议论和看法，在不少学术会议上也有讨论。本文试图对中拉合作论坛提出几点自己的粗浅看法，以供商榷。

一、建立中拉合作新机制的必要性

（一）国际形势新变化带来新机遇、新挑战

　　进入21世纪以来，世界发生重大变化的特点之一就是新兴

_____

　　① 作者系中国国际问题研究基金会研究员，中国前驻厄瓜多尔、智利和古巴大使。

国家的群体性崛起，它们在国际事务中发挥日益重要的作用。世界力量对比的格局正在发生变化，现行国际体系正在酝酿深刻变革。2008年源于超级大国美国的金融危机冲击了世界的各个角落，沉重打击了美欧等发达经济体，其中大部分国家经济至今尚未走出低谷，以美国为首的八国集团已难全面主宰世界政治经济的大势。同时，新兴市场国家在国际舞台上的活动空间急剧扩大，它们有强烈愿望挑战不公正不合理的国际政治经济秩序，强烈要求参与国际新规则的制定，在维护世界和平、促进共同发展中，它们已成为一支不可或缺的重要力量。二十国集团、上海合作组织、金砖国家等有新兴经济体参与或由新兴经济体组成的新国际和区域性组织的成立，以及东亚—拉美合作论坛、拉美—阿拉伯国家峰会、阿拉伯—非洲峰会等地区之间的常态性机制的兴起都推动了世界和平、发展、合作的大趋势，标志着发展中国家在国际事务中的话语权不断提升。

中国和拉美都是国际新兴力量的重要组成部分，都是建立国际经济政治新秩序的积极推动者。国际形势的变化，以及世界性危机，为中国和拉美国家提供了难得的发展机遇，同时也使它们面临更加错综复杂的新挑战。在这一大局中，中国和拉美的共同利益在扩大，相互需求在增加。双方携手共进、深化合作是历史发展的必然，也是现实形势的需要。

（二）中国和拉美各自的长远发展都需要长期稳定的合作伙伴

中国是最大的发展中国家，拉美是最重要的发展中地区之一。中国和拉美没有根本的利害冲突，没有历史旧怨。90年代以来，中拉关系有了长足发展。进入21世纪后，随着经济全球化与世界多极化的推进，以及各自改革开放进程不断深化，中拉关系发展迅速，特别是近年来，双方抓住机遇，都进入了经济社会发展的快车道，成为当今世界最具活力和潜力的国家和地区。

中国已成为世界第二大经济体，在实现了自身发展的同时，也有力地促进了世界的发展。但是中国仍然是世界上最大的发展中国家，在发展道路上仍面临诸多困难和挑战。2012年底，中国共产党第十八次全国代表大会重申了中国的发展目标，那就是：到2020年全面建成小康社会，到本世纪中叶建成富强民主文明和谐的社会主义现代化国家。为实现以中华民族伟大复兴为核心的"中国梦"，中国需要把握好时代赋予的重要战略机遇期，继续实行改革开放的政策，在世界上广交朋友，广谋合作，争取更好的国际和平环境以利中国的和平发展。中国已与世界上许多国家或地区建立了多个磋商合作机制，如：中国—美国战略对话、中国—俄罗斯全面协作战略伙伴关系、中国—欧盟全面战略伙伴关系和战略对话、中国—东盟10+1机制、中国—海湾合作委员会战略对话、中国—非洲合作论坛、中国—太平洋岛国经济发展合作论坛等等，以及中国与数十个国家建立了多种类型的战略伙伴关系。这些机制在协调双边以及国际和地区事务中发挥了非常重要的作用。

经历了上世纪80年代债务危机以及本世纪初地区金融危机的冲击，拉美国家积极探索适合本国国情的发展道路，打开国门，开放经济，较好地融入了世界经济大潮。2008年国际金融危机爆发后，拉美国家积极应对，基本稳定了经济，保持了增长势头。拉美经济快速发展，综合国力和国际影响力不断增长，在国际和地区事务中的话语权和作用日益提升，拉美迎来了地区整体发展的黄金时期。随着形势的发展变化，拉美独立自主、联合自强、团结合作的意识不断增强，南美洲国家联盟、美洲玻利瓦尔联盟、拉美太平洋联盟等新的次地区组织不断涌现，特别是拉美加勒比共同体的成立，标志着拉美地区一体化进程进入了一个新阶段。上世纪90年代以来，拉美地区一体化有了长足的进展，带动了拉美与其他地区的合作机制不断增多，如：伊比利亚美洲国家首脑会议、东亚—拉美合作论坛、拉美—欧盟峰会、南美—阿拉伯国家峰会、跨太平洋联盟等。拉美与地区外的联合与合作日益广泛，拉美正在大踏步地走上世界舞台的前列。

（三）中拉关系的强劲发展需要双方加强整体合作

目前中国与拉美加勒比的33个国家都有经贸往来，与其中的21个国家建立了外交关系。中拉贸易额从2000年的126亿美元增长到2012年的2612亿美元，在13年内增长了近21倍，平均年增长率达30%以上。中国已成为拉美在全球的第二大贸易伙伴。同时，中拉经济合作进入了一个前所未有的时期。据商务部统计，截止2012年底，中国在拉美累计投资已达646亿美元，尤其在资源能源开发、基础设施建设、农业、金融、汽车等方面都有相当进展。拉美地区在华实际投资额已达1635亿美元。中国与智利、秘鲁、哥斯达黎加等拉美国家签署了双边自由贸易协定，有力地促进了中国与三国的经贸和投资。中国还与哥伦比亚正式启动关于双边自贸协定的联合可行性研究。双方在高科技领域也有骄人的表现，成为南南合作的典范，如中国分别与巴西、委内瑞拉、玻利维亚、阿根廷等多个拉美国家在卫星领域的合作；中国古巴在数字电视上的合作；中国吉利、奇瑞、力帆、联想等企业在拉美设厂等。中拉在金融领域的合作也在加强，中国银行、中国开发银行、中国工商银行等金融机构陆续在拉美国家设点；智利银行、巴西银行已分别在北京、上海设有机构。与此同时，中拉政治互信进一步巩固，双方在重大双边和国际及地区事务上保持着及时通畅的交流。在人文方面，双方文明的相互吸引更加突出，人民之间相互了解的愿望进一步强烈。在中国已有80多所高等院校教授西班牙语课程，比30年前增长近10倍；当前中拉合作在12个拉美国家已开办26所孔子学院，不少国家正在筹办孔子学院，拉美学中文的热情与日俱增。特别值得一提的是，近年来中国与拉美地区和小地区组织的关系也更加密切。

由此可见，当前中拉经济已你中有我、我中有你；中拉交往已立体交融，在政治、经贸、文化、人文、教育、科技、金融、司法、军事等各领域全面展开，双方已成为整体上相互依存的合作伙伴。

然而，中国虽然已成为拉美第二大贸易伙伴，但中拉贸易额仅占中国对外贸易总额的6.75%；与2000年相比，现在中国在拉美的投资已增长数十倍，但截止2010年底，中国对拉美投资仅占中国对外直接投资的13.8%。中拉目前的关系现状与世界最大的新兴经济体和最主要的新兴地区之一占世界经济的比重以及各自对市场、资金、技术的需求和各自拥有的发展潜力尚不匹配。同时，文化差异、地理距离、语言不畅、相互交往起步较晚以及意识形态和政治制度不同等众多因素的影响，中拉相互间还了解不够，人民之间还缺乏更深的相互认知，甚至还存有一些偏见。在经贸上双方也时而发生利益上的摩擦和冲突。双方都需要新的整体合作机制以推进更多的相互了解、相互磨合、相互协调。

当前，中国和拉美都处于相似的发展阶段，都在进行经济转型调整，面临相同的发展任务，拥有广泛的共同利益。中国拥有13亿人口的巨大市场和丰厚资金储备，拉美拥有发展所必需的丰富资源能源，双方经济互补优势明显，相互需求突出。

中拉都有发展全面合作关系的强烈愿望，有彼此文化的相互吸引。虽然政治制度不同，但双方相互尊重、彼此包容的意愿跨越了意识形态的不同。中拉经济社会的稳定发展为增进双方进一步相互了解、携手共进开辟了广阔的空间。

二、中拉整体合作需要新的更为宽广的平台

（一）现有机制已发挥了历史性作用

在几十年的交往中，中拉逐步建立了众多国别和次地区的合作机制，推动了双方关系不断向前迈进。

在国别双边机制方面，主要是中国同拉美加勒比21个建交国均建立了外交部间政治磋商机制；与大部分国家建有双边经贸、科技、文化等混委会；与巴西、秘鲁、墨西哥建立了全面战略伙伴关系，同委内瑞拉建立了共同发展的战略伙伴关系，同阿根廷、智利建立了战略伙伴关系，同乌拉圭建立了长期稳定、平等互利的友好合作关系；与巴西、墨西哥、委内瑞拉设有双边高委会；同巴西建立了外长级全面战略对话机制，同墨西哥建立了副外长级战略对话机制等等。

在次地区多边机制方面，随着中拉关系的发展，以及拉美地区和小地区一体化的深入，特别是上世纪90年代以来，中拉交往日益突破了国别的范畴，而逐步加强了中国与拉美地区和次地区组织之间的互动。目前中国与拉美和加勒比共同体、南方共同市场、里约集团、安第斯共同体、加勒比建交国等都建有对话和磋商机制，同时中国是美洲开发银行和加勒比开发银行的成员国，还是美洲国家组织、拉美议会、拉美经委会、拉美一体化协会、拉美太平洋联盟等多个地区组织的观察员国。

中国与加勒比国家已举办三届"中国—加勒比经贸合作论坛"，与拉美国家已举办七届"中国—拉美企业家高峰会"。

多年来，中拉建立的双边和多边机制为促进双方相互了解和合作发挥了重要作用，有力地促进了相互间政治互信，推进了中拉经贸发展和文化人文交流，也保证了双方在重大双边和国际及地区问题的及时沟通。

（二）中拉论坛应当成为双方关系全面发展的新历史起点

进入21世纪以来，国际格局的变化，特别是中国和拉美的自身发展，促使中拉关系的内涵发生了很大变化，双方已从国别双边、政强经弱、虚多实少的低水平交往逐渐向国别双边、多国多边、多层次、全方位、宽领域、高水平的整体务实合作迈进。现有的中拉国别和次地区多边机制，由于其自身固有的局限性，难以发挥全局性作用。中拉必须与时俱进，整合资源，推出整体合作的新路子，才能在世界大潮中激流勇进，为双方谋得最大利益，同时有效地维护世界和平，促进共同发展。

中国政府高度重视同拉美的关系，在2008年11月发布了《中国对拉丁美洲和加勒比政策文件》，明确提出中国同拉美加勒比建立和发展平等互利、共同发展的全面合作伙伴关系，并倡议推进中拉整体合作，建立中国与涵盖整个拉美地区的新的合作机制，即中拉合作论坛。拉方看好中国的发展，也有与中国合作的强烈愿望，对中方倡议给予积极回应。中国和拉共体"三驾马车"已建立外长定期对话机制。前不久首届中拉青年政治家论坛、首届中拉农业部长论坛，以及第二届中拉智库交流论坛先后成功举办，表明了中拉加强往来和合作的强烈意愿。拉美加勒比国家正在研究中拉合作论坛问题，并将提交2014年举行的拉共体峰会审议。

三、中拉论坛应成为一个
相互尊重、平等互利、彼此包容、共谋发展的合作机制

首先，论坛应当是"政府搭台，全民唱戏"，也就是说，必须充分发挥政府的统领、协调和指导作用，保障双方的合作有序开展；同时，必须有民间以及各领域各部门各行业的积极参与，包括建立智库、青年、企业家、农业、科技等各类分论坛，才能赋予论坛实质性内容，使双方合作有血有肉地进行，保持论坛的活力。

其次，论坛的原则应当是相互尊重、平等互利、优势互补、共同发展。大国有大国的优势，小国有小国的长处，"优"、"长"结合，其结果必将是1+1大于2。另外，发展相对较快的国家也有责任帮助发展相对较慢的国家，从而带动机制内国家共同发展。

有人担心，中国是否会重蹈殖民主义的覆辙，掠夺拉美加勒比的资源。近年来中拉合作已使这种论调不攻自破。例如，中国与巴西、玻利维亚等多个拉美国家已合作发射多颗卫星，足以表明，中拉合作是互利共赢的。且当今的拉美已不是当年受人欺凌、任人宰割的被殖民者，而是"我的资源我做主，我的发展我决定"。论坛的成立还可以更好地协调中国和拉美整个地区的国计民生建设，特别是中国参与拉美的跨国跨小地区性项目，并推动拉美对中国的投资。

第三，论坛的主题是合作。当前中拉都正在和平崛起，都处于相似的发展阶段，有着相似的发展水平，都有昂首屹立于世界民族之林的强烈愿望，因此双方有携手共进的坚实基础，

"合作"则是双方最好的共同发展之路。

第四，论坛与现有的中拉双方国别和多边机制可以共存共进，相辅相成。世界是五彩缤纷的，各国各小地区仍有其自身特点。在中拉论坛的整体框架下，双方以包括现有国别和多边机制在内的丰富多彩的方式和途径进行合作，可以整合资源，形成脉络清晰、层次分明、相互补益的全面务实合作平台，推动中国与拉美的全方位良性互动。

第五，论坛的目的是加强中拉之间的合作，不针对任何其他国家和地区，也不影响中拉各自与第三方的关系与合作；同样，中拉各自与第三方的关系与合作也不应影响中拉之间的关系与合作。

第六，由于种种原因，拉美和加勒比仍有12个国家尚未与中国建立外交关系，它们能否参加论坛引人瞩目。笔者觉得，目前中国虽与这些国家未建立外交关系，但一直保持着通畅密切的经贸、人文交流以及某种程度的政治往来。它们都是拉共体成员，是拉美一体化的重要组成部分，因此如果它们有意参加论坛，中方对此应持开放态度。双方可通过协商对话，找到合适的办法和途径进行合作。

总之，中拉合作论坛的提出顺应了新形势发展的需要。虽然论坛还需各方反复研究，反复磋商，也许还需酝酿更长时间，也许还会出现曲折，但中拉合作前进的步伐已不可阻挡。中拉联手推进"中国梦"和"拉美梦"的实现必将造福于世界20亿人口，这将是中国和拉美为世界和平、合作和发展做出的伟大贡献。

图书在版编目（CIP）数据

国际问题研究报告. 2013～2014 / 刘古昌，沈国放主编. —北京：
世界知识出版社，2014.3
ISBN 978-7-5012-4618-2

Ⅰ. ①国… Ⅱ. ①刘…②沈… Ⅲ. ①国际问题—研究报告—
2013～2014 Ⅳ. ①D815
中国版本图书馆CIP数据核字（2014）第036744号

书　　名	国际问题研究报告 2013—2014
	Guoji Wenti Yanjiu Baogao 2013—2014
主　　编	刘古昌
执行主编	沈国放
副 主 编	郭崇立
责任编辑	贾如梅
责任出版	赵　玥
责任校对	马莉娜
出版发行	世界知识出版社
地址邮编	北京市东城区干面胡同51号（100010）
网　　址	www.wap1934.com
经　　销	新华书店
排　　版	科鑫苑图文设计制作中心
印　　刷	北京楠萍印刷有限公司
开本印张	720×1020毫米　1/16　23印张
字　　数	268千字
版次印次	2014年3月第一版　2014年3月第一次印刷
标准书号	ISBN 978-7-5012-4618-2
定　　价	42.80元